はじめに

津川秀夫

　認知行動療法（Cognitive Behavioral Therapy：CBT）とブリーフセラピー（Brief Therapy）は，数ある心理療法の学派のなかでも，現在最も注目を集めているアプローチです。本書『認知行動療法とブリーフセラピーの接点』は，CBTとブリーフセラピーそれぞれの基本姿勢を踏まえながら，両者の比較や実践家同士のやりとりを収めたものです。

　CBTは，学習理論や情報処理理論に基礎を置き，実証性や再現可能性を重んじるアプローチです。2010年にうつ病へのCBTが保険点数化されたことに表れているように，エビデンスに基づく心理療法の中心として斯界の流れを大きく変えてきています。

　ただし，CBTと一口にいっても，行動を重んじる立場もあれば認知に焦点を当てるものもあるように，単一のモデルや理論からなるものではありません。最近では，「第一世代」「第二世代」「第三世代」という区切りが一般的になってきていますので（熊野，2012），本書もそれに倣っています。第一世代とは，レスポンデント条件づけやオペラント条件づけの原理を用いる行動療法を指しています。第二世代は，情報処理モデルに基づく認知療法が第一世代と合流し，認知も行動も統合的に扱うようになったセラピーです。そして，第三世代のCBTとして，アクセプタンス&コミットメント・セラピー（Acceptance & Commitment Therapy：ACT）や弁証法的行動療法などが知られています。認知の「内容」よりも「機能」が重視され，マインドフルネスやアクセプタンスという介入要素が共通するのが第三世代の特徴です。

　一方，ブリーフセラピーは，ミルトン・エリクソン（Milton H. Erickson）

1

という傑出した臨床家の影響を受けて発展したアプローチです。マスターセラピストの「臨床のコツ」を抽出することに始まったように，効果の高い技法や柔軟な発想で知られています。ブリーフセラピーは，MRI（Mental Research Institute）のブリーフセラピー・センターにおける実践を出発点としていますが，その他にも解決志向ブリーフセラピー（Solution-Focused Brief Therapy）やエリクソニアン・アプローチ（Ericksonian Approach）など，強調点や介入手法の違いによっていくつかのモデルがあります。最近では，肯定的な側面に焦点を当て速やかに解決に導くアプローチとして，解決志向ブリーフセラピーが人気を集めています。

　このように，両者は出自も背景理論もまったく異なる心理療法です。それにもかかわらず，CBTとブリーフセラピーは「似ている」といわれることがよくあります。たしかに，物事を具体的にとらえ，変化を重視することなど，両者の基本姿勢において重なる点を見出すのは難しくありません。症状の「意味」について解釈したり原因探しをしたりしないことも共通しています。また，介入手続きにおいても似たような技法がいくつも存在しています。私自身はブリーフセラピーを専門としていますが，CBTの実践家と事例について話すと，「エクスポージャーを用いたのですね」とか「行動活性化と同じですね」などの感想や意見を頂戴することがありました。そしてまた，CBTの実践家もブリーフセラピーとの共通点を指摘されることがあるそうです。

　実際のところ，CBTとブリーフセラピーは似ているのか，それともまったく違うものなのでしょうか。それぞれの実践は相手側にはどのように映るのでしょう。似て非なるものか，同じような行為を別の言葉で説明したものなのでしょうか。また，それぞれのアプローチをよりよいものにするために，相手から取り入れるべき視座や技法があるのでしょうか。あるいは，安易な折衷は避けるべきなのでしょうか。異なる文化に接した時，たくさんの疑問が湧いてきます。それは，ちょうど異国を旅するようなものかもしれません。

　海外に出かけた人のなかには，文化や習慣の違いに衝撃を受け，違和感を覚えて帰ってくる人もいます。その反対に，その国が気に入って服装や食べ物などを積極的に取り入れる人もいるでしょう。そのなかには，頻繁に訪問するようになったり移住したりする人さえいます。旅したことによって，自

国の欠点に目が向くようになることもあれば，自分の育ってきた文化のよさに改めて気づくこともあるでしょう。このように異文化との交流は，いろいろな影響をもたらします。

　それでは，異なる背景をもつCBTとブリーフセラピーが接点をもつことで，どのようなものが見え，どのようなことが感じられてくるのでしょう。本書では，「こちらの学派のほうが優れている」「両者は統合されるほうがよい」「それぞれ独自性を保つべき」「問題や症状によって使い分けるのが望ましい」などの結論をあらかじめ用意していません。両者のやりとりをどうとらえるかは読者に任せています。CBTとブリーフセラピーそれぞれの実践家の視点や体験を知ることが，自分の立ち位置を確かめるヒントになれば何よりだと考えています。

それはシンポジウムから始まった
　本書を出すきっかけは，2つの学会で同時期に開催された大会企画シンポジウムでした。その一つは，日本ブリーフサイコセラピー学会での「ブリーフセラピーと認知行動療法」というシンポジウム，そして，もう一つは日本行動療法学会での「認知行動療法とブリーフセラピーの接点」というシンポジウムでした。それぞれの概要は以下のとおりです。

日本ブリーフサイコセラピー学会第22回神戸大会
日程：2012年8月24日
場所：神戸松蔭女子学院大学
テーマ：ブリーフセラピーと認知行動療法
企画・司会：津川秀夫（吉備国際大学）
話題提供：神村栄一（新潟大学），大野裕史（兵庫教育大学），岡嶋美代（なごやメンタルクリニック），菊池安希子（国立精神・神経医療研究センター）
指定討論：森　俊夫（東京大学）

日本行動療法学会第38回大会
日程：2012年9月22日
場所：立命館大学

テーマ：認知行動療法とブリーフセラピーの接点
企画・司会：大野裕史（兵庫教育大学）
話題提供：黒沢幸子（目白大学），津川秀夫（吉備国際大学），神村栄一（新潟大学）

日本ブリーフサイコセラピー学会のシンポジウムでは，CBTとブリーフセラピーの両者の文化に通じている方に話題提供をお願いしました。神村，大野の両氏は，CBTの立場からブリーフセラピーを眺めてきた方で，岡嶋，菊池の両氏はブリーフセラピーを学んでからCBTを始めた方たちです。出発地点がCBTかブリーフセラピーかという違いはありますが，どちらの文化にも親しんでいるという稀有な存在といえるでしょう。このシンポジウムの模様は『ブリーフサイコセラピー研究』誌の21巻2号にまとめられ，それに加筆されたものが，本書第Ⅱ部の「CBTとブリーフセラピーの接点」に収められています。

もう一方の日本行動療法学会のシンポジウムでは，CBT側がブリーフセラピーの実践家を招くという形式で行われました。黒沢氏が解決志向ブリーフセラピーの立場から，私がエリクソニアンの立場から話題提供をし，それに応えてCBT側の神村氏の話題提供がありました。その際に黒沢氏の提示した事例は，本書の第Ⅲ部に収められています。

両学会ともにシンポジウムはたいへん盛況でした。会場の反応から，CBTの実践家はブリーフセラピーに関心を抱き，ブリーフセラピーを実践している者はCBTに関心をもっていることがわかりました。流行のセラピー同士ということもあるのでしょうか。違いはあったとしても，何か似た匂いのあることを感じていて，互いに意識する存在でもあったのかもしれません。会場の参加者だけでなく，シンポジストもこの企画をたいへん楽しんでいたのも興味深いことでした。自分の学派以外で話の通じる相手に出会って嬉しかったのかもしれません。

それぞれの学会のシンポジウムを企画した大野と津川は，このような両者の交流を学会内の出来事にしておくのは惜しいと考えました。そこで，学会の場から書籍へと対話の場を移し，CBTとブリーフセラピーの接点を引き続き見つめていくことになった次第です。そういえば，ブリーフセラピーには「うまくいったなら，それをくりかえせ」という原則があります。本書

は，図らずもその原則に従っていることになります。

本書の構成について

本書は，「理論」「CBTとブリーフセラピーの接点」「事例」の3部からなっています。

第Ⅰ部の「理論」は，CBTとブリーフセラピーの「ものの見方」から始まります。何をどう見るかという「ものの見方」には，そのアプローチの特徴が端的に表れてくるものです。さまざまな現象のなかで何に注目し，それをどのように区切り，どう説明するかを押さえることで，それぞれの基本姿勢を理解する試みです。

続いて，「ブリーフセラピーのエビデンス」を第Ⅰ部に収めました。エビデンスというとCBTの独壇場で，いくつもの専門書が出ています。だからこそ，ここではCBT側ではなく，エビデンスづくりに消極的に見えるブリーフセラピー側に語ってもらおうと考えました。そして，その次に「CBTとブリーフセラピーの類似点・相違点」をまとめています。両者のアプローチの比較については，読者の多くが関心をもつところでしょう。しかし，このまとめが本書の結論ということではありません。これから先を読み進めるための手がかりとして，両者の共通点と相違点を概観したものです。

第Ⅱ部の「CBTとブリーフセラピーの接点」は，前述のとおり，日本ブリーフサイコセラピー学会のシンポジウムがもとになっています。4人のシンポジストの話題提供を受け，本邦のブリーフセラピー領域を牽引してきた森氏がコメントしています。

第Ⅲ部の「事例」では，CBTから「第一・第二世代」「第三世代」の2事例，ブリーフセラピーからは「解決志向ブリーフセラピー」「エリクソニアン・アプローチ」「ナラティヴセラピー」の3事例を用意しました。CBTの事例についてはブリーフセラピーの実践家がコメントをし，ブリーフセラピーの事例についてはCBTの実践家がコメントをしています。さらに，そのコメントに対して事例提供者がリコメントを返すという形式で，相互のやりとりをしています。

なお，本書で提示する事例は，個人情報保護の観点から事例の内容を損ねない程度に改変していることをお断りしておきます。

さあ異文化交流へ

　さて，こうやってお話ししている間に，CBTの国へ，あるいはブリーフセラピーの国へ向かう便の出発時間が迫ってきたようです。そこでは，どのような出会いが待っているのでしょう。何に興味が惹かれるのでしょうか。そして，お土産として何を持って帰るのでしょう。せっかくですから，あちらの言葉も少し覚えて帰ってくるとよいかもしれません。

　それでは，異なるアプローチへの旅を楽しんできてください。

〔引用文献〕

熊野宏昭（2012）『新世代の認知行動療法』日本評論社
日本ブリーフサイコセラピー学会編（2012）「ブリーフセラピーと認知行動療法」『ブリーフサイコセラピー研究』21(2), 70-99.

認知行動療法とブリーフセラピーの接点

Contents

はじめに ……………………………………………………… 津川秀夫　1

I　理論

1. CBTのものの見方 ……………………………………… 鈴木伸一　12
   ──アセスメントと介入を支える視点

2. ブリーフセラピーのものの見方 ……………………… 津川秀夫　23
   ──アセスメントと介入を支える視点

3. ブリーフセラピーのエビデンス ……………………… 鈴木俊太郎　38

4. CBTとブリーフセラピーの類似点・相違点 ………… 大野裕史　48

II　CBTとブリーフセラピーの接点

1. 「セラピーに大切なことの多くはブリーフから学んだ」
   つもりのCBTセラピスト ……………………………… 神村栄一　58

2. ブリーフはスキナリアンにもフィットする ………… 大野裕史　70

3. ずるいほどに催眠的ACT ……………………………… 岡嶋美代　84

4. ブリーフ的CBTまたはCBT的ブリーフ ……………… 菊池安希子　100

5. 4名の実践家の話を受けて ……………………………… 森　俊夫　120

Ⅲ　事例

1．解決志向ブリーフセラピー
　　事例 …………………………………………………………黒沢幸子 132
　　事例へのコメント ……………………………………………伊藤絵美 145
　　リコメント ……………………………………………………黒沢幸子 150

2．エリクソニアン・アプローチ
　　事例 …………………………………………………………津川秀夫 154
　　事例へのコメント ……………………………………………嶋田洋徳 165
　　リコメント ……………………………………………………津川秀夫 170

3．ナラティヴセラピー
　　事例 ………………………………………………………坂本真佐哉 174
　　事例へのコメント ……………………………………………大野裕史 186
　　リコメント ………………………………………………坂本真佐哉 191

4．第一・第二世代CBT
　　事例 …………………………………………………………西川公平 194
　　事例へのコメント──好きこそものの上手なれ ……………中島　央 206
　　リコメント ……………………………………………………西川公平 211

5．第三世代CBT
　　事例 ……………………………………………………………高橋　史 215
　　事例へのコメント──事例に対するブリーフ的考察 ………市橋香代 226
　　リコメント──ACT for Therapist ……………………………高橋　史 230

おわりに …………………………………………………………大野裕史 233

I

理論

I　理論

1．CBTのものの見方
―― アセスメントと介入を支える視点

鈴木伸一

はじめに

　この章では，CBTを実践していく際の基本的な考え方について紹介していきます。CBTのテキストブックには，基礎理論や技法の説明が丁寧に解説されていますが，セラピストがどのような心構えでCBTを展開すればよいのかについては，あまり触れられていません。もちろん，理論や技法について深く理解することは大切ですが，それは他の優れたテキストブックに委ねるとして，CBTにおける見立てやセラピーの導入，そして技法の展開における基本的発想やケースのとらえ方について解説していきたいと思います。

アセスメント（ケースの理解）におけるCBTのものの見方

日常生活で生じている具体的な「困りごと」に焦点を当てる
　CBTを進めていくに当たり，セラピストがまず取り組むべきことは，クライエントの生活場面でどのような「困りごと」が生じているかを明らかにすることです。多くの場合，クライエントの主訴において，その情報が語られることになりますが，「自分に自信がもてない」「自分は嫌われているのではないかと心配になる」など，漠然とした不全感が主訴の場合も少なくあり

ません。そのような主訴の時には，不全感を抱くことで生活場面で具体的にどのような問題が生じているのか（たとえば「自分の意見がなかなか言えない」「人の評価ばかりが気になってしまう」など）を明らかにしていきます。

　なぜなら，CBTは，何らかの刺激（状況，相手，事象，内的なイメージや感覚など）によって生じるさまざまな反応（行動，感情，身体症状，思考……これらを「行動」と総括する）をセラピーのターゲットとして扱うので，生活場面の状態像を具体的にとらえることができているかが大切なのです。クライエントの漠然とした不全感をターゲットとしてセラピーを展開すると，クライエントの先入観やとらわれの枠の中で迷走するだけでなく，CBTが大切にしている「体験から学ぶ」というアプローチを活かすことが難しくなってしまいます。

「そこで何が生じているのか」という細部へのこだわり

　CBTは，刺激に対する反応をターゲットとして扱うと述べましたが，「刺激─反応」の関係は単発では終わりません。多くの場合，刺激によって生じた反応は，何らかの状況変化や自己の状態変化を引き起こし，それらが次の反応の刺激となり，さらにその後の展開を作り出していきます（「刺激─反応の連鎖」）。したがって，クライエントの問題を理解するためには，「どのような状況で」「どのような反応が」「どのように」「どの程度」生じていて，それらが「どのように維持・変化」していくのかを詳細に整理する必要があります。また，これらの情報収集においては，クライエントの言語的報告だけにこだわらずに，周囲の者からの情報，行動観察，セルフモニタリング（生活記録），心理検査等の査定ツールなどを活用していくことも重要です。

　一般に心理療法では，日常生活での些末な状態像よりも，クライエントの性格傾向や特定のヒストリー，あるいはトラウマティックなエピソードに重きを置くことがむしろ多いのかもしれません。CBTも決してそのようなことを軽視するわけではありませんが，基本的には「病理は細部に宿る」の発想で，全体像ありきではなく，生活場面の「刺激─反応の連鎖」の詳細なアセスメントを積み上げてクライエントの全体像を見立てていくのです。面接場面で「刺激─反応の連鎖」の詳細なアセスメントをどのようにしていくかについては，鈴木・神村（2013）を参照してください。

原因探しや症状の意味づけよりも問題の維持・悪化の背景にある悪循環の理解に力を注ぐ

　セラピストやクライエントに限らず，私たち人間は，つらいことや困ったことがあると，すぐに「なぜだろう，どうしてだろう」と考えたくなります。ここには「原因がわかれば，解決策がわかる」という大きな誤解があります。私たちの「困りごと」は，原因と結果との関係を直線的な対応からだけでは説明できないことが多く，いくら考えても何が原因なのかさえわからないことばかりです。

　また，クライエントがそれを求めるからなのかはわかりませんが，セラピストは原因と思われることをあれこれ説明したり解釈したりするのが大好きです。ついつい問題の背景となる原因や，症状が存在することの意味づけなど，発想力と想像力を駆使してストーリーを創作し，クライエントに伝えることを「よし」としてしまいます。クライエントの「原因探し」のニーズとあいまって，「それなりの納得感」が演出されることもありますが，それで問題は解決していくでしょうか？

　CBTは，とにかくクライエントの問題の改善，あるいは生活状態の向上を目指しているので，「なぜだろう，どうしてだろう」ということにはそれほど強い興味がありません。問題が生じたことが問題なのではなく，問題が改善されずに維持・悪化したことが問題であると考えるのです。したがって，「なぜ生じたか」ではなく，「この状態を維持している悪循環はどのようなものか」を重視します。具体的には，先に述べた「刺激―反応の連鎖」を核にしながら，特定の刺激状況が生活場面の中で高頻度で生じている環境的，人為的，社会的背景を整理したり，刺激に対して特定の反応が維持されるメカニズムを行動論的に理解したり，さらには，生活場面にそのような悪循環が繰り返されることで，クライエントの自己に対するとらえ方がどのように変化してきているかなどを整理していくことを通して，悪循環を見立てていきます（これについても鈴木・神村（2013）を参照）。

状況とそこに置かれた個人の相互作用から悪循環を理解する

　ここまでの話，そしてこれからの話を理解する枠組みとして，CBTの骨格となる基礎理論について簡単に解説したいと思います。

　まず一つ目として，レスポンデント学習（古典的条件づけ）を挙げること

ができます。これは，気分や感情，さらにはそれに伴う身体反応などといった情動反応（不随意反応）の形成，維持，悪化のメカニズムに関する理論です。特定の刺激に対するクライエントの恐怖・不安反応の形成過程の理解や介入方略を検討する際に有用です。

二つ目としては，オペラント学習です。これは，特定の行動に伴う結果事象とその後の行動の出現頻度との関係性（強化や消去のメカニズム）についての理論です。臨床的には，応用行動分析や臨床行動分析という分野に発展・応用されており，先行事象—行動—結果という三者の機能的関係性（三項随伴性）の記述から，行動の形成，修正，維持，促進などの具体的方略を検討していきます。

三つ目は観察学習です。直接経験を伴わなくても，他者の経験の観察や，映像・言語情報などを介しても学習が成立していくメカニズムを説明した理論です。現代情報化社会においては，このような学習プロセスを背景にさまざまな不適応状態が形成されているといえます。

最後は認知理論です。生活場面における人間の思考様式が，気分・感情や行動にどのような影響を及ぼすかについてのメカニズムを説明した理論です。最近では認知情報科学との融合領域として，不安や抑うつに関連する注意，記憶，解釈の特徴やその機能的局在としての脳活動に関する研究などもさかんに行われています。人間の思考—行動—感情の関係性と脳活動とのつながりが少しずつ明らかにされています。

ここで紹介した主要な理論は，いずれも人間がある状況に置かれた時に，どのような思考，行動，感情を経験し，それがどのように維持，変化していくかについて説明した理論であるといえます。つまり，先にも述べたように，CBTは環境と個人の相互作用に着目し，それを変化させることで個人の問題を解決していこうとするアプローチです。したがって，「常に，答えは現場にある！」の精神が何よりも大切であり，カウンセリングルームの中で言葉のやりとりだけを繰り返す「禅問答」のようなセラピーにならないよう心がけなければなりません。

なお，学習理論の臨床応用については，宮下・免田（2007），原井（2010）を参照してください。また，認知理論については，Dryden & Rentoul（1991），Clark & Fairburn（1997）を参照してください。

構造論的理解と機能論的理解

　CBTでは，これまで「うつ病のCBT」「パニック障害のCBT」など，さまざまなパッケージプログラムが開発されてきました（詳しい情報に関しては，下山・林（2012）を参照）。これらから，多くの方がCBTに対して連想するイメージは，医療モデル，すなわち，特徴的な症状に基づいて診断や見立てを定め，それに応じた技法やプログラムを導入していくセラピーのようなものとなるでしょう。たしかに，CBTはその発展の歴史の中で，抑うつや不安の病理・病態に関する認知行動科学的な基礎研究がさかんに行われ，うつ病や不安障害についての認知行動病理モデルが体系化され，それに基づくパッケージプログラムが構成され，さらには，そのプログラムの治療効果（エビデンス）を検証することに力を注いできました。いわば，病理とセラピーについて構造論に基づく理解を推進してきたといえるでしょう。CBTが医療，産業，教育，福祉，司法矯正などの分野で広く活用され，グローバルスタンダードとしての地位を得ることができたのも，このようなプロセスがあったからこそであるのは言うまでもありません。

　しかし，このような発展の歴史がゆえに，近年，少々困ったことが生じています。パッケージプログラムやそのエビデンスがあまりにも強調されたがゆえに，セラピーに対する画一化されたイメージが先行し，「マニュアルどおりにやればよい」「プログラムどおりにやらなければCBTとはいえない」などの過剰反応が散見されるようになりました。たしかに，プログラムの構成要素やその展開のためのマニュアルは，特定の症状や問題に対するミニマムエッセンシャルを示したものであることは間違いありません。しかし，それ以上でもそれ以下でもありません。すなわち，それをどのように運用していくかは，セラピストに委ねられているのです。目の前のクライエントの状態像に応じて技法を最適化していくために，どのような工夫やアレンジが必要かをセラピスト自身が判断し，決断していかなければ，本来のセラピーは達成されません。

　先にも述べたように，CBTは，学習理論や応用行動分析に依拠して発展してきました。それが何を意味するかといえば，セラピーの介入方略は，目の前のクライエントの「刺激─反応の連鎖」の理解に応じて決定されるものであり，その介入方略がクライエントにどのように機能するかを見定めながら，さらに次の展開を吟味していくということなのです。すなわち，仮に画

一的なプログラムだけでCBTを展開しようとすれば，それはCBTの基盤を失ったセラピーとなってしまうともいえるのです。

近年，「第三世代のCBT」というキャッチフレーズで，ACTをはじめいろいろなセラピーが紹介されるようになりました。これらに共通する「新しさ」は，クライエントの状態理解やセラピーの展開において，「思考や行動形態（内容）ではなく，その機能に着目しましょう（機能論に基づく理解）」という点にあります。しかし，よくよく考えてみれば，先にも述べたように，CBT（かつては行動療法）は古くから，「刺激―反応の連鎖」に着目し，それらがどのように維持されているかに関する影響関係を個別に理解することを重要視してきたわけですので，少しも「新しい」ことはないのです。CBTの発展の歴史の中で，あまりにも画一的なマニュアル主義が横行してしまったことへの警告として「第三世代」が登場したともいえるのかもしれません（第三世代のCBTについては，熊野（2012）を参照）。

それでは，CBTとしてとるべきスタンスはどのようなものでしょうか。それは，構造論に基づく理解と機能論に基づく理解をまさに機能的に融合して見立てを構築していくことだといえます。特定の問題や症状の理解に関して，これまでCBTは膨大な基礎研究とそれに基づく臨床研究を行ってきました。ここから得られる構造論的理解は，セラピストに貴重な情報をもたらす点においては疑う余地はありません。一方，既知の情報を目の前のクライエントにどのように展開していくかを考えるには，機能論的理解がなければ決して効果的なセラピーにはならないでしょう。この両者の優位性を正しく理解したうえで，車の両輪のように使いこなすことができるようになりましょう。

介入戦略におけるCBTのものの見方

悪循環を解消する具体的な戦略を立てる

CBTには，セルフモニタリング，エクスポージャー法，認知再構成法，ソーシャルスキルトレーニング……など非常にたくさんの技法があります。いざCBTを始めようとすると，「これらの技法を一つひとつ覚えなければいけないのか？」「それぞれの技法をどのように活用すればよいのか？」と戸惑うかもしれません。

しかし，実はこれらの技法は，以下の4つの柱に集約することができます。各技法について詳しく学び，有効に活用できることはもちろん大切ですが，まずは，この4つの柱をよく理解して，このような着眼点を大切にしながらクライエントの悪循環を理解し，悪循環の解消のための具体的方略を検討してみることが，CBTの始まりになるといえるでしょう。
　それぞれについて，簡単に説明していきます。
　①ケースの概念化と問題解決のプランニングに関する技法群
　これは，丁寧なアセスメントで得た情報を学習理論や認知行動科学の諸理論などを参考にしながら症状の形成と維持のメカニズム（悪循環）への理解を深めていくアプローチです。また，セルフモニタリングや心理教育などを活用しながら，クライエントの悪循環について，クライエント自身が自己理解を深め，問題を客観的にみることができるように支援していくことも重要なテーマといえるでしょう。
　②情動コントロールをねらいとした技法群
　不安や恐怖，興奮や生理的覚醒といった情動反応の鎮静化のための対処法を身につけるためのアプローチです。当たり前ですが，クライエントは何らかの苦痛を抱えて来談します。セラピーへのモチベーションを高めていくためには，それらの苦痛を少しでも緩和していくこと，あるいは緩和していくことができそうだという見通しを与えることが大切です。この技法群はクライエントに苦痛を緩和していくための具体的方略を教え，それらを活用してセルフコントロールしていくことができるように支援していきます。
　③行動コントロールをねらいとした技法群
　習慣化している不適応な行動様式を改善し，状況に即した適応的な行動を身につけていくアプローチです。クライエントが抱えている問題の悪循環には，習慣化された行動パターンが存在し，それが悪循環から抜け出せない状態を作り出していることが少なくありません。この技法群では，行動の形成，修正，維持，促進のための方略を活用してクライエントの問題解決のためのスキルを拡充していきます。
　④認知コントロールをねらいとした技法群
　ものの受けとめ方や，予測，判断，思い込みや信念などの思考・認知過程を改善・修正するアプローチです。クライエントの苦痛や悪循環の背景には，「お決まりの先入観」や「極端な予測や判断」「自己への否定的なイメー

ジ」など，さまざまな思考様式が存在しています。これらの思考様式はクライエントの脆弱性であるとともに，悪循環の解消を阻む妨害要因ともなります。認知再構成法などの技法群は，クライエント自身が自分の思考様式を振り返り，柔軟で多様な発想を獲得していくことができるように支援していきます。

なお，4つの柱に関する詳細な解説は鈴木・神村（2005）を参照してください。

小さな変化が次第に大きな変化を生み出すという発想をもつ

CBTは，主訴として報告されるクライエントの問題をいかに解決していくかに焦点が置かれています。しかし，問題と一口に言っても，その内容は仕事や家事に関すること，学業やそれにまつわる対人関係などといったような非常に日常的な問題から，人生や自己への否定的とらわれなどといったその人の人間性にかかわる事柄で，非常に長い期間をかけて取り組む必要があるような問題などさまざまです。セラピストは欲張りですので，ついつい「より本質的な問題」にアプローチしたい，するべきだ，という観念ももちやすいものです。しかし，本質的な問題は，クライエントの長い人生の中で維持されている強固でかつ広範な習慣行動や思考様式にがんじがらめになっていますので，そう簡単には改善されません。CBTでは，本質的な問題の改善にこだわり迷走することよりも，まずは，その人の活動性を上げていきながら，苦痛を緩和するような方向で進めていき，当面の問題や生活状態を改善していくことに力を注ぎます。そして，生活状態がある程度改善されることによって，次に何が変化していきやすいかを考え，段階的により本質的な問題にアプローチできるような道筋を作っていきます。つまり，介入と変化の連鎖をねらったセラピーを展開していくのです。

具体的には，小さな段階で目標を定めて，「まずはこれをやってみましょう」というような繰り返しの中から少しずつステップアップしていくスケジュールをしっかり組んでいきます。つまり，行動レベルの目標を決めて，それをとにかく実践させる。そして，できたという感覚を大切にしながら次のステップができるところまでまた導いていくということを繰り返していくのです。

CBTは「体験学習療法」

　CBTのすべての技法に共通する核となるエッセンスは何か？　と問われれば，それは「新たな体験を通して，新たな思考・行動様式を獲得していくことである」といえるでしょう。クライエントの抱える問題の背景には，クライエントが知らず知らずのうちに習慣化してしまっている，回避的態度やこだわり，あるいは偏った思考・行動パターンが存在しています。これらの悪循環から抜け出していくには，理屈でなく，新たな体験を通して新たな気づきを得ていくことが重要です。CBTでは，①心理教育を通してクライエントの自己理解を深めていきながら動機づけを高め，②新たな取り組みを提案し，③実行しやすい環境を整え，④結果を振り返りながら工夫点や改善点を整理していきます。多くの場合，新たな取り組みは「ホームワーク」という形式で提案され，クライエントが実際の生活場面で挑戦してくるように指示されます。つまり，CBTがうまく展開していくかどうかは，クライエントが実生活において，ホームワークを主体的に実践し，その実践を通してどのような気づきを得るかにかかっているといえるでしょう。それでは，心理面接はどのような役割を担っているでしょうか。それは，ホームワークの実行促進のための工夫を話し合ったり，体験から得られた気づきのポイントを整理して次のホームワークにつなげていくなど，いわば「戦略会議の場」であるといえるのかもしれません。

仮説検証へのこだわり

　CBTは，学習理論や認知行動科学に関する基礎研究によって得られた知見を臨床応用しながら発展してきた心理療法です。いわば科学的心理療法といってよいかもしれません。ですので，臨床実践においては「理屈にこだわる」「結果にこだわる」心理療法ともいえます。具体的には，アセスメントを踏まえて，クライエントの悪循環に関する臨床仮説を立て，その仮説に基づく介入方略を決定し，その介入によってどのような変化が生じたのかをできるだけ客観的な方法（症状査定や行動観察など）で評価します。そして，そのような変化が当初の臨床仮説を支持する結果であったかを検証します。予想どおりの変化でない場合には，どのような点において仮説の修正が必要かを吟味していきます。

　このようなプロセスは，一見して臨床アプローチにはなじまないように思

うかもしれませんが，クライエントの状態像に合わせて最適なセラピーを展開するうえでは，なくてはならない予測と制御の基本方略といえるでしょう。また，このようなスタンスを有するCBTだからこそ，各種技法や治療プログラムがバージョンアップを繰り返しながら洗練化されてきたともいえるのです。

セルフコントロールの重視

　CBTに限らず，いずれの心理療法も最終的に目指しているのはクライエントの「自律性の回復」ですが，CBTでは，セラピーの比較的初期の段階からクライエントのセルフコントロール能力の向上を意識しながらセラピーを展開していきます。

　なぜなら，これまで述べてきたように，CBTは自己理解を基盤とした体験学習によるセラピーともいえますので，モチベーションを高めていくには，クライエントが，自分の心や身体にはどんなことが起こっていて，それを解決するためにはどういう取り組みが必要なのか，その取り組みの結果としてどういうことが得られるのかを理解していくことが重要です。そして，そのように主体的に問題に取り組むことによって，問題の解決が促進されるのです。

　たとえば，クライエントは状態が不安定な時，自分の苦痛はどこからともなく湧き起こってきて，自分では制御できないものと感じています。このような自己制御感の喪失は，実際の苦痛そのものよりも，クライエントにとってはつらいことだといえるでしょう。

　そのような時，自分の症状の悪循環とその悪循環から抜け出す方法について理解を深めていくことで，自己制御の道筋というものを少し見通すことができるようになっていきます。そして，その自己制御の道筋を見通せることで，セラピストやセラピーへの期待感が高まり，新たな体験への挑戦が促進されていくのです。

　しかし，状態が重篤な方や病識が乏しい方，あるいは自己のニーズではないかたちで来談された方など，問題と主体的に向き合うことが難しい方もいます。そういったケースであっても，諦めずに，繰り返し，言葉を選びながら何度も何度も心理教育を重ねていくことが大事になっていくでしょう。具体的には，どのクライエントにも何らかの不全感があることを前提として，

そこを入り口にしながら，話題を広げ，クライエントと共有できそうな問題を探索し，その問題をよい方向に向かわせることで，次の問題，そしてさらに本質的な問題へとテーマを展開していくことができるようなスモールステップのセラピーを構成していけるとよいでしょう。

さいごに

　本章では，CBTにおける見立てやセラピーの導入，そして展開における基本的発想やケースのとらえ方について解説してきました。近年，CBTに関する多くの解説書が出版され，ややもすると「技法やマニュアルの百貨店」になりがちです。ケースがうまく展開しない時，技法の「とっかえひっかえ」で活路を見出そうとするのではなく，この章に書かれたCBTの基本的発想に立ち返り，「現場で生じている現象」の詳細なアセスメントと，その悪循環にどのような方略が有効であるかを「機能論的に」整理し直してみることが大切だといえるでしょう。

〔引用文献〕

Clark, D.M., & Fairburn, C.G.（1997）*Science and practice of cognitive behaviour therapy*. Oxford: Oxford University Press.（伊豫雅臣監訳（2003）『認知行動療法の科学と実践』星和書店）

Dryden, W., & Rentoul, R.R.（1991）*Adult clinical problems: a cognitive-behavioural approach*. London: Routledge.（丹野義彦監訳（1996）『認知臨床心理学入門：認知行動アプローチの実践的理解のために』東京大学出版会）

原井宏明（2010）『対人援助職のための認知・行動療法：マニュアルから抜け出したい臨床家（あなた）の道具箱』金剛出版

熊野宏昭（2012）『新世代の認知行動療法』日本評論社

宮下照子・免田賢（2007）『新行動療法入門』ナカニシヤ出版

下山晴彦・林潤一郎編（2012）『迷わず学ぶ認知行動療法ブックガイド』岩崎学術出版社

鈴木伸一・神村栄一（2005）『実践家のための認知行動療法テクニックガイド：行動変容と認知変容のためのキーポイント』北大路書房

鈴木伸一・神村栄一（2013）『レベルアップしたい実践家のための事例で学ぶ認知行動療法テクニックガイド』北大路書房

Ⅰ 理論

2．ブリーフセラピーのものの見方
――アセスメントと介入を支える視点

津川秀夫

はじめに

　この章では，ブリーフセラピーの基本的な「ものの見方」について述べていきます。
　ブリーフセラピーは「エリクソンの治療に関する考え方や技法から発展したセラピーであり，クライエントとセラピストが協力して，できるだけ短期間に問題の解決を行う一方法である」(宮田，1994)と定義されています。ブリーフセラピーのなかには，MRI，解決志向ブリーフセラピー，エリクソニアン・アプローチなどのモデルがあり，それぞれ強調点や手続きが異なります。
　このうち最も多くの人に活用されているのが，解決志向ブリーフセラピーです。日本ブリーフサイコセラピー学会による所属会員を対象にした調査によれば，75.3％という圧倒的多数が解決志向ブリーフセラピーを「参考・利用する」と回答しています(長谷川・北村，2013)。その高い支持率から，このアプローチの使い勝手のよさがうかがえます。
　解決志向ブリーフセラピーでは，問題を解決するのではなく，解決にダイレクトに焦点づける「解決構築」という新たなパラダイムを打ち出しています。問題解決に取り組む場合には，そこで問題が訴えられていることが前提になります。誰も困っていない場面で問題を取り扱うことはできません。一

方，解決を構築する場合には，問題の有無にかかわらず，解決という望ましい状態を広げていくことができます。したがって，このアプローチはセラピー場面に限らず，教育現場や産業領域でも幅広く用いられるようになってきています。

　普及率から考えると，解決志向ブリーフセラピーにおけるものの見方に限定してここで取り上げるのもよいでしょう。しかし，ブリーフセラピーでは，解決構築だけでなく，問題をいかにとらえて，どう変化させるかに関しても豊かな知見をもっています。それらに触れないのは，なんとももったいない感じがしてしまいます。また，誤解しがちなことですが，問題解決が解決構築より劣っているなどということはありません。特に，問題パターンがはじめからきれいに現れているような時には，わざわざ解決に焦点づけるよりも，そのまま問題を扱ったほうが進めやすいものです。

　このようなことを踏まえて，ここでは解決志向ブリーフセラピーに限定せず，ブリーフセラピー諸学派に共通するものの見方を取り上げていきます。「セントラルフィロソフィー」「観察」「問題パターン」「リソース」「利用」というように，アセスメントと介入において大切なことを比較的大きな区切りで見ていきましょう。より具体的な手続きについては，よいテキストがいくつも出ていますので，それらを参照してください。

セントラルフィロソフィー

　まずはセントラルフィロソフィー（Berg & Miller, 1992）から始めましょう。これは解決志向ブリーフセラピーから出てきたものですが，ブリーフセラピー全体に共通する原則ととらえて結構です。セラピーをはじめとして，家庭であれ職場であれ，以下の原則に沿えている限り，物事が順調に進むことを請け合います。

1．うまくいっているなら，なおそうとするな
2．うまくいったなら，それをくりかえせ
3．うまくいかないならくりかえすな。何か違うことをせよ

　一つ目の「うまくいっているなら，なおそうとするな」には，ブリーフセ

ラピーの基本姿勢がよく表れています。身近な例で考えてみましょう。子どもたちがボールを投げあって仲よく遊んでいる場面です。それを見ていた父親が，ボールはこう投げるものだと投球フォームについてあれこれと口を出し，楽しい遊びを台無しにしてしまうようなことがあります。また，家庭においても，自分から進んで手伝いをしていた子どもに，やり方がまずいと注意し，いつの間にかお説教の場になってしまうこともあります。こういう時の助言は，決して邪魔をしようという気持ちからではなく，もっとよくしてあげたいという善意の賜物です。しかし，その善意こそが曲者で，「こちらのほうがよいやり方だ」という価値観の押しつけがそこに入っています。そして，心理療法のほとんどの学派では，そのような押しつけを当たり前のように行っています。

　ブリーフセラピーでは，それなりに順調にまわっているならばそれでいいですよという態度で，余計なお節介を嫌います。言い換えれば，人それぞれのやり方やあり方を認め，こちらの枠組みに入れ込むことはしないということです。ですから，ブリーフセラピーには，成熟した人格像や望ましい家族像などのモデルはありません。特定の理論をクライエントに当てはめるセラピーとは一線を画すといえるでしょう。エリクソンは，寝台の大きさに合わせて人の身体を切ったり伸ばしたりした「プロクラステスの寝台」というギリシャ神話をひいて，セラピストの仮説や理論の押しつけを戒めています (Zeig & Lankton, 1988)。

　二つ目の「うまくいったなら，それをくりかえせ」と，三つ目の「うまくいかないならくりかえすな。何か違うことをせよ」という原則は，一見するとごく当たり前のことのように思えます。しかしその反対に，私たちはうまくいったことを簡単にやめ，うまくいかないことを何度も繰り返してしまいます。

　溺れている人は水から顔を出そうともがきます。力の限りもがいても，水面に浮きあがることはなかなかできません。その時に，もがくのをやめて全身の力を抜くことができたならば，自然に水面に浮きあがってくることでしょう。しかし，苦しくて必死になっている時に他の手段をとることなど，そう簡単にできるものではありません。たとえ，力を抜けば浮きあがるという知識や経験があったとしても，溺れている場でそうすることは容易ではありません。

2．ブリーフセラピーのものの見方　25

問題の渦中にあったり，日々の生活に追われていたりすると，自分の状況を俯瞰してとらえることができず，先の原則の逆さまをしてしまうものです。ですから，セラピーにおいては，うまくいったことを繰り返せるように，また，うまくいかなかいことの繰り返しから離れられるように，クライエントを導くことが求められてきます。そのためには，物事がうまくいっているか，そうでないかを見極めて，適切に方向づけること，すなわち，アセスメントと介入の力が求められてきます。その一番の基礎になるのが観察です。

観　察

　私たちは感覚器官を通して外界と接しています。そのため，観察しようとわざわざ意図しなくても，当たり前のように目にはものが映り，耳には音が聞こえてきます。しかし，見ているつもり，聞いているつもりでも，実際は「今ここ」をなんとなくぼんやり体験しているにすぎません。
　楽しみにしていたランチでも，味わっているのははじめの一口二口であり，あとは友人との会話に気をとられています。妻の小言に「うん，わかった」とうなずきながら，「何がわかったの」と聞き返されると何も答えられません。このような粗雑な情報の取り入れ方は，日常生活だけでなく，セラピー場面でもそう変わることはありません。セラピーのなかでも，先入観の色つきメガネでクライエントを眺め，上の空で話を聞き，頭のなかで気の利いた解釈をひねりだすことに夢中になっています。「今ここ」が観察できていた時間はきわめて短いものです。
　ブリーフセラピーでは，相互作用（interaction）や行動を主たる観察対象とします。相互作用を「やりとり」「関係性」「コミュニケーション」と言い換えてもよいでしょう。夫がこう言うと妻はああ返すとか，父親が近づくと娘が黙り込むなどの対人間のやりとりを見ていきます。この時に，夫のほうが悪いとか，娘がこうなったのは育て方のせいだなどの価値判断は脇に置いておきます。見たことを見たままに，聞いたことを聞いたままにして，やりとりを追っていきます。また，クライエントに尋ねながら情報収集をする時も，同じ要領で進めます。観察できる行動や相互作用の次元で情報収集し，意味づけをできるだけ加えないようにします。

人と人との間を見るのと同じように，人の心のなかの相互作用もとらえます。といっても，心のなかを読み取るような超自然的な能力を求めるのではありません。観察した事象を手がかりにして，個人内の相互作用を追うという意味です。
　たとえば，トラックやダンプカーを見ると軽いパニック状態になる人がいたとします。その場合には，「トラックを見る→思い出す→恐怖感が喚起される→心拍や呼吸が変化する」というやりとりを追いかけることができるでしょう。その人が動揺した原因をあれこれ詮索するのではありません。顔色が変わり呼吸が荒くなるなど，見聞きできた範囲の事柄に基づき，その人のなかで起きた相互作用の連鎖を追えばよいのです。ちなみに，この見方に習熟すると，暗示の与える影響をきれいに追うことができるので，催眠の技量が飛躍的に向上します。
　エリクソンは，観察のポイントとして，①人と人との関係性，②人の心のなかの関係性，③行動の変化における雪玉効果，の３点を挙げていました（Zeig, 1985）。ここまで述べてきた概念を用いれば，①を対人間の相互作用，②を個人内の相互作用，と言い換えることができるでしょう。③の雪玉効果は，たとえを組み入れたエリクソンらしい概念です。
　木の枝からひと塊の雪が山の斜面に落ちました。その塊は転がりながら周りの雪を巻き込み，みるみるうちに大きな雪玉になっていきます。それと同じように，いったん小さな変化が起きると，周囲と影響を与え合いながら，あっという間に大きな変化に拡大していきます。つまり，変化をめぐる相互作用の連鎖に注目するように，ということです。
　エリクソンのいう観察は，何かの理論や治療モデルに当てはめて現象を考えることではありません。また，解釈や意味づけをすることでもありません。見えたものを見たままに，聞こえたものを聞いたままに，意味づけをできる限り加えずに「今ここ」を追いかけること，これがエリクソンの求める観察です。
　観察や情報収集の際に意味づけを控えるようにしていると，クライエントがどのような価値判断の枠組みをもっているか，かえって理解できるようになってきます。たとえば，クライエントが交際していた女性と別れ，落ち込んでやけ酒を飲んだことについて考えてみましょう。これを「交際の終わり→落ち込み→過度の飲酒」というように個々の行動の連鎖としてとらえてみ

ると，交際が終わることと落ち込みは必ず結びつくものではないことが見えてきます。また，落ち込んだから酒を飲まなくてはいけないということもありません。事象と事象の間は決定されたものではないため，ある行為の続きに別の行為が選択されていてもよいはずです。交際が終わったからこそ，さっぱりした気持ちで一人の自由な時間を満喫したり，新しい出会いを求めたりしてもよいのです。別れからやけ酒までをひとまとまりとしているのは，「彼女がいないのは寂しいことだ」「落ち込んだ時は酒を飲むものだ」という価値判断によるものであることが理解できます。

　意味づけを控えて行動や相互作用を観察する姿勢は，エリクソンだけでなくブリーフセラピー全般に共通することです。Cade & O'Hanlon（1993）は，ブリーフセラピーの実践家が観察可能な事象にとどまる理由について，こう語ります。

　「私たちは，人間経験の複雑さを否定しているわけではない。そうではなくて，人々の相互作用の観察や，記述可能な基本的な事柄から，私たちが遠ざかれば遠ざかるほど，私たち自身のメタファーに巻き込まれてしまい，その結果として，それをクライエントに押しつけてしまう危険を冒しやすくなると考えているのだ」

　理論や解釈は色つきのメガネであって，あるがままの理解から遠ざかります。理論を当てはめるのではなく，相互作用の観察によって繰り返されるパターンを抽出することをブリーフセラピーでは重視します。

問題パターン

　対人間・個人内の相互作用を観察することに慣れてくると，あらゆる現象は固定したかたちをもたずに刻々と変化していることが体感されてきます。喜びや悲しみ，美しさや体力，優しさや怒りっぽさ，さらには友情や愛情さえもずっと続くものはなく，一瞬一瞬その姿を変えていきます。特定の条件下において生じた現象は，その条件が変わるとまた違うかたちをとります。問題や症状も特定のやりとりによって支えられ，その条件がそろわなければ成立しません。

　さらには，相互作用の連鎖についてセラピストとクライエントの間で対話を進めていくと，問題としてひとまとまりになっていたものがばらばらにほ

どけていくのを体験することでしょう。事象と事象の間にすき間が見えてくるので、ある行動の代わりに別の行動をとることも、その行動を別の条件ですることも可能なことが明らかになってきます。それは、客観的な現実について情報を収集するというよりも、情報収集という行為自体が影響を与え、やりとりのなかで現実をつくりなおしているかのようです。すなわち、問題がどのような条件で起こり、どのように連鎖していくか尋ねることで、その条件や連鎖がどうにでも動かせるものだという現実がつくられていくのです。

書痙という書字障害で考えてみましょう。書痙を成り立たせるためには、まず紙とペン、そして机と椅子をそろえなければなりません。次に、クライエントの手元を注視する人も必要です。優しそうな人が見るよりも、強面の人がよいかもしれません。文字を書く前には、あらかじめ「また手がふるえるのではないか」と不安感を高めておくとよいでしょう。さらに、手がふるえぬように腕を緊張させておくとより効果的です。

逆にいうと、これらの条件がそろわないと書痙は成立しにくいということです。誰も注目していない場面でも同じように手がふるえるのでしょうか。上質な紙ではなく薄汚れたチラシの裏に書く時にはどうでしょう。クレヨンで書いたり、フィンガーペイントであったりするとどうなるでしょうか。腕立て伏せを50回して、腕に力が入らなくなったあとで書いたらどうでしょう。利き手と反対の手で書く時、椅子に座らず立った姿勢で書く時、ワープロで文書を作成する時、テレビを見ながら上の空で書く時……いずれも手は小刻みにふるえてくれるのでしょうか。自動的に手がふるえるという高度な技は、それほど簡単にできるものではありません。

上記を読んで、これらは書痙を成立させる条件の記述にとどまらず、すでに介入策になっていると指摘する声もあるでしょう。そのとおりです。問題を支える条件やパターンを把握することは、それをどう崩すかという介入案を導き出します。

エリクソンはこう言います。「心因性であれ、器質性であれ、問題は何らかのパターンをたどります。とりわけ心因性の障害においてはそれが当てはまります。したがって、このパターンを崩すことが最も効果的な治療手段となります」(Rossi, 1980)。

問題パターンに着目し、それを解消する枠組みを具体的に提示したのが、

MRIのブリーフセラピーです。MRIでは，問題がなぜ起こったかではなく，問題がどのように維持されているかという相互作用のパターンに焦点を当てていきます。問題をどうにかしようとして，本人や家族がいろいろと手を尽くします。そのような解決に至らない対処のことを「解決努力（attempted solution）」と呼び，何らかの手段でこれを放棄させることで，問題の悪循環パターンを崩そうとします。

　MRIのセラピーは，①治療体制への導入，②問題の定義，③問題を存続させている行動の見立て，④治療目標の設定，⑤介入の選択と実施，という流れに沿って行われます（Weakland et al., 1974）。このうちの②③が問題パターンに関する見立てになります。まず，誰にとっての問題であり，どのように問題であるかをできるだけわかりやすく具体的に記述します。そして，その問題についての解決努力を明らかにすることで，問題と解決努力をめぐる相互作用を把握します。MRIの代表的技法でもあるパラドックス（逆説介入）は，問題と解決努力をめぐる相互作用パターンを崩す手段の一つです。

　MRIは，エリクソンの業績とともに，家族療法の伝統も受け継いでいます。それまでの家族療法では，家族メンバーを一堂に集めて，家族の再構造化を目指すのが普通でした。それに対してMRIでは，問題にかかわる人だけを来室させ，必要なだけの小さな変化を求めました。家族の構造や階層をどうにかしようとすることから離れ，相互作用の変化を対象にしたという点で，MRIはブリーフセラピーの出発点といえるでしょう。

リソース

　ブリーフセラピーの実践においては，問題パターンをとらえるのと同じように，リソース（resource）について敏感になることが求められます。リソースとは，クライエントに備わった力やスキルの総称で，セラピーを進めるうえでこれが大きな手がかりになります。

　エリクソンはこう語ります。「やってきた患者はヒステリーかもしれないし，強迫性障害かもしれません。あるいは，統合失調症や躁病であったりします。そういう診断分類に当てはめることが大切なのではありません。これをする力があるとか，あれをする力があるというように，どういう能力を示したかが重要です」（Haley, 1985）。

黒沢（2002）は，内的リソースと外的リソースに分けてリソースを説明しています。内的リソースは，クライエントの備えている能力，知識や経験，興味や関心などを指し，外的リソースは，友人，家族，所属するクラブなどの社会的ネットワークが挙げられます。どんなに深刻な問題を抱えているクライエントであっても，必ずリソースをもっています。ただし，セラピーにおいて取り上げやすいかたちでリソースがあるとは限りません。むしろ，そうでないことのほうが多いでしょう。したがって，セラピストの仕事は，一見しただけではリソースと気づかないものにリソースとしての価値を見出すことにあります。短い自験例を挙げましょう。

　中学1年の女子生徒が，入学して間もない頃，涙で顔を濡らして担任の先生を訪ねてきました。先生が聞いたところによると，友だちができずにつらくなったということです。それ以上話は続かず，担任の先生は困ってスクールカウンセラーのところに彼女を連れてきました。

　「よく来たね」とカウンセラーが声をかけると，生徒はこくりとうなずきました。クラスや名前を聞いたあと，こんなふうに話しかけました。「つらくなって先生に言いにいったんだ。これは実はすごいことだよ。つらい時につらいと言えるのは，簡単なことではないから」。

　照れたような，また不思議そうな顔をしている生徒に対して，カウンセラーはこう続けました。「よかったら教えてほしいんだけれど，そういう力をあなたはどうやって身につけたの？」

　その問いに生徒は答えて，小学4年の時の不登校経験が活きたことや母親の助言もあったことなどを話し始めました。話しているうちに表情はみるみる明るくなっていき，クラスのなかに少数ながら仲のよい友だちのいることも教えてくれました。しまいには，早退せずに次の時間は教室に戻ると言い出しました。

　スクールカウンセラーは，女子生徒についての予備知識は一切ありませんでした。知っていたことといえば，彼女が担任の先生に会いにいき，それから相談室に連れられてきたことだけでした。しかし，それをリソースという観点からとらえれば，その生徒は，先生という社会資源を活用する力をもち，自分の感情を伝える力も備えていたことになるでしょう。その点にカウンセラーが関心をもったため，過去の経験や母の助言，さらにはクラスでのつながりを確認することができ，再び教室に戻っていったと考えられます。

もしもこの生徒を友だちづくりに失敗した子ととらえ，性格傾向やソーシャルスキルの不足などにカウンセラーが興味をもったとしたら，まったく違う話が展開していたことでしょう。

　前記の事例について，生徒にリソースが内在していたというよりも，カウンセラーと生徒との対話のなかでリソースが構成されたととらえる人がいるかもしれません。そう理解しても構わないでしょう。言うまでもなく，他者の関与の影響は大きいものです。立派なリソースがあっても，放っておいてはなかなか活きてくるものではありません。その反対に，わずかな手がかりであっても，周りの関与によってリソースは輝きだしていきます。

　ブリーフセラピーでは，エリクソン以来，リソースをとらえることを重視してきました。ブリーフセラピー諸学派のなかで，リソースの活用について最も洗練させたのが，解決志向ブリーフセラピーです。このアプローチでは，例外（exceptions）という切り口でリソースに焦点を当てていきます。

　例外とは「クライエントの生活のなかで問題が当然起きてもよいと思われる時に，どういうわけかそうならなかった過去の経験」(de Shazer, 1985)を指します。「問題が起きなかったり，比較的少なかったりしたのはどんな時ですか？」などの質問を向けて，丁寧に例外を探します。そして，例外が見つかったあとでは「どうやったから，それができたのですか？」と尋ねて，例外を実現するための方法や条件を確認します。ここから，例外を単なるエピソードとしてではなく，相互作用の単位で取り上げていることがわかります。例外を繰り返し起こすことで，その望ましい相互作用を生活のルールにしていこうとするものです。

　解決志向ブリーフセラピーの発展とともに，例外の概念は広がっていきました。初期には，「問題や不満のルールに対する例外の探索」(de Shazer et al., 1986)とあるように，例外をとらえる時にはそこに問題や不満が訴えられていることが前提とされていました。しかし，その後の発展の過程で，問題の有無にかかわらず，生活のなかにある解決を例外ととらえるようになっています。その場合には，ミラクル・クエスチョンなどで解決像を形作ったあと，「今お話ししたようなことが最近起きたのはどのような時でしたか？」と尋ね，毎日の生活のなかで順調に進んでいるところを取り上げていきます。

アフリカンバイオレットの女王

　ここまで，「セントラルフィロソフィー」「観察」「問題パターン」「リソース」について述べてきました。その他にも，メタ・コミュニケーション，未来志向，無知の姿勢，関係性のアセスメント，社会構成主義など，大切な視座はいくつもありますが，すべてをここで網羅することはできません。そこで，エリクソンの事例を通して，利用（utilization）という治療姿勢に焦点を当て，ブリーフセラピーの「ものの見方」のまとめとしましょう。

　エリクソンは，重篤なうつ状態で自殺念慮もある女性を訪問面接により治療したことがありました。その女性の親戚（甥）がエリクソンの患者であり，ミルウォーキーに住む叔母のことも診てほしいと依頼されてのことでした。

　クライエントの女性は，経済的にはとても裕福でしたが，家族はなく，大きな屋敷に一人きりで住んでいました。身の回りのことはすべて家政婦がしていたので，彼女がすべきことは何もありませんでした。彼女のすることと言えば，気の向いた時に聖書を読むことや日曜日に教会に出かけることだけでした。しかし，教会に行っても一人ぼっちで，誰とも交流しようとはしませんでした。

　エリクソンはミルウォーキーに出かけた折に，その女性宅を訪問しました。丁寧に自己紹介を済ませたあと，その女性に家のなかを案内してくれるように頼みました。立派な屋敷でしたが，陰うつな空気に包まれていました。家のなかを見せてもらっている時，サンルームに3本の異なった色のアフリカンバイオレットと生育中の鉢があることにエリクソンは気づきました。アフリカンバイオレットはデリケートな植物で，育てるためにたくさんの手間がかかることをエリクソンは知っていました。

　エリクソンは「医学的指示」として，手に入れられる限りの異なる色のアフリカンバイオレットと200個の進物用の鉢を買い，自分で世話して増やすように伝えました。そして，教会に通う人が結婚した時に，また，出産，洗礼，病気，死などに対しても同様に，アフリカンバイオレットを贈るように指示しました。

　その女性は，エリクソンの指示に従って，たくさんの花を育て，嬉しい出

来事や悲しい出来事のあった人に育てた花を贈りました。子どもが生まれた人は、贈られた花を見ながら赤ちゃんを授かったことの喜びをかみしめました。最愛の伴侶を亡くした人は、贈られた花を見てその悲しみを慰めました。毎日忙しく花の世話をしているうちに、あれほど重かったうつの症状はなくなっていました。花を贈る行為を通して、彼女は多くの友人を得て、たくさんの人から愛されるようになりました。彼女は、多くの人に惜しまれながら、70代でこの世を去りました。地元の新聞は「ミルウォーキーのアフリカンバイオレットの女王、逝く」と大きく取り上げたそうです。

エリクソンがその女性に会ったのは一度きりのことでした。この事例のなかには、ミラクル・クエスチョンもなければ、逆説介入も見ることができません。けれども、現代のブリーフセラピーが大切にしていることがたくさん入っています。

エリクソンは、教育セミナーやスーパービジョンにおいて、何度かこの事例について語りました。その時々で強調点は異なりますが、この女性がうつになった経緯については、どの資料を見ても語られていません (Gordon & Meyers-Anderson, 1981；O'Hanlon・宮田、1993；Zeig, 1980)。おそらくエリクソンは、彼女がなぜうつになったかについては本当に知らなかったのでしょうし、関心もなかったのでしょう。その代わりに、うつがどのように維持されているかという問題パターンについてはしっかり押さえていました。その女性は、裕福な暮らしで大きな屋敷に引きこもり、身の回りのことはすべて家政婦がやってくれていました。日々すべき仕事も他者との交流もなく、社会的役割も将来に期待することもありませんでした。そのような状況でただぼんやりと過ごすことによって、うつが維持されてきました。

エリクソンがリソースとして注目したのは、信仰心が厚いことと花を愛でる気持ちのあることの2点でした。そのリソースをもとに、エリクソンはセラピーを組み立てたのです。後年、「どうしてアフリカンバイオレットを用いた介入を行ったのですか」と尋ねられた時、エリクソンは「家の中で唯一生き生きと生命の兆候を放っていたのがアフリカンバイオレットの花だったから」と答えています (O'Hanlon・宮田、1993)。

エリクソンの出した「医学的指示」は、具体的であるとともに間接的な課題でもありました。また、今ここですべきことに焦点を当てながら、未来を視野に入れた課題でもありました。200鉢もの花を世話することで、彼女の

生活は大きく変わりました。直接的には，日々取り組むべき仕事をもつことによりうつの改善を目指したわけですが，植物のもつ生命力に触れることが間接的な狙いとされていました。花の世話を通して，アフリカンバイオレットが根を張り，茎を伸ばし，葉を広げるさまを見守ることになります。そうやって日々過ごしていくと，明日はどの花が咲くか，どんな色の花をつけるか，自然と心待ちにするようになるでしょう。そして，育てた花を贈ることによって，今度は人とのつながりができてきます。他者に無関心では花を贈ることすらできません。人々の暮らしに関心をもち，人生の大切な局面を迎えた人に花を贈ることで，社会的なつながりがどんどん広がっていきました。人のために自分が役立ったことを実感すると，花の栽培にさらに張り合いが出てくるでしょう。「医学的指示」は，その女性の今とこれからを踏まえた課題でした。

　もしかすると，エリクソンの指示の出し方について権威的だという批判もあるかもしれません。しかし，それは彼にとってまったく問題ではありませんでした。その女性は，医者の言うことに従うべきという伝統的な価値観をもっていたので，それに合わせてエリクソンはふるまっただけのことでしょう。

　うつを改善させるために，「やるべき仕事をもちなさい。社交的になりなさい」と言っても，彼女には何をどうすればよいかわからなかったでしょう。また，具体的であっても「散歩をしなさい。ダンスサークルに参加して友だちをつくりなさい」と，彼女の価値観にそぐわないことを提示しても長続きはしないでしょう。彼女の信仰心と花を愛でる気持ちを治療的に活用したことによって，この介入は成り立ったのです。これが利用という治療姿勢です。

　利用とは，症状であれ抵抗であれ，その人のもちこんだものは何であっても治療的に活用することを意味します（Erickson & Rossi, 1981）。自分のやり方や価値観を相手に押しつけるのではなく，まず相手に合わせ，それからずらして方向づけます。問題パターンを崩す際にも，リソースを広げる際にも，ブリーフセラピーでは利用の姿勢が基本となります。

おわりに

　ブリーフセラピーを実践するうえで，何をどう見るかという「ものの見方」はとても大切です。大切な局面であればあるほど，それが問われてきます。セラピストが面接に行き詰まっている時には，ほとんどの場合，ブリーフセラピー特有のものの見方を忘れています。そういう時には，「やはり境界例は難しいですね」とか「お父さんがアスペルガーですから」などとラベリングを振り回し始めますから，視座がぶれていることがすぐにわかります。大変な時だからこそ，静かに一息ついて，基本に立ち戻ることが求められます。

　もう一度，セントラルフィロソフィーを思い出してみましょう。
　１．うまくいっているなら，なおそうとするな
　２．うまくいったなら，それをくりかえせ
　３．うまくいかないならくりかえすな。何か違うことをせよ

　これらの原則は，クライエントの生活のなかだけのことではなく，セラピーにおけるセラピストとクライエントのやりとりにもそのまま当てはまります。うまくいかないことの繰り返しから離れ，うまくいったことを繰り返す，そうやってセラピーを立て直していけばよいのです。

　クライエントの生活のなかにも，セラピーのやりとりのなかにも，必ずアフリカンバイオレットは咲いています。

　本章の「観察」「リソース」は，津川（2012）に加筆修正を加えたものです。

〔引用文献〕

Berg, I.K., & Miller, S.D.（1992）*Working with the problem drinker: a solution-focused approach*. New York: Norton.（齋藤学監訳（1995）『飲酒問題とその解決：ソリューション・フォーカスト・アプローチ』金剛出版）

Cade, B., & O'Hanlon, W.H.（1993）*A brief guide to brief therapy*. New York: Norton.（宮田敬一・窪田文子監訳（1998）『ブリーフセラピーへの招待』亀田ブックサービス）

de Shazer, S.（1985）*Keys to solution in brief therapy*. New York: Norton.（小野直広訳（1994）『短期療法解決の鍵』誠信書房）

de Shazer, S., Berg, I.K., Lipchick, E. et al.（1986）Brief therapy: focused solution development. *Family Process*, 25, 207-221.

Erickson, M.H., & Rossi, E.L.（1981）*Experiencing hypnosis: therapeutic approaches to altered states*. New York: Irvington.

Gordon, D., & Meyers-Anderson, M.（1981）*Phoenix: therapeutic patterns of Milton H. Erickson*. Cupertino: Meta Publications.

Haley, J. (Ed.)（1985）*Conversations with Milton H. Erickson, M.D.* Vol.3. New York: Triangle Press.

長谷川明弘・北村文昭（2013）「日本ブリーフサイコセラピー学会第3回会員動向調査：実践と学びの実態」『ブリーフサイコセラピー研究』22(2), 102-108.

黒沢幸子（2002）『指導援助に役立つスクールカウンセリング・ワークブック』金子書房

宮田敬一編（1994）『ブリーフセラピー入門』金剛出版

O'Hanlon W.H.・宮田敬一（1993）「人，ミルトン・エリクソン」『ブリーフサイコセラピー研究』3, 208-215.

Rossi, E.L.（1980）*The collected papers of Milton H. Erickson, M.D.* Vol.4. New York: Irvington.

津川秀夫（2012）「臨床心理学キーワード：観察／合わせとずらし／リソース」『臨床心理学』12(4), 596-598.

Weakland, J.H., Fich, R., Watzlawick, P. et al.（1974）Brief therapy: focused problem resolution. *Family Process*, 13, 141-168.

Zeig, J.K. (Ed.)（1980）*Teaching seminar with Milton H. Erickson, M.D.* New York: Brunner/Mazel.（成瀬悟策監訳，宮田敬一訳（1984）『ミルトン・エリクソンの心理療法セミナー』星和書店）

Zeig, J.K.（1985）*Experiencing Erickson: an introduction to the man and his work*. New York: Brunner/Mazel.（中野善行・青木省三監訳（1993）『ミルトン・エリクソンの心理療法：出会いの三日間』二瓶社）

Zeig, J.K., & Lankton, S.R. (Eds.)（1988）*Developing Ericksonian therapy: state of the art*. New York: Brunner/Mazel.

Ⅰ 理論

3．ブリーフセラピーのエビデンス

鈴木俊太郎

パスタ屋の評価においてパスタの美味しさはどの程度重要か？

　私がセラピーやカウンセリングのエビデンスを語る際に，よく使うのが飲食店のメタファーです。
　想像してみてください。
　あなたは今から雑誌にもよく掲載されている，美味しいパスタで有名なイタリアンの店にパスタを食べに行くとしましょう。なぜパスタかって？　いや，とにかくパスタなのです。パスタを食べに入った店で，客席に通され，おしぼりを受け取ったあなたは，メニューからめぼしいパスタを注文することでしょう。トマトソース，クリームパスタ，オイルパスタ……いろいろ種類はありますが，そこはご希望の品で構いません。想像ですから，自分の一番好みのパスタを頼んでください。ちなみに，私は最近ボンゴレビアンコにはまっています。さて，そのパスタがやっと目の前にやってきました。スプーンとフォークを手にもって，いざ実食です。おお，噂に違わぬ美味しさ！　ボーノ（イタリア語で「美味しい」という意味）です，ボーノ！　さて，パスタをじっくり堪能したあなたは大満足の笑みを浮かべて，お会計に立ちました。そして，意気揚々と店をあとにしたのでした……。
　さて，こういう状況でしたら，お客様であるあなたはこの店に対して「満足」という評価を下すと思います。なにしろパスタが噂どおり美味しかった

から。しかし！　しかしです！　もしこの店で，パスタを食べている最中，パスタの中から接客をしていると思しき店員の長い髪の毛が見つかったらどうでしょう。時代背景を考慮すると，長いまつ毛が入っていてもおかしくありませんね。そんな普通は入っていないようなものが入っていたら，どうでしょう。どんな気持ちになりますか？　何事もなかったかのように食べ続ける人もいれば，ムッとする人もいるかもしれません。私は気弱な東北人なのですが，西の方は髪の毛が入っていたら即店員さんを呼んで注意する方もいると聞きます。いずれにしても気持ちよくはありませんよね。

　もっと極端な例を出してみてもいいですね。パスタを運んでくる店員が，やけに攻撃的なのです。オーダーを取る時もむっつりしていましたが，品物を運んできた際にはテーブルの上に，ドンッ！　と皿を置き，「お待たせいたしました」の一言もなく帰っていく。そんな接客をされたとしましょう。別にみなさんは彼（彼女）を怒らせるようなことは何一つしていないにもかかわらず，です。どんな気持ちになりますか？

　ちなみに，私はそんなことをされたら，二度とその店には行きません。そうです。不満があるから，行きたくありません。いや，たしかにパスタは美味しかったですよ。美味しいパスタを食べたいと思って行ったので，その点はよしとしましょう。しかしながら，次は行かないのです。そんな私が「少数派か？　器量の狭い人間か？」と問うてみるならば，意外とそうでもありません。これを読んでいるみなさんのうち，結構な数の方が，もう行きたくない，という私の気持ちを理解してくださるのではないでしょうか。

　たとえそのパスタ屋で提供されたパスタが，人生で食べたパスタの中で最高に美味しいものだったとしても，そのパスタ屋が目に余る不衛生さである，接客がひどくて話にならない，などの付帯事項が生じてきた場合，あなたはそこでの体験を「満足」の一言で済ますことができるでしょうか？

　逆にこういうケースを考えてください。たとえば，パスタの味は思ったほどではなかったのですが，「店員さんの接客態度が非常によかった」「店員さんが相当なイケメン（かわいらしい女性）であった」「偶然バースデイ割引が使えて半額だった」「デザートが無料サービスでついてきた」……などの付加価値があった場合です。もちろん，ここに挙げたことは人によって評価に値することもあれば，値しないこともあるかと思います。しかし，場合によってはパスタの味はそれほど高い評価ではなかったにもかかわらず，「も

3．ブリーフセラピーのエビデンス　39

う一度行ってもいいかな」という思いを生み出す可能性があります。
　たしかに飲食店はお腹を満たすことを目的に来店される方がほとんどですので，提供されるものの美味しさや量といった要素は重要な評価要素です。しかし，美味しいからすべての人が満足するかといったら，そうでもないのです。逆に，美味しくないからといって，すべての人がもう二度と来ないかというと，そうでもありません。サービス業全般では，カスタマー・サティスファクション（Customer Satisfaction：CS）の重要性が叫ばれます。CSはたとえ重要な要素であっても，単一の要素のみで構成されるということはほぼありません。セラピーやカウンセリングも，ある種のサービスである以上，そこでのCSにも同様の性質が存在すると私は考えています。

エビデンスをもっと広い意味でとらえる

　伊藤ら（2011）は，カウンセリング・セラピーにおいて，研究者や臨床家が主として技法に求めている「症状や問題の改善」がみられれば，常にクライエントも満足するかというと，必ずしもそうではないことを示しています。セラピーやカウンセリングの効果測定研究は，その大半が実験群と統制群を設定して，効果指標として設定された従属変数の変化量を比較する研究デザインが採用されます。その場合の従属変数は，たとえばうつへの効果測定であればベック抑うつ尺度が採用されることもありますし，生理的指標，不適応行動の直接観察量などの場合もあります。いずれにせよ，調査・実験をしている研究者側にとって，望ましい変化，肯定的変化と考えられるような変数が従属変数として採用されてきています。
　CBTというセラピーの発展は，このような効果の立証と切っても切れない縁があるように感じます。理論的にも優れたセラピーであることは言うまでもありませんし，実施方法に関する教育手段も素晴らしいものがあります。しかし，CBTが現在ほど熱を帯びてきた理由の一つが，いわゆるエビデンスを前面に押し出した営業展開であることは間違いないでしょう（営業力がある，ということはこれまでのセラピーやカウンセリングには不足していた部分なので，揶揄ではなくて敬意を込めて，そういう言葉を使用しています）。説得力のあるエビデンスが，豊富に取りそろえられているたいへん魅力的な方法論です。

たとえば，Emmelkemp（2004）では，行動的アプローチとしてのエクスポージャーについて多くのエビデンスを示しています（エクスポージャーとは簡単に説明すると，「恐怖や強い不安を感じる状況にクライエントを直面させ，意図的にそれを喚起する方法の総称」です）。実体験する方法やイメージングする方法などがありますが，総じて治療を受けないクライエントと比較して，エクスポージャーを受けたクライエントのほうが優れた改善結果を示すことがわかっています。また，Jacobsonら（1996）では，CBTでよく使用される活動スケジュール法（たとえば，1日の行動スケジュールについて1時間ごとにタイムテーブルに書き込むことにより，「自分はいつも寝てばかりいる」などという極端な認知が誤りであることに気づかせる手法）のエビデンスが示されています。やはり，うつのクライエントについて，統制群と比較した場合，大きな効果があることがわかっています。これ以外にも実にたくさんのエビデンスが存在します。CBTの営業戦略は実に巧妙で，私のようなブリーフの人間（ブリーフセラピーが好きな人間，という意味です！）からみると，まさにイケイケドンドンな勢いのある会社のようです。

　近年はエビデンス流行で，CBTに限らずさまざまなセラピー・カウンセリングのエビデンスが研究テーマとして取り上げられています。たとえばエビデンスとはほど遠いと思われがちな精神力動的技法においても，この動きはみられます。精神力動的技法における解釈技法について，Orlinskyら（2004）では，メタ分析の結果，解釈が結果の改善と正の相関傾向にあることを明らかにしました。また，Bateman & Fonagy（1999, 2001）では，精神分析をベースとした治療プログラムの実施が，境界性パーソナリティ障害と診断されたクライエントに，統制群と比較して著しい改善（自殺企図・自傷行為の回数，プログラム終了後に入院している患者数などが減少するという変化）をもたらすことを示しています。

　では，わが社（ブリーフセラピー）はどうなっているのかというと，効力のメタ分析を行ったGingerich & Eisengart（2000）ならびにKim（2008）によると，解決志向ブリーフセラピー（Solution-Focused Brief Therapy：SFBT）と，問題志向的なアプローチ，統制群の3群を比較した結果，SFBTには最低限から中程度の効果量があることがわかっています。また，鈴木・皆川（2008）では，問題志向的アプローチと比較してSFBT実施のケース回数のほうが少なくて済むことも示されています（しかし，面接回数や

面接時間についてはStalkerら（1999）において，SFBTが他のアプローチとあまり変わらないことが示唆されているなど，議論が残されているところです）。さらに，日本ブリーフサイコセラピー学会が発行している『ブリーフサイコセラピー研究』誌での効果検証論文のメタ分析を長谷川・松岡（2010）で実施しています。他のアプローチとの比較研究というわけではありませんが，これまでのブリーフセラピー研究をレビューすることで，研究動向や今後の方向性も示されています。このようにCBTには及ばないものの，ブリーフセラピーにおいても研究者や臨床家が納得できるようなエビデンスが蓄積されつつあります。「短期・効率性」を売りにしているわが社のエビデンスとして，数として十分ではないものの，上記のような研究成果も徐々にみられるようになってきました。今後このような流れの効果測定研究を実施するならば，ブリーフセラピーに関してはCBTで行われているようなマイクロ分析，つまり個々のスキルや質問技法に関する分析も必要でしょう。セラピー全体を通して効果があった，ということに今のところブリーフのエビデンスは集中しています。セラピーを個々のスキルや質問技法，ホームワークに還元して，それらの効果を測定することに抵抗のある方もいるかもしれませんが，CBTのこれまでの蓄積を見習うならば，実行の価値がある課題であることは間違いないでしょう。

　さて，以上みてきたように，エビデンスを示すことは自分たちの流派のアイデンティティを確立し，生き残るために，避けて通れない風潮のようになってきています。日本においても保険診療の対象となったCBTに続けとばかりに，研究者主導の効果指標設定，効果測定研究が多くみられている現状です。しかし，ここでパスタ屋のメタファーを思い出していただきたいのです。

　「美味しければそれでいいのか？」

　私たちは，自分たち（セラピストやカウンセラー）がよいと思っていることが，患者やクライエントにとってもよいことだと，実際のケース場面ではあまり思いませんし，思ったとしてもその自分の希望を相手に押しつけるようなことはきっとしないでしょう。それなのに，上記の先行研究の効果に関する主眼はどこにあるかというと，「セラピー・カウンセリングの効果は〇〇である」という研究者や臨床家の思いにあります。換言すれば，これまでの効果測定とは，「自分たちのやっていることを，自分たちで決めた評価項

目でもって評価している」ということになります。この評価方法では，自分たちにとって有利になる評価項目を設定すれば，当然ポイントは高くなるわけですし，低くなりそうな評価は事前にはずしておけば，余計な悪評は立たないことでしょう。もちろん，前述の先行研究すべてが，研究者や臨床家の都合のよい効果指標設定をしているものである，という批判をするつもりはありません。多くの研究が，有益で説得力のある，公平な知見を提供していると思います。しかし，やはり研究者や臨床家の主観的な思い込みが完全に抜け切っていない点も指摘せざるを得ません。

では，どうすればより心理的援助サービスの成果を，説得力や納得が得られ，かつ万人に受け入れられるものに変えていけるか。ここではエビデンスをもっと広い視点からとらえ，表現し，測定することを提案していきたいと思います。

セラピー・カウンセリングを協同で評価する仕組み

セラピーやカウンセリングを評価する方法として，「研究者や臨床家が設定する効果指標と同時に，利用者であるクライエントが設定する効果指標を測定する」という協同評価の方法を提案しておきます。研究者は図1の左側の円のようなイメージをもっていることになります。ここで，一番大きなパイを占めているものが，治療による改善度です。私たち研究者や臨床家は，苦しみ，悩む人たちを目の当たりにして，「治したい」という気持ちが生じることと思います。むしろ微塵も生じた経験がなければ，問題です。しかし一方で，この「治す」という点に集中するあまり，それがセラピーのすべ

研究者視点のセラピーへの満足感　　クライエント視点のセラピーへの満足感

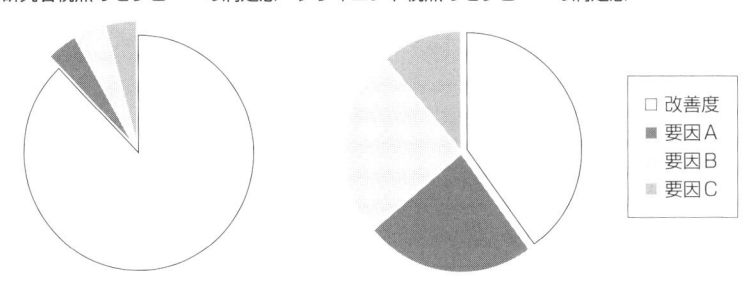

凡例：
□ 改善度
■ 要因A
　 要因B
　 要因C

図1　セラピー・カウンセリング満足感の構成要因のイメージ

て，と感じてしまう方も多くいらっしゃるかと思います。先行研究の従属変数に改善度が設定されがちなことも，それを如実に語っている事実だといえます。

「セラピーに関しての満足感」を尋ねてみると，研究者と臨床家は左の円のようなイメージで，「治れば満足していただける」と思いがちです。パスタさえ美味しければ満足，という感覚をもっている店主と似ているわけです。しかし，実際，セラピーに関する満足感という総合評価を考えてみると，「治りさえすればよい」のかというと，クライエントはそこまで単一の評価項目で総合評価を下していないことがわかってきました。

鈴木・皆川（2008）では，SFBTにおいて，クライエントがどのような要因から，セラピーを総合的に「満足だった」と判定しているのかについて調査を行っています。そこで明らかになったことを簡単にまとめると，SFBTを受けたクライエントは，改善度だけではなく，自己認知・課題認知といった認知側面の肯定的変化，セラピストとの一体感の経験などが影響を与えることがわかりました。治ったことも重要なのですが，自分に自信がもてるようになった，何か悪いことが起こった時に深刻なものの見方をしてしまう癖が少し前向きに変化した，困った時は一人ではないという安心感が得られたなど，問題とは直接関係のないよい変化が自分や周囲に生じることでも満足感が得られることが明らかになったのです。これをさらに推し進め，SFBT専用のクライエントのためのセラピー満足感尺度，「SFBT満足感尺度」が鈴木（2010）で開発されました。表1がその尺度項目に当たります。この尺度の開発途上で明らかになったことは，やはりクライエントは「効率的な改善」を強く期待しながらも，さまざまな満足感構成要因が存在するという事実でした。

「セラピー・カウンセリングを評価するためには，これまで使用されてきた研究者視点の改善度指標と同時に，CSの視点を取り入れ，よりクライエント主体の評価尺度も活用していく必要がある」と私は考えます。エビデンスは以後，より広い視点に立った解釈でもって扱われ，利用者であるクライエントをより積極的に評価協力者として活用すべきだといえます。そうすることが，さまざまなセラピー・カウンセリング技法の発展に寄与することになるでしょう。心理の業界では，何となく神聖なお仕事，禁欲的なお仕事，過剰なサービスは厳禁，というイメージがつきもので，そうすること（むし

表1 SFBT満足感尺度の尺度項目（鈴木，2010より筆者作成）

第1因子 「環境リソースへの気づき」
　困ったときに1人で悩まなくなった
　自分は周囲から孤立していると感じた（逆転）
　色々なところに助けてくれそうな人がいることに気づいた
　周囲から冷たい対応をされた（逆転）
　家族に相談できるようになった
　当初の症状・問題以外にも悩むことが増えた（逆転）
　1人でがんばっていた気がした（逆転）

第2因子 「カウンセラーとの一体感」
　カウンセラーの話を素直に受け止めることができた
　カウンセラーが自分のことのように共感してくれた
　カウンセラーがとても親身になってくれた
　カウンセラーと対立する場面があった（逆転）
　カウンセラーを信頼していた
　お互いのことを尊重し合って話し合うことができた

第3因子 「自己リソースへの気づき」
　気づかなかった自分の良さを引き出してもらえた
　症状・問題をそれほど困難に感じなくなった
　自分のことが，面接を通して好きになれた
　自分のできていること，できないことの整理がつけられた
　自信を失う場面があった（逆転）

第4因子 「効率的な改善」
　カウンセリングに期待していた自分の目標が達成された
　いち早く症状・問題が改善した
　事態が改善するまで多くの時間を費やした（逆転）
　自分が当初予測していなかった成果があげられた

（逆転）は逆転項目を指す

ろそっけないくらい）が治療者として相手のためになることだというムードが通常ととらえられてきましたが，これとて私たちの思い込みかもしれないのです。誰かにみられているということをきちんと意識して，自分たちの仕事を振り返る謙虚さも大切だといえるでしょう。

ブリーフセラピーにエビデンスはあるのか？

本章の結論ですが，「一定程度あります」というのが私の答えです。

「短期・効率」という名前を冠しているセラピーである点については，面接回数が少ないというエビデンスもありますし（先述したように議論の余地ありですが……），セラピーとしてクライエントの改善に寄与するかどうか，という点についてもある程度の効果は望めるというエビデンスが先行研究で示されてきました。また，SFBTに関しては，より総合的な評価であるセラピー満足感について，他のアプローチよりもやや高いことが示されています（鈴木・皆川，2008）。これまでの効果測定指標と，クライエントの満足感という指標の両側面から判断すると，ブリーフセラピー（特にSFBT）にはエビデンスは「一定程度あります」といえそうです。

　今後，セラピーの効果測定を行う場合，複数の変数による多面性だけではなく，評価主体のバリエーションによる多面性をいかにして確保していくかが業界の課題ではないでしょうか。研究者や臨床家だけがセラピーを評価するのではなく，それを実際に受けた人（主としてクライエント）に評価をしてもらう，まったくセラピーとは縁のない第三者委員会のような立場の人に評価をしてもらう，などの工夫を行い，サービスの質向上につなげていくことが求められていると考えます。

〔引用文献〕

Bateman, A., & Fonagy, P.（1999）Effectiveness of partial hospitalization in the treatment of borderline personality disorder: a randomized controlled trial. *American Journal of Psychiatry*, 156(10), 1563-1569.

Bateman, A., & Fonagy, P.（2001）Treatment of borderline personality disorder with psychoanalytically oriented partial hospitalization: an 18-month follow-up. *American Journal of Psychiatry*, 158(1), 36-42.

Emmelkemp, P.M.G.（2004）Behavior therapy with adults. In M.J. Lambert (ed), *Bergin and Garfield's handbook of psychotherapy and behavior change*. 5th ed. Chicago: John Wiley & Sons, pp.393-446.

Gingerich, W.J., & Eisengart, S.（2000）Solution-focused brief therapy: a review of the outcome research. *Family Process*, 39(4), 477-498.

長谷川明弘・松岡智恵子（2010）「『ブリーフサイコセラピー研究』の動向と提案：創刊号から16巻までの掲載論文に基づいて」『ブリーフサイコセラピー研究』19(1), 15-27.

伊藤絵美・丹藤克也・鈴木俊太郎ほか（2011）「認知行動療法（CBT）の心理学的基盤」『認知療法研究』4(2), 99-110.

Jacobson, N.S., Dobson, K.S., Truax, P.A. et al.（1996）A component analysis of cognitive-behavioral treatment for depression. *Journal of Consulting and Clinical Psychology*,

64(2), 295-304.
Kim, J.S.（2008）Examining the effectiveness of solution-focused brief therapy: a meta-analysis. *Research on Social Work Practice*, 18(2), 107-116.
Orlinsky, D.E., Ronnestad, M.H., & Willutzki, U.（2004）Fifty years of psychotherapy process-outcome research: continuity and change, In M.J. Lambert (ed), *Bergin and Garfield's handbook of psychotherapy and behavior change*. 5th ed. Chicago: John Wiley & Sons, pp.307-390.
Stalker, C.A., Levene, J.E., & Coady, N.F.（1999）Solution-focused brief therapy: one model fits all? *Families in Society: The Journal of Contemporary Human Services*, 80(5), 468-477.
鈴木俊太郎・皆川州正（2008）「ソリューション・フォーカスト・アプローチにおけるクライエントの満足感について：協同問題解決満足感尺度による検討」『ブリーフサイコセラピー研究』17(2), 80-90.
鈴木俊太郎（2010）「ソリューション・フォーカスト・ブリーフ・セラピー面接におけるクライエントの満足感測定尺度の作成」『ブリーフサイコセラピー研究』19(1), 1-14.

Ⅰ　理論

4．CBTとブリーフセラピーの類似点・相違点

大野裕史

　本書の源となった2012年の日本ブリーフサイコセラピー学会のシンポジウムのまとめで，津川（2012）は次の点に親近感を覚えると記載しています。
　CBTの実践家は，
　　・現実的にものごとをとらえる
　　・CBTの「ABC分析」「三項随伴性」も，相互作用の連鎖をとらえる枠組みである
　　・問題や症状をクライエントの「性格」のせいにしない
　　・症状の「意味」など面倒なことをいわない
　一方，ブリーフセラピストと話すと，CBTについて，
　　・かたくて融通が利かない
　　・理屈っぽい
　　・手続きが面倒
　　・セラピストの枠組みの押しつけ
　　・認知修正を正面からゴリゴリやるのも，ブリーフセラピーの洗練された対話や利用という治療姿勢に慣れた者からは無粋に映る
との印象をもっているように見受けられ，私も一部同意する点があります。
　本章では，CBTとブリーフセラピーとの類似点と相違点についてみます。類似点は相互の交流を促進し，相違点はそれぞれの立ち位置を見直す契機になると考えるからです。
　私自身はCBTの中でも行動分析学という立場へのオリエンテーションが

ありますので，CBT全般からの視線になるか不安です。また，CBTもブリーフも複数形ですから，それぞれを包括し比較するのは難しいでしょう。大雑把で，時には恣意的な比較になることをご容赦ください。あくまでも個人の感想です。

もっとも，類似／相似とは視座の違いで，上位のクラスで記述すれば類似点が，サブクラスに移れば相違点が浮かびあがるでしょう。

類似点

まずは，ブリーフセラピーもCBTも行動の変化を狙っています。そして，行動分析学とブリーフセラピー，特に解決志向ブリーフセラピー（SFBT）とは近いものがあると感じています（第Ⅲ部第2章参照）。たとえば，次の点です。

- 行動そのものが問題なのではなく，文脈との兼ね合いが問題を生む
- 介入の方向は，Do More, Do Something Different
- 合わせてずらして介入を進める

その他の類似点として，以下を追加しましょう。

目標志向

CBTでは介入にあたり，達成すべき目標行動を決めます。そして，それにつながる現在の課題となる標的行動を設定します。長期目標と短期目標ともいえるでしょう。一方，SFBTでは解決像を構築し，その兆しとしてのゴールを設定します（解決像と長期目標の違いは後述します）。

目標設定

目標を設定する時，SFBTではウェルフォームド・ゴールの条件（白木，1994）を，CBTではSMART（Mynors-Wallis, 2005）や死人テスト（杉山ほか，1998）を適用します（表1参照）。「死人テスト」とは行動か否かを判断するもので，「死人でもできることは行動ではない」というものです。たとえば，「騒がない」「不安を感じない」等の否定形での記述，「おとなしくしている」「着席している」などのアクティブではない行動などは死人テストで弾かれます。

表1 目標設定について（CBTとSFBT）

	CBT (SMART)	SFBT (Well-formed goal)
Specific （明確である）	何が目標かはっきりしているか？	具体的に示すことができ，行動の形で記述できること
Measureable （測定可能である）	目標が達成できたかどうかを明確に判断できるか？	
Achievable （達成可能である）	目標は達成できそうか？	クライエントの生活の状況からして，現実的で，達成可能であること
Relevant （問題と関連している）	目標が達成されれば問題は解決しそうか？	クライエントに明確であり，彼らにとって重要であること
Timed （時間制限がある）	目標は短期間で達成できるか？	大きなことでなく，小さい目標であること
死人ルール	目標は死人にはできないことか？	何かの（問題の）終わりではなく，何か他のことの始まりとして記述されること
		何かの（問題の）消失ではなく，何か他のことの出現として記述されること
		社会的な関係性，相互作用あるいはコンテキストの枠組みで記述されること
		クライエントが，自分たちの相当な努力が必要だとの印象をもつこと

　Measureableについては，「科学性」を標榜するCBTらしいと思われるかもしれませんが，「どうなったら，目標が達成できたとわかるでしょうか」への回答の一つと，プラグマティックに考えることができるでしょう。測定ができれば，目標が達成できたか否かがわかりやすくなります。測定値は目標の達成度合いの指標となりますが，目標値の達成が目標ではありません。

現在志向

　ブリーフセラピーでは，クライエントの過去ではなく，現在または未来に焦点を当てます。

　CBTでも，現在の問題は現在の要因によって生じていると考えます。ただ，スキーマを扱う時には幼児期の体験を参照することもあります（Young et al., 2006）。

文脈主義

ブリーフセラピーでは「文脈」が重視されます。

近年のCBTの特徴は、以下のように語られます（熊野，2011）。

①主訴そのままの変化だけではなく、文脈込みの変化を目標とする、②より文脈的な前提を採用する、③直接的な変容方略に加え、より体験的で間接的な方略を採用する、④変化の焦点を広くとる。つまり、限定的にとらえられた行動や認知の問題を除去するだけではなく、人生の幅広い領域に適用できる柔軟で効果的なレパートリーを構築することを目指しており、そのために文脈に働きかけたり、体験的で間接的な変容方略を用いたりする。

「文脈」とか「構築」とか、ブリーフセラピーの方にもなじんだ文字が見つけられます。

行動の機能的文脈（影響関係）については、第三世代以前のCBTでも「ABC分析」「三項（強化）随伴性」として重視されていました。

ACTの背景となる考え方は、機能的文脈主義と呼ばれます（Hayes et al., 1999；Ramnerö & Törneke, 2008）。そして、武藤（2006）は機能的文脈主義と社会構築主義との関連を指摘しています。また、Spiegler & Guevremont（2010）は構築主義を認知再構成法の哲学的基礎としています。

相互作用

ブリーフセラピーは対人間・個人内の相互作用に着目し、因果関係も直線的ではなく円環的に把握します（Watzlawick et al., 1967）。CBTも悪循環に（も）目を向けます。

CBTは、まるでセラピストがクライエントを一方的に操作するように語られることがあるようです。たしかにセラピストの行う介入手続きを独立変数と、クライエントの行動を従属変数として記述しますが、実は両者には相互作用が存在しています。行動分析学の重要な技法に、強化操作があります。強化操作ができるのは、クライエントが特定の行動をした時に限ります。つまり、強化操作を実行するというセラピストの行動は、クライエントの行動に依存しています。クライエントの行動が独立変数であり、強化操作

をする行動が従属変数となります。Skinner（1956）のカトゥーンで被験体のネズミが「バーを押すと餌を出すように実験者を条件づけしてやったよ」と語っているように，基礎実験の場面でも実験者の行動は被験体の行動に左右されています。

それでもセラピストの行動を独立変数とします。セラピストにとっては，どのように働きかければクライエントが変化するか，が重要な情報と考えるからです。円環的関係をセラピストの働きかけでパンクチュエイトします。

相違点

クライエント—セラピスト関係

SFBTではクライエントとセラピストの関係をビジター関係，コンプレイナント関係，カスタマー関係の3つのタイプに分けます（白井，1994）。ビジタータイプとは，クライエントが問題や不満を表明しない，あるいは不満はあっても変化や解決をセラピストに期待しない関係。コンプレイナントタイプは，クライエントに不満があり解決や変化を望んではいるが，自分ではない他の誰かが変わる必要があると考えている関係。カスタマータイプは，クライエントは困っていて解決を期待している，そして解決のために自分が何かする意志を表明する関係です。児童臨床や教育臨床では，この観点は便利です。教師の顔を立てるために来室する生徒もいますので。

CBTでは，クライエント—セラピストの関係はカスタマータイプであることを暗黙の前提にしているようです。相談に来るのは，問題を解決したいからであって，やる気もあるはずだ，と。そこで，協同的経験主義を標榜します。クライエントとセラピストは協同してクライエントの問題の解決にあたる，との姿勢をとります。とはいえ，前提が暗黙だけにはずすこともあるかもしれません。

理　論

CBTの基礎は認知—行動理論といわれます。初期の「認知」は単なる内的言語行動でしたが，近年は認知心理学や認知科学のデータを取り込んでいます（たとえば，杉浦，2007）。行動理論の中心は学習理論です。適応的な行動（認知を含む）も，不適応的な行動も学習の結果です。ですから，適応的な

変化は適応的な行動の学習によってなされる、と考えます。セラピストの役割がコーチや教師といった教育モデルになるのは、こういった背景があります。

　一方、ブリーフセラピーの背景となる理論は何でしょうか。たとえば、ウィトゲンシュタイン、デリダ、ポール・ド・マンなど言語に関する哲学に言及したり (de Shazer, 1991)、コミュニケーション理論、システム理論、サイバネティクスをベースにした論議が見受けられます（宮田, 1994；若島・長谷川, 2000）。ベイトソンの影響ばかりではなく、個人の中での情報処理過程よりも、出来事と出来事の間に生じる影響関係に関心があるからでしょう。

　この点では行動分析学もこちらに含まれます。行動分析の魂である三項随伴性は、行動を中心とした先行事象と後続（結果）事象との関係と機能（作用・影響）を問題としているからです。

解決像／長期目標

　CBTでは、長期目標は達成すべき目標、たどり着くべきところです。短期目標よりも概念的・抽象的・包括的ではありますが。たとえば、短期目標が「○丁目△番地のポスト」と特定化されるならば、長期目標は「北海道」くらいの大雑把なものになることがままあります。介入の過程で目標が変更されることもあります。

　これに対し解決像は、必ずしも実現される・べ・き状態ではありません。クライエントに進む方向を指し示す「北極星」となることが期待されています（森・黒沢, 2002）。

　とはいえ、ACTでは介入の「方向性」を重視し、同じく「北極星」のメタファーが用いられています (Bach & Moran, 2008)。

　また、解決像や長期目標の記述の仕方に違いがあります。森・黒沢(2002) は解決像・目標を3つの水準に分けています。その3つは、①義務・必要（べき論のゴール）、②希望・夢・願望（〜であればいいなあ、でも……）、③必然的進行（当然そうなる。そうなっている）であり、③のゴールが実現しやすいと述べています。「（面接が終結した時）どうなっているべきだと思う？」「どうなっていればいい？」「どうなっている？」への回答に対応します。CBTでは往々にして①②のゴールを設定しやすいように思えます。

ホームワーク

森（2012）によれば，この点についても違いがあるようです。CBTではホームワーク（以下，HW）を通して介入が進行するが，SFBTでは，変化は面接室で生じており，その確認のためにHWがある，との主張です。

CBTではHWは重要なポイントです。心理教育で必要性を説明しますし，治療契約の条件にもなります。約束のもとでHWを出したならば，その結果を尋ねるのが礼儀です。

一方，SFBTではHWの結果を確認しません。結果についてはクライエントの自発的報告に任せます。SFBTではHWは，するべき宿題ではなく手土産ですから，「あの土産，気に入ってくれた？」と尋ねるのは野暮です。

と，語られますが本当でしょうか。"実は，SFBTにもフィードバック回路は存在している。しかし面接構造上HWは言い放しで確認しない，と語られる"と私は考えています。「（前回の面接から）どんな点がよくなりましたか？」という質問は，手土産の直接・間接の効果を尋ねてはいないでしょうか。その結果を踏まえて，面接が進められてはいないでしょうか。

SFBTでは面接の継続を前提にしていません。1回で終結することもありますし，2回目の面接も基本的には初回と同様に進められます。HWによる変化があっても，単に面接間に生じた例外とみなす，のではないでしょうか。そして，その例外は，HWに原因帰属させるよりは，クライエントに帰属させるような面接が進行するでしょう。面接で出す行動課題をHWとラベルする必要性はあまりないように見受けられます。

とはいえ，ブリーフセラピーでもHWを確認することがあるようです（若島・長谷川，2000）。

著作物の意義

ブリーフセラピーでは事例は書けても，学術論文が書けない，とブリーフセラピストが言っていたのを耳にしたことがあります。ネタかもしれませんが。では，論文や著作物に求められる機能は何でしょうか。誰の何に機能するのでしょうか。

SFBTは「サイエンス」「再現可能な」「実証的」よりも伝達可能性を重視しているようです。「伝達」は，「誰に何を」を要求しますが，「（予備群を含む）セラピスト」に「基本技術を」となるでしょう（黒沢，2008）。

実は，私は時々，面接の最中や面接を振り返っている時に，「ここで森先生ならば，どうするだろうか。津川先生ならば，どんな逸話を使うだろうか。黒沢先生ならば，こんなことを言いそうだけど，私がその台詞を言ってもクライエントには入っていかない（同じ機能をもつ刺激にはならない）だろうなあ」などと考えることがあります。
　この先生方の陪席はしたことがありませんので，著作物からの想像です。その想像が当たっているかどうかはわかりませんが，想像することはできます。
　一方，鈴木伸一先生・神村先生とも長いお付き合いで，事例検討会でのコメントは想像できるのですが，面接でどんなことをどんなふうにおっしゃるのかをイメージしたことはありません。西川先生は，なんとなくイメージできなくもない，というところです。西川先生主催の事例検討会に何回か参加した経験があるからでしょうか。
　これが「伝達可能性」の違いでしょうか。

　CBTのウリは科学的エビデンスに基づいた心理療法であることです。「科学的」「エビデンス」は物語だとして，このスタンスが厚労省の官僚が政策を決定するのに役立ったのは間違いないでしょう。そしてたぶん，彼の国の保険会社が保険料を算出するのにも役立っているものと想像されます。

〔引用文献〕
Bach, P.A., & Moran, D.J.（2008）*ACT in practice: case conceptualization in Acceptance & Commitment Therapy*. CA: New Harbinger Publications.（武藤崇・吉岡昌子・石川健介ほか監訳（2009）『ACTを実践する』星和書店）
de Shazer, S.（1991）*Putting difference to work*. New York: Norton.（小森康永訳（1994）『ブリーフ・セラピーを読む』金剛出版）
Hayes, S.C., Strosahl, K.D., & Wilson, K.G.（1999）*Acceptance and commitment therapy: an experiential approach to behavior change*. New York: Guilford Press.
熊野宏昭（2011）「行動療法学会大会シンポジウム　認知／行動療法の第三の波はどこまで届いたか（企画趣旨）」第37回日本行動療法学会発表論文集，pp.74-75.
黒沢幸子（2008）『タイムマシン心理療法：未来・解決志向のブリーフセラピー』日本評論社
Spiegler, M.D., & Guevremont, D.C.（2010）*Contemporary behavior therapy*. 5th ed. CA: Wadsworth.

宮田敬一（1994）「ブリーフセラピーの発展」宮田敬一編『ブリーフセラピー入門』金剛出版，pp.11-25.

森俊夫（2012）「指定討論：ブリーフセラピーとCBTの類似点／相違点」『ブリーフサイコセラピー研究』21(2), 95-99.

森俊夫・黒沢幸子（2002）『解決志向ブリーフセラピー：森・黒沢のワークショップで学ぶ』ほんの森出版

武藤崇（2006）「機能的文脈主義とは何か」武藤崇編著『アクセプタンス＆コミットメント・セラピーの文脈：臨床行動分析におけるマインドフルな展開』ブレーン出版，pp.15-32.

Mynors-Wallis, L.（2005）*Problem-solving treatment for anxiety and depression: a practical guide*. Oxford: Oxford University Press.（明智龍男・平井啓・本岡寛子監訳（2009）『不安と抑うつに対する問題解決療法』金剛出版）

Ramnerö, J., & Törneke, N.（2008）*The ABCs of human behavior: behavioral principles for the practicing clinician*. CA: New Harbinger Publications.（松見淳子監修，武藤崇・米山直樹監訳（2009）『臨床行動分析のABC』日本評論社）

白木浩二（1994）「BFTC・ミルウォーキー・アプローチ」宮田敬一編『ブリーフセラピー入門』金剛出版，pp.102-117

Skinner, B.F.（1956）A case history in scientific method. *American Psychologist*, 11(5), 221-233.

杉浦義典（2007）「治療過程におけるメタ認知の役割：距離をおいた態度と注意機能の役割」『心理学評論』50(3), 328-340.

杉山尚子・島宗理・佐藤方哉ほか（1998）『行動分析学入門』産業図書

津川秀夫（2012）「『ブリーフセラピーとCBT』の企画にあたって」『ブリーフサイコセラピー研究』21(2), 70-72.

若島孔文・長谷川啓三（2000）『よくわかる！ 短期療法ガイドブック』金剛出版

Watzlawick, P., Bavelas, J.B., & Jackson, D.D.（1967）*Pragmatics of human communication: a study of interactional patterns, pathologies, and paradoxes*. New York: Norton.（山本和郎監訳，小川丈一訳（1998）『人間コミュニケーションの語用論：相互作用パターン，病理とパラドックスの研究』二瓶社）

Young, J.E., Klosko, J.S., & Weishaar, M.E.（2006）*Schema therapy: a practitioner's guide*. New York: Guilford Press.（伊藤絵美監訳（2008）『スキーマ療法：パーソナリティの問題に対する統合的認知行動療法アプローチ』金剛出版）

II

CBTとブリーフセラピーの接点

Ⅱ　CBTとブリーフセラピーの接点

1.「セラピーに大切なことの多くはブリーフから学んだ」つもりのCBTセラピスト

神村栄一

はじめに

　日本ブリーフサイコセラピー学会第22回大会（2012年8月24日）および，日本行動療法学会第38回大会（同年9月22日）において，ブリーフセラピーとCBTの比較をテーマとしたシンポジウムが開催されました。
　筆者は，この2つのシンポジウムで話題提供の機会をいただくことができました。本章は，この2件の発表内容を統合整理し，執筆までの数ヵ月の間に「発酵」させ，さらに当日発表し切れなかった事例を加筆したものです。
　CBTを専門とするうえで，ブリーフセラピーの示唆はとても貴重だと感じております。これは決して，今回原稿依頼を受けてのヨイショではありません。正直なところ，「このセラピーはCBTをより完全なものにするためにこの世に誕生したのではないか」と思えるほどです。
　もちろん逆に，「CBTは，ブリーフセラピーをより完璧な体系にするためにこの世に誕生した」のかもしれませんが。
　筆者は，CBTとのお付き合いは深く長いものの，ブリーフセラピーについては，メーカーでもユーザーでもなく，せいぜいリスナー（聞きかじり），リーダー（拾い読み）にすぎません。以下では，「ブリーフセラピーはCBTの完成度を高めるために」の立場からまとめるしかありませんでした。

心は細部に宿りたもう

　CBTの実践において，「心は細部に宿る」の姿勢は重要です（神村，2007）。目の前のクライエントの困りごと，たとえば，なかなか回復しない抑うつと自傷行為などの原因を，本人やその家族の内部に間違いなくうごめいているはずの潜在変数としてとらえなければならない，という気合いバリバリの認識パターンから抜け出せないセラピストでは，CBTの効果的な展開は難しくなります。

　同じことが，ブリーフセラピーでは「『問題が問題』ではないのだ」という「問題モード」（森，2000）の立場ではなく「『問題』こそが『問題』とする」立場などと表現されているようです（このようなレトリックの見事さは，認知行動療法家も見習いたいものです）。

　「心は細部に宿る」の姿勢は，いわゆるアセスメントの技術に表れます。「心は細部に宿る」の姿勢があれば，クライエントに「普段はどのように過ごされていることが多いか」という，インベントリー項目によくあるような漠然とした尋ね方を面接で繰り返すことはなくなるはずです。

　普段からの細部への関心の高さから，「最後に自分の腕を傷つけたのはいつになりますか」とか「昨日あるいは今日こちらにいらっしゃるまでに，そんな気分になった瞬間がなかったでしょうか」といった質問が，ごく自然に口から出てきます。

　そこでクライエントがどうしたのか（behavior）ということと，そのbehaviorの直前の環境事象（event）を，セットとしてとらえていくことが狙いです。極論を言えば，一つひとつの反応そのものがどんなものであっても構わないわけで，それらの連鎖の仕方に関心があるわけです。クライエントがある瞬間，ある対象に「怒り」を抱いたこと，それ単独では，セラピーのためには価値はあまりありません。その怒りがどのような刺激，「怒り」反応の表出，その表出の結果の環境変化，出来事と連鎖しているか，その連鎖がどのような効果を生み，抜け出しがたい生活困難（悪循環）をなしているかどうかが明らかになって，ようやく「意味ある情報」になってくるわけです。

　CBTについてよくある誤解を一つ，念のためですが，解消しておきまし

ょう。ここで論じている刺激や反応とは，クライエントの皮膚の外で生じたこと（家族の誰かが，あるいは誰かに声をかける）も，クライエントの皮膚の内側で生じたこと（悲しみがこみあげる，自分は愛されていないと心でつぶやく）も区別されない，という点です。皮膚の外側で生じた出来事（外顕反応）ですべての連鎖を記述しなければならないとすると，アセスメントはきわめて貧弱なものになります。とはいえ，感情や思考，思い込みなど，内側の情報への偏重は望ましくありません。トリガーとなる外側のイベント，働きかけの結果としての事象をバランスよく，具体的に含めることが重要です。

このように広い意味でbehaviorをとらえることで，その後展開されるCBTによる変容がなめらかに進むはずです。CBTに取り組む方がしばしば陥りがちな失敗は，このbehaviorというものを，より包括的にかつ柔らかくとらえきれていないことに起因しているのではないかと思います。

「連鎖をとらえる」とは，あるbehaviorを挟んだ前後の環境事象の変化の中に，そのbehaviorの機能（役立ちのさま，影響，効果）を見出すことでもあります。

とはいえ，1回きりのエピソードで，ある習慣的behaviorの機能を評価するのは困難です。似た状況で繰り返される同じようなbehaviorとその前後の環境事象のサンプルを，できるだけ最近の経験から数多く集めるようにします。その中でようやく，behaviorが果たす機能についての確証が無理なく得られてくるでしょう。「自殺につながらない自傷行為は周囲の注目や心配を引きつけるためのものだ」といった，セラピストの思い込みによる解釈の行き過ぎには自制をきかせなければなりません。

こうした細部におけるささやかな変化，あるいはすでに起こっている変化を改めて見つめ直すことを，セラピーで課されるワークの中で経験することを通して，クライエントはそれ以前より多くの例外に気づけるようになります。例外がたくさん生起し，かつそれらの多くを意識できるようになることを，われわれは問題の解決とか症状の緩和と呼んでいますね。

うつであれば，例外的活動が例外的体験をもたらします。つまり，抑うつ的反芻がいつの間にか停止して，何かに興味が喚起された瞬間をもつことが多くなります。リストカットの事例では，リストカットしたくなるような気分が高まっていたはずなのにリストカットせずにやりすごせた，という例外

が増えてきます。こんな例外が多くなるフェイズを飛び越えて，一足飛びの改善は，心の問題ではほとんどありえませんね。

どんなどしゃぶりも，小雨になってあがっていきます。どんな台風も，結構な勢力をもつ温帯低気圧の段階を経て，収まっていきます。

うつから回復した方の語りにはしばしば，「『気がついたら』少しずつ取り組めるようになってきた」「『気がついたら』心と身体が軽くなってきた」という表現が認められます。

困りごとを対象化し，対処する協働チームの形成

「実験者と研究協力者」という関係であるかのように誤解されやすかったCBTの治療関係ですが，心理教育とそれと同時に進める情報収集の大切さが，広く理解されるようになってきました。

一般に，心理教育は2つの要素からなります。一つはクライエントの問題や症状について「どのように理解できるか」であり，もう一つは，そのような理解のうえで，そのセラピーは「どのように変化を作りあげていくのか」の説明です。そしてこれについて，クライエントの合意を得なければなりません。

後者の説明ではさらに，その変化を実現するために，セラピストができること，クライエントに協力してもらいたいこと，クライエントのリソースの中でより「便利」と思われるもの，についての説明が含まれます。

このように心理教育を進めつつ，クライエントの問題や症状についてさらに詳しい情報を貪欲に集めていけると，セラピーとしては効率がよくなります。効率を求めることに抵抗を覚える読者の方も少なくないでしょうが，効率よく，テンポよく進むことこそが，クライエントの動機づけにとって最大のプラスとなることを常に念頭に置いていただきたいものです。

アセスメントは心理教育に先立って行い，心理教育はアセスメントが済んだあとから，と介入のステージを明確に区切るセラピーは，あまりにも教科書的，初級ワークショップ的すぎて実践的でないと思います。CBTに限らず，実際に展開されている効果的な支援では，心理教育がある程度進み，クライエントの自覚が高まったからこそ本人から語られる貴重な情報がどんどん湧いてくる，そしてそれらによって介入計画，いわゆる見立てが変化して

いく，という経過を辿っているはずです。
　たとえば，強迫性障害のクライエントにおいて，この障害が強迫観念と強迫行為からなることの理解がクライエント側に進めば，その理解のうえで，新たな気づきが生まれ，新たな報告（たとえば，こっそり続いていた別の儀式行為の報告など）がもたらされます。むしろ，そのくらいのことがないと，心理教育が十分成果を生んでいない，ピントはずれになっている可能性があります。
　心理教育前の情報収集（いわゆるインテーク情報），心理教育（症状説明と介入説明）を進めながらの情報収集，介入が始まってからの情報収集，介入後に再発予防のための情報収集，というように，アセスメントのための情報収集の窓口は常にクライエントに対して開かれてあるべきです。そこから得られる情報がフィードバックとなって，セラピスト側の見立て，方針は常に微調整されます。
　情報収集は支援の最後の最後までon-goingであるべきで，たとえば，終結の面接で初めて得られた情報が，その後の再発防止，フォローアップに役立つ，ということすら珍しくありません。
　一貫しているのは，クライエントとその問題や症状，そしてセラピストは図1のような三角形をなしており，クライエントとセラピストはチームとなって，クライエントの問題や症状への対処に当たる，という構造です。クライエント本人，その内側に潜在するものへのアプローチではなく，クライエントが持ち込んだクライエントにまとわりついている問題や症状への，チームによる支援です。

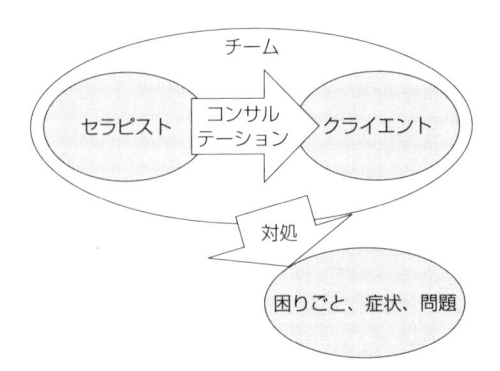

図1 認知行動療法における治療関係

かなり前になりますが，児島達美先生（1990, 2008）の示唆を読み，まさにこれこそがCBTの面接の基本だ，と身震いしたものです。筆者が「ブリーフセラピー畏るべし」と感じたのは，この時が最初だったと記憶しております。CBTの実践家たるもの，たとえ，条件反射と無条件反射の違いを混同してしまうことがあっても，図1のイメージ，いわゆる協同実証主義（collaborative empiricism）のあり方を失っては仕事にならないといえます。
　こんな説明に触発されているうち，筆者は「すべてのCBTはコンサルテーションだ」とすら考えるようになってきました。
　コンサルテーションとは，A領域についての専門家（セラピスト）による，A領域以外の専門性をもつクライエントのあるニーズへのA領域からの間接的支援の試みです。クライエントのニーズ（問題，症状）そのものの諸事情について最も詳しく，経過について最も大きな責任のあるクライエントとチームを作って，そのニーズについて対処しやすくなるよう，常識に基づく工夫について話し合いを進め，実際に試行錯誤を繰り返していけば，そのままCBTになります。その問題，症状について，specificな専門家（クライエント，コンサルティ）と，generalな専門家（セラピスト，コンサルタント）のコンビですから，間違いなく最強なのです。
　コンサルテーションは，しばしば，同じ専門家のより経験のある者から経験が不足している者への「上から目線」の指導であるスーパーバイズと対比されます。CBTは，そのような「上から目線」では展開しにくいところがあります。むろん，逆に「お得意さん」相手だからといって，へりくだりすぎるのもよくありません。コンサルタントとして，コーチとして，積極的に提案し，専門家としての見立てを伝えながらも対等に，です。
　ところが，なんとも悔しいことに，これらについてもすでにブリーフセラピーでは指摘されているらしいことを，わりと最近ですが知る機会がありました。宮田敬一先生（2007）によると，Walterという方が「もうセラピーではなくコンサルテーション」という表現をされているというのです。発想の柔軟さでは，CBTが少しばかり後塵を拝しているようです。
　CBTについては，エビデンスを背景にした介入であるということから，「上から目線」の実施が増えつつあることが懸念されます。「エビデンスの衣を借るセラピスト」には要注意です。

「鳴き声さえも食す」姿勢が変化を呼び込む

　黒沢幸子先生のお話を初めてうかがった時の，冷蔵庫の中の「あるもの探し」の喩えは衝撃的でした。
　CBTには，さまざまな小道具が準備されています。しかし，あらかじめ「鞄」の中に用意されている小道具のみで対処できてしまうミッションなど，この世界ではそう多くはありません。むしろ，その場にある何か・誰かを活かし，取り組むことになります。スパイ映画の主人公のように，必ず，手持ちの小道具にプラスして，たまたまそこにあった何かを卓越した発想で活かし，難所を切り抜けるわけです。
　「ないものは使えませんが，あるものなら使えますね」。このシンプルなメッセージは，筆者の頭の中に黒沢先生の声でたびたびささやかれます。特に介入が暗礁に乗りかかっている時です。
　リストカットのような依存的行為，習癖の場合，どうにかこうにか少しでも頻度を落として，例外を増やしていく必要があります。「やめなさい」などの言葉での制止の繰り返しは，かえって悪化させることもしばしば。そこで，支援者として，少しでも例外が増えること，リストカットの頻度が減ることを「願い」つつ，当面使えそうなものは何でも使っていく。単独で制止効果が期待できなくとも，策を２つ３つ重ねてみるわけです。
　以下は，筆者が担当した事例でのエピソードです。クライエントが当時「自分の心を荒らされた」と思い込み，「憎んでも憎み切れない」と感じていたある方の「わら人形」（実際にはフェルト製）を用意してもらいました。そして，五寸釘ならぬ「コンパスの針」で夜な夜な，自室でグサグサ刺してみてもらったのです。リストカットの代替行動でした。こんな，想像するとちょっと引いてしまいそうな行為も，一時的に「使える」ならそれもよし，の姿勢です。
　ちなみにこのケース，この儀式でほどなく自傷行為はやんで，この「呪いの儀式」もせいぜい10回前後であったらしいのでご安心ください。
　こんな事例を，ちょっとうれしくて，自慢したい気持ちもあって紹介すると，しばしば「それはCBTではなくブリーフだ」と褒めて（？）いただきます。でも，「機能的に等価な代替行動の形成」という間違いなくCBTです

から，素直に「はい」とは返事しません。そこは意地みたいなもので。

　小道具は，種類が豊富であればよいというものではありません。マルチに活用できて手にしっくりくるレンチやドライバーがほんの数本あれば，むしろそのほうが作業は効率よく進むものです。

　サイズや形がさまざまそろっている工具箱を使い始めると，それでもフィットする工具が見つからない局面で，「よい工具が手元にないから仕事にならない」といった心理になりやすいものです。つまり，工具のせいにしがちになる。それに影響されてクライエントまでが，自らの困難がなかなか改善しないのは「うまく進まないのを工具のせいにするようなセラピストのせい」と考えてしまうでしょう。

　事例検討会で時々，次のような少し残念な方をお見かけします。他人の成功事例と，自分が現在苦労している事例を比較し，成功事例にあった「食材」が目の前のケースに存在しないから，ということで思考中断してしまう方です。あなたの事例はそれでよかったのでしょうけど，自分の事例ではそうはいかない，と不満を口にすることが多いセラピストは，仮に同じ「食材」を「冷蔵庫」の中にもっていたとしても，「食材」を活かせず，成功に至らないのではないかと想像します。

　エビデンスへのリスペクトは重要です。しかし，もし仮に書籍も論文もインターネットで検索する手段もすべて失い，言葉もかたことしか通じない異国に一人流されついたとして，その地でサイコセラピストとして食べていけるくらいの技術の習得が，実践のうえでは求められます。そのようなセラピスト根性をCBTに教えてくれているのが，筆者の場合，ブリーフセラピーなのです。

　豚という食材は，「鳴き声以外はすべて食す」ことができるそうです。これからさらに進め，「鳴き声さえも活かせないかと考える」くらいの姿勢でセラピーに臨むことができたら，怖いものがなくなるかもしれません。

　なお，黒沢先生からは，「タイムマシン」の教え（2008）も参考にさせていただいています。一言で言えば，「十分ありうる」未来の構築。このことを具体的に指摘しているCBTセラピストはあまり記憶にないのですが，実はCBTでこそ大切なところだと思われます。俗に，「このケースの落としどころ」などとも言うようです（鈴木・神村，2013）。「お世話になりました，ここからは自分でやっていけそうです」と，まあまあ成功のうちに迎えることが

できたセラピーの終結の日，クライエントの認知と行動，周囲との相互作用，問題行動がどのようになっているかを，初回頃から具体的に思い浮かべることができるセラピストとできていないセラピストには，成果に雲泥の差があるはずです。

　終結までたどり着く事例の経験をごくわずかしかもてていないセラピストは，たとえて言えば，「好きになった異性を口説き落とした経験がないうちに人生の晩年を迎えてしまった人」みたいなもので，恋愛についてはなかなか難しいと思います。どう難しいかと言えば，恋愛の成就というテーマに幻想を抱きすぎている，とでもいえるでしょうか。終結といっても，職場の移転とかクライエントの卒業といった外的なタイミングによる終結しか経験できていない方も，なかなか難しい。

　未来の寛解・回復を具体的に思い描く能力を高めることができれば，CBTという技術をより効果的に活かすことができるようになるでしょう。若い方には特に，たくさんの成功を見聞きしてほしいと願います。

　以下に，CBTらしいブリーフなのか，ブリーフっぽいCBTなのか，担当する本人もわからなくなった介入を3つ紹介します。

事例1

「代替行動」山手線ゲーム法：ギャンブル依存（30代男性，会社員から失職，離婚）に対して

　当時の年収に近いほどの借金が発覚して，ついに離婚，挙げ句金銭トラブルで退職に追い込まれ，CBT介入を求めてこられました。軽度のうつ病の併存もありました。当初は「パチスロに代わる代替行動は自分には無理」という信念が強く，ため息ばかりでした。「できる・できないはともかく，世の中にある『結果はやってみないとわからないが，時にワクワクさせてくれる活動』を順番に挙げていく山手線ゲーム（「古今東西」とも呼ばれる）」を提案してみました。

　ちなみに山手線ゲームとは，あるカテゴリー（お題）に含まれる項目をゲーム参加者が交互に挙げる，ただし，すでに挙がった答えはダメ，言えなくなったら負け，というゲームです。

　映画を観る，サッカー観戦，婚活パーティ参加，サイクリングが趣味にな

るかどうか試す，ネット対戦将棋にはまる，などが挙げられました。後日，1年以上のパチスロ離脱に到達したクライエントは，「今でも，気持ちがふさぎ，元気が落ちかけると，頭の中で『ひとり山手線ゲーム』をしています」との連絡がありました。うつが軽くなってみてわかったのですが，この男性はもともと発想が豊かな方で，セラピーの継続中は，自殺念慮への対処として，「死ぬまでにやりたいこと・観たいもの山手線ゲーム」にもチャレンジされました。3年以上の離脱が持続し，再就職も果たせたそうです。

事例2

筑波山がまの油口上法：トリコチロマニー（抜毛症）（女子中学生）に対して

「……さて，お立ち会い，ご用とお急ぎでない方はゆっくり聞いておいてご覧じろ……ここに取りい出したる陣中膏薬は『がまの油』，がまと言ってもそんじょそこらにいるものとは物が違う。……これは四六のがま……このがまの油を取るには，山中深く分け入ってとらえ来ましたるがまを，四面を鏡張りの箱の中に放り込む。箱の中で，小心者のがま，おのれの醜い姿が鏡に映るからたまらない。この巨体より脂汗をば，たらーりたらりと流し出す。これを鉄板で集め取り，三七の二一日の間とろーりとろりと煮たきしめ……」

頭頂部の毛髪を自分で抜く癖（自宅自室で，入浴中などが多い）が，小学校2年生からついてしまい，6年近くも継続していた事例でした。部分かつらを頭頂部につけていました。中3春の修学旅行までには治したいとのこと。毛髪が薄くなっている頭頂部は，もちろん本人は直接見えず，鏡でも光の加減でよく見えないし，と言います。そこで薄くなった部分をできるだけ鮮明に写真撮影し，A4サイズ両面に拡大プリントアウトしてラミネート（防水処理）したものを，部屋の机の前に置き，湯船の中ではバスタブ脇に立てておくことを提案しました。回数が抑制され毛髪が増えたところで，新たに撮影して，その都度成果が確認できるようにプリントアウトし，渡しました。

その他，友人関係や母子関係でのトラブル，ストレスへの対処，イライラの解消法確保などとともに，抜毛癖も改善していきました。「たまに抜いてしまうことはあるが」部分かつらもはずすことができ，修学旅行にも参加，

高校進学後も順調とのことでした。中学校卒業前に感想を聞いたら，「きつい方法だったけど，あのきっかけがなかったら，まだウィッグ（部分かつら）のお世話になっていたと思う。『いつか直すから』じゃ，癖はダメですね」と，なかなかわかったような口ぶりで卒業していきました。

事例３

壁掛けカレンダーに「ロックオン！」させてみる法：脇見恐怖（20代前半の男子大学院生）に対して

　周辺視野に人が映り，そこに「ロックオン」（とらわれ）が生じてしまい，自分でそのとらわれを意識から抜く（弱める，はずす）ことができなくなる。そのため，授業や課題への集中が著しく困難となり，姿勢や仕草，「つる」の太い眼鏡など工夫している。高校時代から続いており，あらゆる工夫，カウンセリングや心療内科通院でもほとんど改善せず，初回来談時はかなり落ち込んだ状態にありました。

　人混みの中を人と視線をかち合わせながら歩く，座席が混む学部の教養の授業に潜り込む，といった初期の現実エクスポージャーは奏功しませんでした。改めて情報を集めると，そういう場面できわめて無意識的に回避（安全確保）しているところがうかがえたので，わざと「ロックオン」が強まる体験をあれこれ経験してもらいました。

　たとえば，相談室の壁にごく普通にかけられている，ごく普通の広告つきカレンダーに，「ロックオン」を意図的に作る練習を行いました。「このカレンダーが視野に入るだろうけど，気にしないように"努力"してみてください」とお願いしたのです。その数分後，話題がそれたところで，唐突に「そういえばカレンダーは今どうなった？」と質問をして，いつの間にか「ロックオン」がはずれてしまっていることに気づいてもらいます。単なるカレンダーであっても「ロックオンしない」努力のせいで，しばらく「ロックオン」が継続してしまうことを体験できるのです（よく知られている，「シロクマ」を例にした思考の逆説効果の確認手法の応用ですが，当然ながらシロクマである必要はないので，筆者は相談室にある備品などをよく用います）。

　その結果，これまで何度もチャレンジしてきた，人の中にあえて入る方法，人と視線を交わす方法がエクスポージャーとして効かなかった理由が何

となくわかったような気がするという発言が得られました。このケースではその後，授業やゼミへの出席が楽になり集中できるようにもなってきた，との報告を得ています。

まとめ

以上，「ブリーフセラピーはCBTをより完全なものとするためにある」という，きわめて尊大な立場から，2つのサイコセラピーについて考察させていただきました。

発表を許可してくださったクライエントのみなさんに感謝します。最後に，セラピストとしての経験を積む多くの機会，実践におけるヒントと励まし，colleaguesの一人として気さくなお声かけをくださった故宮田敬一先生に深い感謝と哀悼をささげたいと思います。

〔引用文献〕
神村栄一（2007）「行動療法：臨床心理学のアプローチ」桑原知子編『朝倉心理学講座9 臨床心理学』朝倉書店，pp.123-136.
児島達美（1990）「心理療法における『問題の外在化』および治療関係の『三項構造化』について」『上智大学心理学年報』14, 119-127.
児島達美（2008）『可能性としての心理療法』金剛出版
黒沢幸子（2008）『タイムマシン心理療法：未来・解決志向のブリーフセラピー』日本評論社
宮田敬一（2007）「ブリーフセラピーの立場から」『吉備国際大学臨床心理相談研究所紀要』4, 55-67.
森俊夫（2000）『先生のためのやさしいブリーフセラピー：読めば面接が楽しくなる』ほんの森出版
鈴木伸一・神村栄一（2013）『レベルアップしたい実践家のための事例で学ぶ認知行動療法テクニックガイド』北大路書房

Ⅱ　CBTとブリーフセラピーの接点

2．ブリーフはスキナリアンにもフィットする

大野裕史

　本書では，ブリーフセラピーとの比較対象としてCBTを挙げていますが，私がなじんでいるのは「行動分析学（Behavior Analysis：BA）」といいます。B.F.Skinnerにより創始されたので，BAにコミットしている者はスキナリアンとも呼ばれています。近年になり，BAを基礎に置くACTが「第三世代CBT」と称され，スキナリアンも自らをCBTセラピストと自称するようにもなりましたが，本書で第二世代と紹介されているBeckによる認知療法・認知行動療法時代には，「認知って，単なる媒介変数じゃないか」「実は，言語行動のコトだろう」「認知は強化随伴性によって制御されるんじゃ」とアンチCBTでした。つまり，一口にCBTと言っても，複数のCBTが存在します。ちなみに，CBT関係の国際会議の名称はWorld Congress of Behavioral and Cognitive Therapiesと複数形です。ブリーフセラピーも複数形ですね。

　私は，学部時代から発達障害領域，特に自閉症を中心に勉強してきました。その頃は「高機能自閉症」の用語はまだなく，自閉症と診断された多くの方は知的障害を併せ持ち，言葉でのやりとりが難しいお子さんも多くいらっしゃいました。このような場合，BAは有効なツールでした。

　ところが，今世紀に入ってスクールカウンセラーとして中学校に派遣されて驚いたのは，生徒が言葉をしゃべることでした。介入は，言葉を中心として行われます。また，行動の変化の査定も違っていました。それまでの臨床活動では，行動の変化をセッション単位でみていました。数セッションをベ

ースラインの測定に当て現在の状態を確認し，その後介入を導入し，導入後の変化をまた数セッション測定し，介入効果を評価していました。一方，スクールカウンセリング場面では，翌週には生徒の様子がずいぶんと変わっていたりもしました。

　そのようなわけで，トークセラピーについても勉強しなければと思い，当時，隣の隣の研究室にいらした津川先生に教えを請うわけです。津川先生のご紹介で，森先生や黒沢先生のご著書を拝読したり，KIDSカウンセリング・システム研究会や日本ブリーフサイコセラピー学会，Geary先生のワークショップに参加したりしていました。

　ただ，いくらトークセラピーを学ぶ必要性があり，津川先生のお人柄に感銘を受けたとしても，それはきっかけ要因であり，維持要因になるとは限りません。BAの用語で言えば，確立操作がなされ，弁別刺激が提示され，反応が生起しても，それが維持されるのは別の要因によります。ブリーフセラピーの学習が維持されているのは，強化子があったからです。BAは大阪発祥ではありませんが，基本は「やってナンボ」です。

　強化子は何だったのか。面接の効果でした。以下に事例を紹介しながら，ブリーフが私の面接行動に与えた強化子を検討してみます（ブリーフセラピーといっても，私が勉強したのは主に解決志向アプローチですので，以下SFBTと記載します）。

BAにおける介入の基本方略

　その前に，SFBTとの類似点にも言及しながら，BAの基本方略をご紹介しましょう。

　BAでいう行動は生き物のなすことすべて，すなわち思考・認知・感情とラベルされる出来事も含めます。行動を理解するにはABCの枠組みを使います。Bは対象となる行動（Behavior），Aはその行動が生じる前の状況（先行条件：Antecedent），Cは行動のあとの状況（結果：Consequence）で，どのような時に（A），どのような行動（B）が生じ，その後どのようなことが起きるのか（C）という流れ（contingencyまたはsequence）を観察するものです。Cの出来事がBを維持している，すなわち強化子となっている可能性があります。

問題行動は存在しません。どの行動も，それなりに適応的です。ただ場面にそぐわない，と社会的に評価される行動は存在します。つまり，問題行動とは社会的文脈へのミスフィット（前記のA‒B）で定義されます。
　介入が目指すのは，行動すること——現在も行われている行動をもっと行うようにする，または現在は行われていない行動をするようにする——で問題を解決することです。そのために以下の手順で介入を進めます。
　①問題は，社会的文脈にフィットする行動の不足で生じているのか，フィットしない行動のしすぎで生じているのかを明らかにします。
　②後者の場合，フィットしない行動の代わりになる行動（代替行動）を探し，それを行うように働きかけます。Do Something Differentといったところでしょうか。
　③文脈にフィットする行動・代替行動などが介入の目標行動となります。クライエントが，目標行動を現在どの程度行っているかをみます。すでに一定程度行っている場合は，単純な強化操作を導入します。つまりDo Moreを狙います。
　④目標行動がごく稀にしか，あるいはまったく生じていない場合は，目標行動につながる「兆し」となりそうな行動を探し（標的行動），その行動から目標行動までのステップ（small step）を組みます。現在のステップの標的行動をまず強化し，その行動が十分に生じるようになったならば，次のステップに移行します。その繰り返しで目標行動を形成します。この手続きを形成化（shaping）といいます。強化操作は，まずクライエントの現在の行動レベルに合わせ，その後ずらしていきます。
　⑤介入中は標的行動の出現を測定し，行動の変化を確認します。予想どおりの変化であれば計画どおりの介入を続け，思わしい変化がなかったり望ましくない変化であったりすれば介入手続きを変更します。つまりセラピストの行動についても，Do More, Do Something Differentのルールに従います。
　BAの応用は行動変容とも呼ばれています。たしかに行動の変容を狙いとしてはいますが，実際に行っていることは，物理的環境や出来事の連なり，すなわちABCの関係を変えることです。BのあとにCをくっつけたり，取ったり，変えたり，Bの前に特定のAをつけたりします。

事例1

近隣の児童福祉課と提携して行っているペアレント・トレーニングでの事例（大野ほか，2012）です。

ペアレント・トレーニングとは，養育の仕方や子どもへの対応の仕方がうまくいかずに悩んでいらっしゃる親御さんが，養育スキルを習得することで，その悩みを軽減しようとするものといわれます。子育て支援や発達障害の領域でしばしば行われています。

さまざまなタイプのプログラムがありますが，代表的なものはBAに基づいています（井上，2009；山上，1998など）。プログラムは5・6〜10セッションにわたる，いわゆるPlan-Do-Check-Action型プログラムです。1回のセッションは，対応方法についての講義と，お子さんの行動変容を家庭で実際に実施してもらったホームワークの検討で構成されています。ホームワークでのかかわりの効果がなければ，かかわり方を再考します。

今回紹介するのは6回のプログラムでした。5名の母親と，スタッフとして修士課程の学生が参加し，1名の親に2〜3名のスタッフがついてホームワークの検討をしました。私は全体のまとめ役，スタッフのスーパーバイザーとしてかかわりました。以下は，そのうちのお一人の経過です。

お子さんは自閉症の診断を受けており，翌年度から幼稚園の年長に入園予定の男の子でした。プログラムの申込書には，困りごととして「気に入らないことがあれば大声を出して寝そべる」とありました。

#1

初回では，今回のプログラムで変容対象とするお子さんの行動（目標行動）の候補を決め，次回まで家庭での様子を観察してもらいます。

目標行動を何にするかは，短期間のプログラムでは特に重要なポイントです。参加者（親）は，たとえば，お友だちと適切にかかわれるとか，コミュニケーションがとれるようになるとか，短期間には実現が難しいような変化を往々にして望みます。一方，われわれは参加者に変化を体験してもらえるような，ちょっとしたことを目標にしようと考えます。両者の間にはギャップがありますが，参加者に合わせると目標行動に達せずにプログラムが終わ

ってしまい不全感が残りますし，無理にこちらに引き寄せると参加者は希望を無視されたように感じ不満感が生じます。不満感により，プログラムへの参加やホームワーク実施のモチベーションが低下することが懸念されます。

また，問題から目標行動を設定しようとすると，ともすれば「～しない」というかたちで記述され，SMART（第Ⅰ部第4章参照）でもウェルフォームドでもないゴールになります。それを肯定形にしたとしても，第一，二水準（黒沢，2002）の義務や願望になりがちです。

このような場合に，SFBTにならい「このプログラムが終わるちょうど○月上旬頃，プログラムに参加して『宿題も出て大変なこともあったけど，参加してよかったかな』と思えた時，お子さんは今とは違うどんなことをしているでしょうか？ ……他には？ ……その時，お母さんはどんなことをしているでしょうか？」と尋ねると，観察可能で実現可能性もそこそこありそうに思える目標行動がしばしば語られます。

そのようなプロセスも経て，「(a) 食事のあと，片づけてから次のことをする」を目標行動とし，まずは着席・離席の条件を知るために，ABCで観察してもらいました。

場面・状況によって行動・症状がどのように違ってくるかを知るのは，BAに限らずCBTの初歩的アセスメントですし，黒沢（2002）でも同様の観察・記録法が紹介されています。SFBTでは例外探しとして着席の状況だけを観察することになるのかもしれません。ただ，離席の条件がわかれば，それを取り除くことで着席状態を伸ばすことができるかもしれません。

#2 1週間後

記録を見ると，この1週間で母親は，①食事の前に口頭で，食事中は立ち歩かない・遊ばない，のお約束をする，②着席していると何度も褒める，③食後におやつがあることを伝える，④食後には「お腹がいっぱいになったらなんて言うの？（『ごちそうさま』）」「『ごちそうさま』のあとは何をするのが賢い？（後片づけ）」と手がかりを出す，⑤よそ見の対象となる足し算の表をはずす（離席の先行条件の除去），などの対応をすでにしていました。目標行動と考えていた離席行動がこの1週間減少したので，「(b)（食後）ごちそうさまと言ってから席を立つ」を新たな目標行動とし，現状を把握する目的で次回までは観察だけをし，目標行動を「一人でできた／言われてで

きた／できなかった」の３段階で記録することにしました。

#3　２週間後

この間，離席が１回，(b) は「一人でできた」が６回，「言われてできた」が８回，つまり「ごちそうさま」と言えない日はありませんでした。母親が着席していると自分から言えているようだ，との報告がありました。そこで，次回までの手続きとして，⑥「食べ終わる／ごちそうさまと言う／お皿を持っていく／おやつor遊び（選択）」という約束を口頭でし，また⑦約束の内容を壁に貼る，⑧食後におやつを用意しておく，⑨「ごちそうさま」が言えた時には称賛する，⑩母親が着席しておく，ことにしました。この目標行動は習得しつつあるため，新たに保育園からの帰宅後「(c) 明日の準備をする」ことを母親の要望により加え，(c-1) 鞄を開ける，(c-2) 食器を出す，(c-3) 台所へ持っていく，(c-4) タオルを出す，(c-5) タオルを洗濯機へ持っていく，(c-6) タオルを入れる，(c-7) 鞄をフックにかける，と小分けにして（課題分析）観察することになりました。目標行動がどんどん増えていきますが，這えば立て，立てば歩め，歩めば走れ，走れば飛べの親心です。お子さんの行動が変わっていくことが親御さんの要求行動・介入行動を強化しています。

#4　２週間後

「(b)（食後）ごちそうさまと言ってから席を立つ」については14日中９回できていましたので，手続きを継続することにしました。「(c) 明日の準備をする」については，c-7（鞄をフックにかける）ができにくい（３回／９日）こと，c-1（鞄を開ける）ができればc-6（タオルを入れる）までは比較的スムーズにできること（17項目／〔３回×６項目〕）から「(c-1) 準備に取りかかる（文を改変）」と「(c-7) 鞄をフックにかける」を標的にしました。手続きとしては，⑪表にして貼る，⑫一つひとつの行動ができれば大げさに褒め，シールを貼る，⑬シール５枚でプリンにトッピングを与える，ことにしました。⑫⑬はトークン・エコノミーという手続きです。

#5　２週間後

本児の兄が発熱したため，母親は記録を持参し，すぐに帰宅しました。記

録によれば，(b) は14回すべてが，(c-1)，(c-7) も８日中すべてが一人でできていました。

#６　２週間後
　多忙のため，母親は記録をつけていませんでした。母親の印象では (b) は80％，(c-1) は100％で，(b) は母親が着席していなくても言えるようになってきていました。(c-1) についても「一人でできるもん」と言いながらしており，シールが貼れることを楽しみにしているようだということでした。
　プログラムに参加しての変化を最終回にうかがったところ，ご自身については「子どもの行動を見る癖ができた，自分が気をつけたら子どもの行動が変わることがわかった，自身のやる気が上がった」，お子さんについては「工夫すれば楽しく頑張れることがわかった」とのことでした。

事例２

　アスペルガー障害の診断を受けた中学生女子の事例です。
　母親から申し込みがあり，２月上旬に初回面接を行いました。お子さんは中学２年の女子で，小４時に学校に行きづらくなり，それをきっかけに受診した医療機関でアスペルガー障害の診断を受け，本人にも告知済だそうです。
　母親の訴えは次のとおりでした。中学入学後５月の連休明け頃から教室での授業が受けられなくなり始め，保健室登校になった。現在は別室登校中で，給食以外は教室へ行こうとしない。勉強への苦手意識，対人恐怖的な面がある。高校進学をどうするか。親としては行かせたいが，本人はあまり行きたいと思っていない，ということでした。

#１　２月上旬
　母子合同面接で，院生２名も陪席しました。初回の面接では，現在の様子を主に母親からうかがったあと，「将来について考えていないようだ」ということでしたので，それを本人に尋ねました。
　以下，〈　〉はThの，「　」は原則として本人の発言です。

葉書サイズの白いカードを渡し，〈ここに10年後のあなたの様子が写っているとしたら，何が写っているでしょうか？〉と尋ねました。SFBTからは，タイムマシン・クエスチョンの変法といわれそうですね。スキナリアン的には，このようなセッティングで未来についての質問をすると，どのような言語反応が出現するかをアセスメントしただけだ，と強弁しておきます。カードを手渡して静止画（写真）にしたのは，通常のタイムマシン・クエスチョンは動画で，彼女の情報処理に負荷がかかるかもしれないことと，画像を映し出すスクリーンやモニタを想像できるか不安だったためです。

すると，「森の中で，ハイキングしているのかな」〈どんな格好している？〉「ズボンとスニーカー」〈そばに誰かいる？〉「隣に妹がいる」〈妹と一緒に森にハイキングに行ったのかな？　その頃，あなたは何している？〉「就職している」〈何して働いているんだろう？〉「わかんない」〈妹は？〉「妹は大学に行っている」〈5年後は，あなたは何してるんだろう？〉「わかんない。作家になれたらいいな」というやりとりが続きました。

本人はファンタジーや赤川次郎をはじめとするミステリー小説が好きで，赤川次郎は同じくミステリー好きの母親からの紹介だったそうです。

将来何になっているかは不明ですが，働いているビジョンを本人がもっていることはわかりました。だからといって，将来を考えているかどうかはわかりません。具体的に考えていないからこそ，「働いている」と一般的なことを言っているのかもしれません。ただ，本人の回答は，中学校のスクールカウンセラー時代に会った他の中学生と著しく異なっているようには思えませんでした。

#2　2月中旬（1週間後）

ウォームアップとして，作家に求められる能力を本人，母親，Th，陪席者で考えました。一人一つずつ言って次に回す，古今東西とか山手線ゲームといわれる様式です。本人が作家をどのように考えているかを知ることと，必要な能力と学校生活とを結びつけることが狙いでした。本人が挙げたのは言語力，文法力，場所や人物の名前を考える，ストーリーの中の会話，ネタ探しのための観察力などで，他の参加者は想像力，構成力，情報収集，早くサインを書くことなどを挙げました。

その後，告知を受けた頃と現在との違い（「思い込みが少なくなったよう

な気がする」）や，現在の様子を尋ねました。面接の終わりに，〈２回くらい通ってきて，何か役に立ちそうだと思います？　今，感じている問題が全部なくなるとは思ってませんけど。もちろん，なくなっても全然OKですが。自分自身に役に立ちそうなものがないこともない気がしないでもないとか〉「なんかこういう話をしたほうがいいような気がする。いつも同じような話をするとダメなような気がする」ということで面接を継続することになり，次回の面接では，今日からその日までにあった楽しいことやもっとあってほしいことを話してもらうことにしました。

#３　２月下旬（１週間後）
　この１週間の楽しかったことを尋ねたところ（このへんはCBTですね），本人はテレビ（ドラマ，バラエティ）を観たこと，姉からお菓子をもらったことを挙げました。母親からは部活に行けたことが報告されました。本人から報告されなかったのは，本人にとっては楽しい出来事ではなかったからかもしれません。「以前から誘われていて行ったものの，部活までの待ち時間がしんどいし，そのわりに30分くらいしか活動時間がない」〈どれくらいだったら，元がとれた感じ？〉「１時間くらいあれば行ってもいいけど」と行きたい気持ちはあるものの，待ち時間の過ごし方が障害となっているようでした。
　〈長ければ元がとれるなんて，実は部活好きじゃん〉という言葉が浮かびましたが，それは飲み込みました。

#４・５　３月上旬・４月中旬
　３月上旬の４回目は，期末試験が話題になりました。
　５回目の面接は春休み明けでした。まず春休みの楽しかったことについて尋ねました。新学期には顧問の先生が替わるため，その前に部活に１，２時間行ったことと，地区のお祭りのようなものに妹と行ったことが二大イベントだったようです。楽しさを10段階で評価してもらうと，部活が６，お祭りが７でした。ちなみに，５くらいあれば十分に楽しいと感じるようです。
　母親からは，新学期になり，技術・体育・国語はまだ難しく，他の科目も毎回ではないものの，教室に行けるようになっていたことが報告されました。担任・クラスメイトが替わりましたが，気の合う人たちでクラスを固め

てくれたそうです。

　ゴールデンウィーク明けには沖縄への修学旅行があり，この時の行きたい気持ちと行きたくない気持ちは3：7でした。

#6　4月下旬
　教室にもそれなりに行くようになり，待ち時間がしんどいけれど部活にも時々行けて「楽しい」と語られるようになった一方で，修学旅行については詳細がわかるにつれ行きたい気持ちが1に減少しました。行っても楽しみがあるわけではないし，バス・飛行機の席や部屋で知らない子がいるのがいやだということでした。行きたい1は義務だそうです。〈行きたい気持ちが2になったら，何が違っているか〉を尋ねると，「環境がよくなってる。部屋とか日程とか，予定がわからない」との回答だったので，〈不安なことやわからないことは聞いてみたほうがいいかも〉と常識的な提案をして，この回は終了しました。

#7　6月中旬
　しばらく間隔が空きました。修学旅行について尋ねたところ，行ってきたそうです。母親によれば，ハイテンションで帰ってきたとのことでした。旅行でのしんどかったことが，笑顔を交えて，まず語られました。Thは，それをどうやって乗り越えたのか，そして楽しかったことなどを尋ねました。「ほっとけ　俺の人生」と書かれたTシャツを購入したそうです。Wing & Gould(1979)の自閉症の3タイプのうち，「孤立した群」を思い出しました。
　〈修学旅行に行ってきた今のあなたが，行く前のあなたにアドバイスするなら，なんて言う？〉と尋ねると，「もっと気楽に。やってみると思ったほどではない」との回答でした。

#8　7月上旬
　日に3，4時間は教室に行くようになり，適応教室と往復している，とのことでした。
　1学期の最後の面接だったので，4月からのことを振り返りました（以下は，本人の発言の要約です）。
　「4月に教室に行こうと言われても，絶対無理と思っていた。6，7月頃

に行けるようになるとも考えていなかった。学期末までの目標も特になかった。たまに教室に行けたらいいなとは思っていたけど。今は70点くらい。教室にも行けるようになったし，10分休みにもしゃべっていることも多くなったし」〈なんで行けるようになったの？〉「友だちや先生が誘ってくれるので，行かないと悪いと思って。騒がしい授業や先生が大声で怒る授業は行きにくいけれど，予定を教えてくれる授業は行きやすい」とのことでした。

#9　7月下旬（夏休み中）

本人からのテーマは特になかったので，母親の希望で，学期末の三者懇でも取り上げられた進路の話がテーマになりました。自宅から公立校には自転車で行けるが私立だと通うのが大変，一方，私立だと入学後のサポートが受けやすいだろうが公立だと受けられるかわからない，と母親は悩んでいました。

進路について本人は，「得意なこともないし，どっか入れればいいかな」と言っていましたが，学校生活について尋ねると「高校になったら席とかは端にしてもらったり。不安になったら今は先生に一緒にいてもらってるけど。……中退はいやかなって」〈ふらふら3年間通ってるイメージ？〉「うん」というような会話を挟みながら，〈学校選びのポイントは？〉「学力の低さ。あまり高いとしんどいかなと思う。……専門的なところ」でした。

〈結構リアルに考えてんじゃん〉という言葉が浮かびましたが飲み込みました。

#10　9月上旬

2学期が始まり最初の面接でしたので，夏休みの様子が話題になりました。〈宿題は全部終わった？〉「全部終わらせた。……必死に終わらせて全部できた」〈……自分的にはどうだった？〉「全部できたからテンション上がった。……予想を超えて頑張った」そうです。

母親「去年はつきっきりでやらないとできなかったのが，今年は自分でやれた。最初プリントをもらうとすごい量と思うけど，実際やってみるとそんなにないことに気づいたみたいで」，本人「気づきましたね」とのことでした。

修学旅行のあとの，自分自身へのアドバイスが思い出されました。

#11　9月下旬

本人からは「授業は4つ（国語・理科・社会・英語）出ている」「行かなきゃいけない時には行けるようになった」「最近は友だちと話す内容がヒートアップしてきたし，3年生になって意外と教室にいる機会も増えたかなと思う。最初は教室に入られへんかったけど，先生がくるまで友だちとしゃべったりして」「2年の頃はすごく教室に入るのがいややったけど，今は入るのも絶対にいやっていうのもそんなにないし。夏休みに結構学校行ったりしてたし，それもあって2学期も入りやすかったかな。嫌々学校に行くことが今年はなくなった」とのこと。

〈いやいや，ここには今年になってから来たんだから，正確には「今年度」ね〉は飲み込み，終結しました。

ブリーフがもたらす強化子

事例の進め方自体は，BAの手順に則っています。目標を決め，現在の自発行動（≒できていること）を探し，それを随伴性（文脈）の中に位置づける作業をしていたと考えます。進め方にはtop down形式とbottom up形式があり，前者は目標を決めて進んでいく，後者は現在できることから一歩積み上げるやり方です。事例1はtop down的，事例2はbottom up的といえましょう。

言語報告をもとにしている場合，できていることが生のままでは見つからないことがあります。報告者は出来事の一部だけを語るからです。言語とは，そのようなものです。その場合は出来事の流れを具体的・詳細に語ってもらい，その中からできている部分を見つけることもあります。またスケーリングを用い，「できている／いない」の悉無律（all or none）的報告を，程度に変えることもあります。

ブリーフの手法や考え方は，これらのプロセスを効果的に進めてくれたように思います。

目標の設定においては，視覚化すると行動がより具体的になりますし，問題の裏返しとしての解決像という，言語に拘束された目標像から身をかわすこともできます。

CBTでは症状や行動のインデックス（従属変数）として使われているス

ケーリングも，独立変数として逆に使えば，行動が少し変化した状態，つまり次のステップを見出すことができます。

　森先生のご著書（森，2000）のサブタイトルに「面接が楽しくなる」とありますが，たしかにそのように思えました。問題や困ったこと・できないことを聞き探し出すのではなく，またはそれと同時に，クライエントから語られる，やれていることや例外は面接行動の即時的強化子として機能しました。そして，そのように語られた事柄は介入の中でも機能しました。事例1でも，スキルを教えようとする前に，親御さんがすでにやっていることを中心に手続きを構成するよう心がけ，事例2では本人・母親の話の一部を取り出したり（splitting），他のものと結びつけていた（linking）だけのように思えます。

　BA，CBTではセラピストが何をするかについてははっきりしていますが，それをどのようにクライエントに伝え，協同作業を進めていくかについての情報は不十分であるように思えます。たとえば，BAの基本である「強化操作」は実は手続きというよりは「行動を増やせ」というかけ声です。手続きとしての情報は「行動が生じたら，その後の環境を変化させよ」くらいです。どのように変化させればいいかは，やってみて初めてわかります。

　Rogers（1957）が人格変容の条件について述べていますが，最後は「（受容や共感が）最小限クライエントに伝わっていること」で止めています。伝え方は，簡単には語れないのかもしれません。SFBTでも，例外を探したり，コンプリメントができるようになるには練習や自分なりの工夫が必要でしょう。

　もしかすると，「やるべきこと」が「できるようになる」ためにそれなりの練習や工夫や経験値がセラピストに必要なのは，どのアプローチでも同じなのかもしれません。少なくとも私にとっては，ブリーフが経験値アップに，そしてこれまで行っていたBAやCBTを見直すのに葛藤もなく役立っていると感じます。

〔引用文献〕
井上雅彦監修，三田地真実・岡村章司（2009）『子育てに活かすABAハンドブック：応用行動分析学の基礎からサポート・ネットワークづくりまで』日本文化科学社
黒沢幸子（2002）『指導援助に役立つスクールカウンセリング・ワークブック』金子書房

森俊夫（2000）『先生のためのやさしいブリーフセラピー：読めば面接が楽しくなる』ほんの森出版

大野裕史・半田健・山本ミカほか（2012）「修士課程学生が担当者となった発達障害のある子の親への支援セミナー」『発達心理臨床研究』18, 53-64.

Rogers, C. (1957) The necessary and sufficient conditiond of therepeutic personality change. *Journal of Counsulting Psychology*, 21(2), 95-103.（「セラピーによるパーソナリティー変化の必要にして十分な条件」伊東博・村山正治監訳（2001）『ロジャーズ選集』上巻，誠信書房，pp.265-285）

Wing, L., & Gould, J. (1979) Severe impairments of social interaction and associated abnormalities in children: epidemiology and classification. *Journal of Autism and Developmental Disorders*, 9(1), 11-29.

山上敏子監修（1998）『お母さんの学習室：発達障害児を育てる人のための親訓練プログラム』二瓶社

Ⅱ CBTとブリーフセラピーの接点

3．ずるいほどに催眠的ACT

岡嶋美代

はじめに

目標ができるまで

　熊本ブリーフサイコセラピー・カンファレンスという研究会の立ち上げに協力したのが，2002年のことでした。その10年後に日本ブリーフサイコセラピー学会でシンポジストの席に立たせていただけるとは，身に余る光栄どころか何かの間違いのようでした。思えば，最初にインスー・キム・バーグ先生のワークショップに参加したのが1998年頃だったでしょうか，子どもの頃から夢見た魔法使いがここにいた，この人のようになりたいという目標をもったものです。しかし，その修行の方法がわかりませんでした。その後も魅力的なセラピストにお会いするたびに，なぜそこでその言葉を思いつけるのか，なぜそこでその技を使うのかが私にはまったくわからず，悶々としていました。

目標ができてから

　それをある程度解決してくれたのが，行動分析学や行動療法との出会いでした。ある3年間は他いっさい縁を絶って学習心理学の言葉を覚えようとしてみました。そして，時代の波に乗ってACTを取り入れていくことになります。そこで使われるマインドフルネスという態度が催眠療法との親和性

が高く，そのため，行動分析学の言葉での説明が面倒になると「ACTをやっている」と言い逃れる，ということがしばしばありました。もともと，シンポジウムのテーマはCBTとブリーフセラピーの相違でしたが，大きなくくりにすると違いを見つけにくくなります。そこで，CBTからは私が主に使っているACTを，ブリーフセラピーからは催眠を取り上げて論じたいと思います。ちなみに，ここで扱っている催眠とは解決指向催眠（O'Hanlon, 2009）のことです。

没入させること

　私は口ベタです。認知療法をうまく教えられません。ソクラテスが弟子に知を伝授するための問答があるそうですが，私がやれば知性を植えつけようとして抵抗を引き出してしまいそうです。理論家で強迫的なクライエントを前に，そのこだわりに挑んで心理教育しようものなら撃沈しかねません。そこで，頭の中が整理されていない私にもできるような臨床を工夫してきました。私がCBTのCognitiveを入れない行動療法を好んでいるのは，そのような背景があるのかもしれません。

　特に初回面接では，私が話すよりも，クライエントに話していただくために，どのような答えや思いつきでも話してよいという雰囲気にしています。話していいですよという許可をクライエントに与えるのではなく，一つひとつの答えに対する私自身の反応をコントロールしています。すると，クライエントは雄弁になり，自分の話に没入し始め，まるで自分で発見した宝のように，自慢気に気づきを述べ，未来へ向けて変わろうとする発言やコミットメントが出てきます。変化へ向けてのそれらの言葉がさらに増えるように，やや意図してそこを強化していきます。私のような口ベタ治療者でも成功する瞬間です。時には，誰にも話せなかった秘密が出てくることもありますが，その話を今ここでしたくなったきっかけを大事にします。その秘密が過去に起こった時のきっかけと，現在の症状を維持している要因とはほとんど関係がないため，過去を聞くことはめったにありません。

　「どこから話していいものか」と悩むクライエントはよくいます。その場合，現在の変えたいと思っている状況を一言聞いたあとは，何か回避していることはないかを聞き，介入の手順を考えるために①恐れの方向性（加害か被害か），②回避の範囲，③病理性の3点に沿って聞き取り，クライエント

像をイメージしていきます。これはクライエントが没入して話している時に，こちらもぼんやりとクライエントの全体像を俯瞰するように行うととてもうまくいきます。クライエントの話と自分のクライエント像仮説とに違和感を覚える時は，その違和感について率直に尋ねることによって，またさらにクライエントのカウンセリングの目的がくっきりとしていきます。

マインドフルな体験

そして，クライエントの体験の回避の構図を，刺激と反応という枠組みでとらえながら解説します。これが治療仮説となり，あとはセッション内でマインドフルな体験を通じて，変化へ向かうイメージを作りあげていきます。私がガイドしていくマインドフルな体験は，まさに催眠誘導や解催眠の手法を取り入れたものです。セッション内でこのような体験過程を扱うことがACTや催眠療法の治療的な側面だと考えています。ただACTのワークショップでは，マインドフルな体験過程はACTの本質ではないということから，臨床で使えるかたちにエクササイズを教えられることはなく，そのため私はもっぱらこの技術を催眠療法のワークショップで学んできました。

そうこうしているうちに，クライエントは混沌とした世界に引き込まれモヤモヤしながら，トランスの出口を探すようです。強迫性障害患者のように物事をはっきりさせることを好むタイプの人は特に，曖昧模糊とした状況からは早く脱したいと思っています。そこへ，「待ってました」とばかりに具体的な行動課題が差し出されるわけです。面接をする前ならば受け入れがたかったであろう課題が，面接終了時には「やってみたい／やっぱりやらなくちゃと思う課題」に変わっていきます。行動分析学で言うところの確立操作（強化子の価値を事前に高めておく操作）を意識して使っています。

ここでは，受け入れるというアクセプタンスから扱うか，コミットメントから扱うかの見立ては，あまり重要ではないと考えています。どちらからでも少しでも変化しそうな行動に気づき，変化に向かう発言を聞き分けながら，それらに反応できる敏感さをセラピストが持ち合わせることが大事でしょう。

ACTと解決志向催眠の異同について

私にとっては，ACTを知ってから何かが変わったのではなく，ACTで語

ってみるとうまくいくので使っている，というところです。ACTと解決志向催眠では，言語ネットワークの崩壊を狙っているところや，身体感覚への気づきを促し，「今，ここ」での体験を重視していること，それに未来を志向しているところなど共通点が多すぎて，相違点を探すのが難しいとさえ感じます。

あえてひねりだすとすれば，臨床催眠には誘導技法と倫理があって，ACTにはワークブックと哲学があるということでしょうか。催眠をワークブック形式にして書いて学ぶことはできそうもありません。また，催眠療法はしばしば諸刃の剣といわれますが，マインドフルネス・トレーニングでは悪影響までは出せません。CBT領域でACTを使っているセラピストのほとんどは，催眠を使っていないか，または意識していない方が多いと感じます。クライエントに合わせた独自のメタファーもブリーフセラピストは自然に使いこなしますが，CBT領域のセラピストはメタファーを本に書いてあるとおりにやっていいと思っているようです。

ここでは事例を2つ提示します。私は50分間の自費カウンセリングをメンタルクリニックで行っていますが，クライエントの希望で家族同伴にするかどうかを決めています。2つの事例とも偶然，家族同伴でカウンセリングに臨みました。事例1は転換性障害の30代女性，事例2は強迫的摂食障害の60代男性の報告です。クライエントのタイプによるアプローチの違いを描いてみたいと思いました。それぞれの事例は発表の承諾をいただきましたが，特に事例1のAさんにそのことを伝えると大喜びでした。

事例1

初回面接まで

30代女性のAさんは，数年前に結婚し，半年前に自宅を購入することが決まり，家計の足しにと仕事を始めるのですが，長続きしません。3度目の事務の仕事は労働条件もよく，今度こそは辞めたくないと強く思ったのですが，3日目に顔が歪む感覚が起こります。顔の歪みはどんどん増すばかりで，目が正面を向けられなくなり右斜め上に上転したままとなってしまいました。以前からうつ病のためにかかっていた主治医にカウンセリングを勧められ，その2週間後に初回面接を行いました。カウンセリングでは，口も歪

み始め，話すことも不自由になったと訴えていました。

　カウンセリングには，陰うつな表情ながら，夫とともに仲よさそうにペアルックで来室しました。Aさんは夫に対する不満もなさそうでした。前職を辞めた理由は話題にしませんでしたが，始めたばかりの職場での悩みもなく，嫁姑問題もなく，Aさんがなぜ目を吊り上げていなければならないのかわからない状況でした。転換症状はそれがなくなったあとの個人の問題や人間関係を考えて見立てを慎重にするのですが，この事例には特別なことがとりあえず見当たりませんでした。これが私の中で話をぼんやり聞きながら構築したクライエント像と実際のクライエントの話ぶりとの違和感でした。そこで「しつこいようですが，この症状が消えてしまったら何かちょっとでも困ることは起きないでしょうか」とだけ尋ねてみましたが，隠すふうでもなく思いつかないといった様子でしたので，そのまま主訴に沿った介入をしました。私の臨床の特徴は，この「主訴に沿う」ということかもしれません。クライエントの言葉や治したくてここへ来ているという態度を疑わず，表情と話の内容の違和感を覚えたら詳しく尋ねてみて，とりあえずどこかにクライエントの望む"楽"を作れないかと模索するといった感じです。ですから，初回面接は新しいパズルを解くようで，私にとってはとても楽しい作業です。

介入の前段階の種まき

　介入への手がかりを探りにいく時の会話は以下のようでした（Th：筆者，A：Aさん）。

Th：ペンとノートを持って仕事をしている様子をやってみせてください。
　A：こんなです。
　　　──と言って右に首を極端に傾けて，右斜めに視線を集めて見る姿勢をとりました（図1）。
Th：ああ，やっぱり。仕事を続けなくちゃと頑張りすぎてるでしょ。
　A：はい。今年に入って3つ目の職場だし，辞めたくないし……
Th：そうなんですね。仕事を続けようと，一所懸命ちゃんと見ようとしすぎて，目にも力が入りすぎて，家に帰っても仕事している，みたいな姿勢になってるんですね。

A：ほんと，目だけじゃなく，肩とか首とかにも……入ってます。
Th：今，力が入っているところわかりますよね。そのまま，どこを緩めると少し楽になるかわかりますか。
A：（少しだけ口を動かす）
Th：そう，そう，それでいいんですよ。（口に気づいたことを是認する）
A：（次に肩や首をぎこちなくではあるが，緩めるように動かし始める）
Th：じゃ，今日みたいな休んでいい時には，視線の位置を変えてもいいですよね。力を緩めれば，もっと楽に動かすことができそうですね。（と，言いながらペンとノートを手放してもらった）

図1　Aさんの介入前の姿勢

　このあと，主訴である目への介入として，凝視法によりカタレプシーを起こして，緊張と弛緩，集中と拡散を繰り返す体験をしてもらうことにしました。

目への介入

　面接室では，Aさんの視線の方向には壁しかないように座ってもらいました。Aさんの視線の方向に指を差し出し，改めて凝視を作り，「つらくないですね」と確認しながら，その指をAさんの正面までゆっくりと持っていきました。視線を移動しながら目の周囲のどの筋肉を緩めればいいかを感じてもらいました。次の教示は，「指を見ながらも壁やテーブルや私の顔が見えたり，どんどん視界が広がるのがわかりますか」と言いながら，少しずつ指を遠ざけていきました。これはカタレプシーとしていったん解離した部分に対して，緊張を解くようにしながら体の感覚を正常に戻していく方法（松木，2011）です。自己コントロール感奪回のために，固まった身体をまずは意識しながら緩める教示を行いました。

A：不思議です。こんなに簡単に動くなんて。

Th：今，まだ努力して目を正面に向けてる感じですよね。
 A：はい，気を抜くといけないような……。
Th：目がどこにあるか，わかるんですね。
 A：？　はい……目はここにあって，ここ見てます。

　Aさんはどこか混乱した様子で，正面への視線の固定がややぎこちなかったため，後頭部に手で触れ，そこに視覚野を意識させ，「もうちょっと楽になれる新しい目の使い方を教えますね。モノを見る時，目のここ（眼球）で見ようとするのではなく，瞼の隙間の小窓から入ってくる光を頭のこのへん（後頭部）のスクリーンに映している感じで，窓から入ってくる光を感じてみてください。すっと，光が，見ようと努力しなくても飛び込んでくる感覚はとても楽な感じがしますね」と言いながら，光が入ってくるイメージを作りました。Aさんは姿勢を変え，「勝手に飛び込んでくる感じですね。あ，目が楽です」と喜びました。「そう。身体と相談しながら楽なように，楽なように使ってあげてください。周囲が見やすくなるのを感じますよね」と伝えて，首のストレッチ（高岡，2008）や積極的筋弛緩法（松原，1990）も教示しました。
　こうして，目・口・首・肩・背中など，力が入っていることに気づいていなかったAさんに緊張の部位を自ら知ってもらい，それを意図的に緩めていきました。

その他の介入
　他にもAさんには過呼吸発作が時々出ることと，風呂嫌いで夏でも3〜7日に1度，しかも一人では入れないという状況がありました。Aさんの夫も苦笑いしながら困っていると打ち明けたので，過呼吸対処訓練を夫と2人で練習してもらい，風呂嫌いに対してはムカデのトラウマ反応消去を目的に〇×法（中島，2009）を行いました。これは，高校生の頃，自宅の古い風呂場でムカデの死がいを洗面器いっぱい見て以来，ムカデ恐怖で一人で風呂に入るのを渋るようになったと述べたからです。面接室にあったムカデのおもちゃをそばに置いて〇×法を行うと，見ることもいやがっていた反応はすぐに消えました。高校時代に吹奏楽部に所属し大活躍したという話題も出てきて，面接は終了しました。Aさんには，「まっすぐに行きたい方向へ目を向

けて歩いて行ってください」と言って見送りました。

その後

　休憩中も帰宅後も頑張りすぎていたＡさんということにすれば，誰を責めることもなく表面上は解決するだろうと想像したとおり，奇妙な症状も緩和し，復職も果たすことができました。しかし，その２週間後にＡさんの夫がパニック発作を起こし救急車で運ばれるということが起こり，今度はＡさんの夫がクリニックの患者になりました。転換性障害に限りませんが，このように症状が何らかのブリッジになって，人間関係のバランスをとっていることが多いものです。化粧して元気な姿で復職の報告にきたＡさんでしたが，しばらくして，通院などで休みが多かったことを理由に解雇されてしまいました。

　Ａさんに対しては，Ａさんが楽になるようにと自分にできることを盛りだくさんにやってみました。ここに書いていても，よくこんなにたくさんのことを初回のカウンセリングでやってしまったなと思います。やりすぎたかもしれません。転換性障害はゆっくり治すべしというのが，この事例からの教訓です。生活が大変だろうから，自費カウンセリングを１回で終わらせようと，私のほうが焦ってしまいました。

事例２

初回面接まで

　Ｂさんは60代男性で，拒食症との紹介状でした。初診の前にＢさんの妻より「カウンセリングは50分しかないので，全部お話しできないかもしれない。来院前に読んでおいてほしい」と，Ａ４用紙５枚に及ぶ症状経過が郵送されてきました。最初に妻だけが訪れたカウンセリングの目的は「夫が食べるようになるために，動機づけ面接を教えてほしい」ということでした。Ｂさんの体重はこの数年，徐々に減り続けていました。動きたがらないＢさんを遠方へ受診させるのは無理だということでしたが，「連れてきたら治せます」と私が宣言すると，ほどなく予約が入っていました。

　さて，このように来院を渋っているケースについては，当然ですが，より慎重にカウンセリングを進めます。「私に問題はない」と言っている，いわ

ゆるビジタータイプですから，クライエントが変化するきっかけになる言葉を喚起するようにもしますし，私の言葉が入りやすくなる状態（トランス状態）を見逃さないように注意して面接をしています。褒めどころを逃さず，助言や深追いをせず，相手の興味関心に沿ったところだけを話すことというのは，解決志向アプローチのようでもありますが，私としては動機づけ面接（Motivational Interviewing：MI）を意識して行っていました。それはMIをやってみせてほしいというBさんの妻の要望でもあったからです。

MI発祥の経緯は，アルコール依存症者の治療動機づけの臨床からの知見です。アルコール依存症者こそ，ビジタータイプのクライエントが多いはずです。そのような臨床における効果的なカウンセリング技法研究の成果であるMIと，ビジタータイプへのブリーフセラピー（解決志向アプローチ）との間に，共通の指向性と技法の類似性が存在してもおかしくありません。

動機づけ面接とコーディング

動機づけ面接には，Motivational Interviewing Treatment Integrity（MITI）という面接の評価指標があります（原井，2012）。動機づけ面接の基本に準じた会話がなされているかを評価するものです。ここではカウンセリングの最初の部分の逐語（筆者：Th，Bさん：B）とともにMITIのコーディング（OQ：開かれた質問，CQ：閉じられた質問，SR：単純な聞き返し，CR：複雑な聞き返し）もお示しします（コーディングの結果評価は表1）。

Th1：よくいらっしゃいましたね。奥様に無理に連れてこられたんじゃないですか。大丈夫ですね。（CQ）
B1：（うなずく）
Th2：ここでは，奥様の困りごとではなく，ご主人のお困りになっていることをお聞きしたいと思って，遠いけど，わざわざお呼びしました。お困りのことを何でも話してみてください。（OQ）
B2：お腹がポンポンになって，すぐ食べられんようになるんで……。痩せてしまって身体がつらい。
Th3：どれくらい痩せたのですか？（CQ）
B3：さあ，体重測っとらんので……，だいぶ減った。

表1 MITIコーディングの結果

	CQ	OQ	SR	CR
Total	3	6	4	10
Q&R total	9		14	
R：Q＝1.64				
％	%OQ＝0.67		%CR＝0.71	

Th4：体重が減ったのは心配なんですね，でも，食べれない。（CR）

B4：食べるとポンポンになるんで，余計には食べられん。すぐポンポンなるでねえ。

Th5：ポンポンってどんな感じ？（OQ）

B5：苦しい。

Th6：苦しい……（SR），他には？（OQ）

B6：他にはというか，食べると，何か胃が膨れて，腹のあたりがポンポンになって，動くのに身体がつらい……。

Th7：このあたりが膨れてつらいんですね。それでいっぱい食べられなくて困ってる……と。（CR）

B7：いっぱいは食べんでもいいが，すぐポンポンなるので苦しいし，栄養士にカロリーを計算してもらったけど，栄養が足りんので痩せていくばかり。

Th8：栄養が足りない，とか，体重が減る，というのは気にしていらっしゃるんですね。（CR）奥様の料理で，どんなものがお好きですか？（OQ）

B8：いや，何食べても，すぐポンポンなるし，食欲も出んし，眠れんし，風呂に入るのも，1週間に1回くらい。

Th9：週1回……。ポンポンなるのが本当に苦しいんですね。栄養が足りずに，何をする気も起きず，これ以上体重が減るのも心配だし……。実際は元気になって風呂に毎日入ったり，趣味とかできるといい……なんて考えますか。（CR，CQ）

B9：いや，毎日は入らんでいい，つらいから……何もしたいこともないし，趣味もない……。長生きしても何にもいいことはないし……。

あと5年くらい生きられればいいかと……。
Th10：5年ですかあ……。食欲もない，したいことも趣味もない……。(SR) 何もしたいこともないけど明日死ぬのはちょっと早すぎで，でも5年ももてば十分生きられた，何も思い残すことはない，本望だということ……。(CR)
B10：……いや，このまま食べれんで，痩せていくなら，あと3年くらいしか生きられんかも……。
Th11：え？　そんなにお身体，弱っていらっしゃるんですか！　3年はちょっと……って感じですよね。(CR)
B11：ああ……ポンポンがいやで……，食べれんで。ご飯食べてすぐに横になりたいけど，2時間は我慢して起きてて，それから横になったりするが，やっぱりダメで……。
Th12：2時間後までは頑張ってて，そして横になるんですか……。(SR) それはどうして？　(OQ)
B12：食べてすぐ寝ると行儀が悪いというか……ちょっと時間が経つとまた食べれるかと思って。
Th13：そうですか，どうやったら食べれるかと努力していらっしゃったんですね。体力も落とさぬようにしようと風呂も制限して……とか。(CR)
B13：いや，もともと面倒くさがりだし……身体拭くのに時間がかかるから，風邪ひかんようにと思うと，入るのからも億劫になってだんだん入らんようになってしまって……。それで身体もつらくなって……。
Th14：歯磨きは？　(OQ)
B14：歯は3回磨いてる。虫歯になるのがいやだからねえ。
Th15：毎食後，それはできているんですね。歯磨きが面倒という人もいますが，Bさんはそうではないと。(CR)
B15：虫歯になるほうが余計面倒くさい。歯医者に行ったりね。
Th16：ということは，虫歯にならないよう，風邪ひかないよう結構健康に気を遣いながら5年は生きようと思っている，ただこのままいって3年はちょっと短すぎると感じてるんですね。あと2年長生きするために体力つけたいと思っている，一方でポンポンが気になるとい

うことですね。(CR)
　B16：ポンポンを気にせんで，食べたらいいんだろうけどね……。
　Th17：そう，食べたらいいってわかってらっしゃるんですよね。(SR)
　B17：医者に行ったら，いつも言われるから。
　Th18：そうなんですね。ところが「気にせんで……」というのは，難しいですよね。(CR) どうやったらポンポンを気にならずに食べられるようになるか，私のやり方を一度教えましょうか？
　B18：はあ。

　このあと，Bさんには回避していた腹部膨満感という内部感覚に対するエクスポージャー療法（岡嶋，2012）と条件づけの消去について解説しました。

　介入のポイント
　面接を始めると，Bさんの「食べたくない」という"こだわり"として表現されていたものは，妻の心配によって引き出された言いわけだということがわかりました。Bさんの懸念は，「朝食を食べすぎれば，昼食が食べられなくなるのではないか」「昼食を食べすぎれば，夕食が食べられなくなるのではないか」「どんどん痩せて不健康になっていくのではないか」ということで，腹部膨満感が食べすぎ警告サインとして不安を増幅し，悪循環の連鎖となっていました。
　面接の中では，それまでにBさんが語った言葉を拾い集めてサマライズしています（Th9）。これはまぎれもなくBさんの言葉なので，Bさんは自分の発したその言葉をかみしめるように聞き，ふっと言葉に詰まるようになりました。そして，「何もしたいこともないし，長生きしてもいいこともない，5年くらい生きられたらいい」とつぶやくように返します。5年という言葉にもひるまずに，もう一度，Bさんが言った内容を繰り返して，そして増幅した"複雑な聞き返し"をしてみました（Th10）。すると，「このまま食べれないで痩せていくなら，あと3年くらいしか生きられないかもしれん」と，やっとBさんの不安が言葉になりました。このように複雑な聞き返しは，時にクライエントの行動変容につながる発言を引き出す刺激になります。不安を口にできたことで，その裏側にある"まだあと少しは健康で長生きしたい"という目標が明確になっていきました。

そして，これまでの自分なりの健康に関する努力を語ったり（B12, 13），最後には「気にしないで食べられたらいいんだろうけど」（B16）という行動変容に向かう発言がどんどん出てきました。この言葉をBさんが言うまで粘り強く待ちました。治せると約束したのは，このような面接の技術をBさんの妻に教えるよりも，連れてきてもらうほうが早いだろうと思いついたからでした。

ホームワークを出す

　腹部膨満感を「気にしない」ということを意識させてしまったら，「気にしない」ことにはならないわけですから，この習得はちょっとしたコツが必要です。Bさんには他に気になることを増やすようにしました。日常に取り入れやすい課題を決め，表にして渡しました。課題は，①わざと食べすぎること，②わざと食べすぎたと思うこと，③カロリーを増やすこと，④疲れること，などが盛り込まれていました。疲れないようにするため動くことを極端に避けていましたので，小さな運動としてスクワットを20回することや玄関まで新聞を取りにいくことなどから，セルフモニタリング表に○を書き込んでもらうようにしました。腹部膨満感についての①〜③の遂行記録としては，毎食の膨満感の数字を書いてもらい，それを増やすことを目標にしました。

　1回目の面接を終えて，妻の運転で帰る途中，今まで景色などに関心がなかったBさんが自分からいろいろな気づきを述べ始めたそうです。しかも，新しくできた寿司屋などの食べ物屋のことを語ったので，妻からは驚きの報告がありました。

　2回目の面接では，セルフモニタリング表をきちんと書いて報告してくれました。表情も少し明るくなっていました。面倒くさいを理由にいやがっていた体重測定も，実は不安になるので避けていたそうですが，ここでは毎日書いてあり，さらに100％の膨満感を102〜105％と自分から不快感を積極的に味わうように努力したことが数字で見えてくるようになりました。一日中続いていた妻への膨満感の訴えもピタリとやんで，体重の減少は止まりました。執拗な訴えとして妻に映っていたものは，実は「こんなに腹が膨れているが大丈夫だろうか。食べすぎたのではないだろうか」という不安に対する確認行為だったと思われます。「それくらい大丈夫よ。気にしないで」とい

う妻の言葉が欲しくて何度も訴えていたようでした。

その後

カロリーを増やすためにキャラメルを食べる課題は，「妻の心配を減らして長生きしてもらうためにキャラメルを食べる」という課題にしました。Bさんは妻がいないと生きていけないと思っていました。元来，甘いものも好きなBさんに，体重減少が始まる前まで食べていたものを食べることや以前の量まで戻すという具体的な目標設定ができました。他にもご飯の重さを量って食べていたものを勘でよそってみるようにするなど，不快感や不安感や曖昧さの受け入れを課題表に盛り込みました。

数週間のうちにほぼ達成できた課題は新しい課題に変更するようにして，半年の間にわずかですが体重は増え始めました。妻も夫が食べるためには，急かさないようにすることを覚えました。食べすぎを心配して避けていた外食も，カウンセリング代金を外食に回そうという目標設定によって回数が増えました。初診時より１年半経過して，体重は４kgも増えました。自宅周囲を散歩するなど，体を動かすことも受け入れ始めました。

おわりに

ブリーフセラピーとCBTの違いについて私見をまとめました。まだ書き足りなかった違いについて最後に述べてみたいと思います。

そもそもどれも極めておらず，使い勝手のよいところをつまみ食いしている身としては，目の前の事例から受ける刺激に合わせて技法を使っている，つまり反応しているだけですので，マニュアル的な書き方ができません。そこでタイプの異なる事例を提示することで，ブリーフ的な介入とCBT的な介入の割合のような違いを浮き彫りにできるのではないかと考えました。

古くは診断名とともにパッケージ化されたCBTが流行ったり，昨今は焦点を細分化したCBTパッケージが続々と作られています。しかし，クライエントからセラピストが受ける刺激の前に何を使うかという技法が決まっているのではなく，クライエントによって引き出されるようでありたいと考えています。この協働作業的な空間を大事にすることが臨床のコツですし，人によってはこれをトランスというかもしれません。ACTもマインドフルネ

スも催眠誘導をすべきとは書いてありません。それは，言語分析から始まったACTであり，瞑想をもとにしたマインドフルネスだから，トランスを用いることをあえて書かないのかもしれません。しかし，私自身はトランスを作ることによる効果を実感してしまったので，「ずるいほどに催眠的」と告白することにしました。

　トランスを作る会話も刺激と反応の連鎖によって作られていきますが，残念ながら催眠療法における会話分析を数値化する方法があるのかどうかも知りません。一方で，行動療法のカウンセリングである動機づけ面接（MI）にはいくつかの評価基準があり，面接がMIらしいかどうかを客観的に知ることができます。ビジタータイプとの面接時は，MIらしさが色濃く出ます（表1）。模範的なMI（R:Q＝2.0以上）ではないにしても，初心者レベル（R:Q＝1.0以下）は十分クリアしているというようなことがわかります。このような会話分析ができるのもデータを重視する行動療法のカウンセリングらしいところですが，ブリーフセラピストからは野暮ったく見えるかもしれません。

　クライエントにしろセラピストにしろ，その行動を維持している刺激と反応を分析し，どのような体験の回避があるかを探っていくことで変化へのきっかけがみえます。セラピストもと書いたのは，職務上邪魔になるような体験の回避があれば，それも行動変容の対象にするという意味です。ACTでは，この体験の回避こそが最も害が大きい行動とされていることから，そこへの近づき方をクライエントに合わせて提案し体験してもらい，身につけてもらうことを目標にしています。臨床の締めを行動療法の枠で終えると自分でも安心するのを感じます。後催眠暗示では心もとないという意味です。

　行動療法家らしく，課題の提示で面接を終えますが，できる課題を提供する巧みさはブリーフセラピストには適わないなと思うことがあります。私は折衷派として，できそうなのとできそうでないのといろいろ提示します。どこまでやってくるかはクライエントにお任せです。クライエントの褒めどころを見逃さないとか，褒めどころをあらかじめ用意しておくとか，セラピストにはそういった用意周到さも必要です。

　テーマとはズレた結論になってしまいましたが，私たちはみな，目の前のクライエントに合わせて柔軟に技を使いこなせるよいセラピストと呼ばれるようになればいいのではないか，と思います。

〔引用文献〕

原井宏明（2012）『方法としての動機づけ面接：面接によって人と関わるすべての人のために』岩崎学術出版社

松原秀樹（1990）「目で見る診断と治療（13）積極的筋弛緩法 Jacobson と Wolpe の弛緩法からの発展」『心身医療』2(5), 653-658.

松木繁（2011）名古屋催眠療法研修会におけるパーソナルコミュニケーション

中島央（2009）「〇×法」東日本催眠療法研究会第3回研修会資料（2009年7月4-5日）

O'Hanlon, B.（2009）*A guide to trance land: a practical handbook of Ericksonian and Solution-Oriented hypnosis.* New York: Norton.（上地明彦訳（2011）『解決指向催眠実践ガイド』金剛出版）

岡嶋美代（2012）「認知行動療法中級レッスン不安障害系①ERP を強迫性障害からすべての不安障害に適用する」『臨床心理学』12(1), 108-114.

高岡美智子（2008）「顎関節症における催眠療法の応用」『臨床催眠学』9, 45-51.

Ⅱ　CBTとブリーフセラピーの接点

4．ブリーフ的CBTまたはCBT的ブリーフ

菊池安希子

はじめに

　セラピストとして働く以上，自分の寄って立つアプローチが何なのかをわかっていることは当然なのかもしれません。一応，自分は「折衷派」であると表明している人たちも，まさかこの世にある心理療法のすべてを統合しているわけでもないでしょうから，やはりいくつかのメインになっている理論体系やら○○療法があるはずです。
　では，自分の場合は？　となってはたと困りました。現在，クライエントに会っている臨床現場では，一応，CBT屋さんということになっているらしいのですが，出自はブリーフサイコセラピーであることに間違いはなく，実際の臨床はといえば，やはり「折衷」と名乗るしかないのかもしれません。ということで，本章は，寄って立つメインのアプローチがブリーフサイコセラピーとCBT（主に認知療法）である心理士が，両アプローチをどんなふうに折衷するに至っているかのご紹介であるとご理解ください。

CBTとの出会い

　CBTとの最初の出会いは20＋α年前，大学院に通いながら予備校生のカウンセリングをしていた時代に遡ります。心理療法についていろいろ読んで

いた頃，今となってはどの本で読んだのかも定かではないのですが，いわゆる思考記録表（Dysfunctional Thought Record）について知る機会がありました。認知療法というのは，思考を変えることによって気持ちを変える方法らしい。要は「モノは考えよう」ということだ。わかりやすいではないか。この表を埋めればいいわけだ……。

早速，社交不安の予備校生男子との面接で使ってみました。説明もできたし，あとはホームワークを頑張ってもらって，来週はどうなるかな？　期待して迎えた2回目面接，予備校生は思考記録表を記入してきませんでした。仕方ないので，一緒に記入してみたのですが，何だかピンとこない。たしかに，考えを変えられれば楽なんでしょうけどねー，どう変えたらいいかもわかるんですけどねー，変わらないんですよ。理屈はわかるけど気分は晴れない様子。こちらも先が見えない気分になり，CBTデビューはあえなく撃沈しました。

だからといってCBTをすぐ諦めたわけではありません。その後も問題解決法の長所・短所分析を，再受験に悩む有名大学3年生の男子学生とやってみたりしました。再受験の長所，再受験の短所，それぞれ長々書き連ねて2人で眺め，「いやぁ，決められないねー」と余計に悩んでしまいました。

今なら，どうしてうまくいかなかったのかわかります。結局，断片的にCBT技法を取り出して，場当たり的に使っていたということです。クライエントの困りごとがどういう仕組みで維持されているのかの事例定式化（CBT的見立て）もしませんでしたし，目標設定もあやふや。認知療法どころか，心理療法の基本もできていない面接でした。にもかかわらず，自分が考えたことは「CBTはツカエナイ。ブリーフのほうがいいかも？」だったのです。

ブリーフ双六時代

同じ頃，日本ブリーフサイコセラピー学会が立ち上がりました。スーパーバイザーがブリーフにのめり込むのと一緒になって，研究会やワークショップに出たり，アルバイト代でアメリカの学会に行ったり，いろいろなブリーフセラピーについて学びました。

最初に夢中になったのは，Jay HaleyやCloé Madanesによる戦略派の家

族療法です。怖々とやってみた逆説的アプローチでクライエントが元気になるのを見て，自分のほうが驚いたりしました。その後，Insoo Kim Bergらの解決志向アプローチに魅了され，ミラクル・クエスチョンも照れずに言えるようになりました（最近はまた気恥ずかしい気がして言いにくくなりました）。さらにシステムズアプローチやエリクソニアン催眠（どちらも使いこなせていません），EMDR（結構，使っています），ナラティヴセラピーやMRIブリーフセラピー（初学者レベル）について，学んだり，使ってみたりしました。いわゆるブリーフ双六時代です。何を学んでも面白く，視野が広がる感じが嬉しかった覚えがあります。

　しかし，学ぶ中で思ったのは「名人たちは凄すぎる」ということでした。Milton Ericksonにして然り，Insooにして然り，日本の東豊先生や吉川悟先生etc.にして然り。困難ケースに鮮やかに介入する発表を聞き，高揚した気分で自分の臨床に戻ってみると，発表されていた事例ほど大変そうではないのに変わらないクライエントがいるという現実。自分は面接が下手なんだ，でも，これが仕事だから「凡人は凡人らしく地道に」という腹の座りのようなものが生まれました。

CBTとの再会

　その後，性被害者臨床にかかわっている時代に持続曝露療法を学び，「ん？　CBTも悪くないかも」と思ったこともありましたが，それ以上CBTを学ぶこともなく過ごしていました。すべてが変わったのは2004年からです。現所属に移るなり，上司から「医療観察法病棟でCBTをやってください」と言われました。医療観察法というのは，心神喪失等の状態で重大な他害行為を行った者の医療及び観察に関する法律（2005年施行）の略で，精神病の影響のもとで殺人や強盗などの事件を起こしてしまった人たちに，医療を提供して社会復帰を目指してもらう法律です。対象者の多くが統合失調症の患者になることは施行前より予想されていました。

　被害者臨床やっていたのに加害者⁉　精神病の人に心理療法はやめたほうがいいって教わったけど⁉　しかも，あのCBTですか⁉　着任早々，遁走するわけにもいかず，加害者＆精神病＆CBTという３つの禁じ手に取り組む日々がスタートしてしまいました。CBTは，実質ゼロからの出発です。

本を読み，ワークショップに出て，CBT面接に陪席させてもらい，英国に半年ほど滞在して，精神病のCBT（CBT for Psychosis）を学びました。CBTを学ぶ時は，うつや不安のCBTから入るのが王道であることを思うと，無茶なことをしたものです。

そんなこんなで今や，キメラ心理士となれり。キメラというのは，生物学の言葉で，同一個体内に異なった遺伝情報をもつ細胞が混じっていること，またはそのような個体のことです。自分がブリーフ衣をまとったCBT屋なのか，CBT衣をまとったブリーフ屋なのか，よくわからなくなってしまいました。

ブリーフ的CBTまたはCBT的ブリーフの事例提示

では具体的には，CBTとブリーフサイコセラピーをどのように組み合わせているのでしょうか。自分なりの工夫でしかありませんが，たとえばCBT技法の一つである認知再構成法を統合失調症の方の面接で使う時には，ブリーフサイコセラピー技法であるシーディング（Haley, 1973）やEMDR（Shapiro, 2001），あるいは外在化（White & Epston, 1990）等を組み合わせたりしています。ここでは，少し具体的なやりとりが伝わるように，統合失調症の方の幻聴・妄想の認知再構成に，外在化を利用した事例を提示したいと思います。

事例──外在化を活用した認知再構成

外在化はナラティヴセラピーの中でもよく知られた技法です。外在化によって「問題」をクライエントの外側の存在として概念化することで，治療者とクライエントが協働しやすくなり，解決の可能性が広がるといわれています（White & Epston, 1990）。ところが，統合失調症の幻覚・妄想は，最初から外在化されていることが多く（例：神からの命令が聞こえる），だからといって治療者がクライエントと協働して立ち向かう構造（例：悪魔と闘おう）をとると，妄想に加担することになり，その結果，クライエントの服薬拒否を強化してしまったり，自分が妄想に取り込まれてしまったりして，回復の可能性を狭めてしまうことすらあります。そこで，以下の事例では，通常の外在化技法に工夫をすることで，幻聴・妄想に対する認知再構成を試みまし

た。

　事例はＣさん，30代男性。妄想型統合失調症の診断がついています。20代後半から知人男性Ｄに嫌がらせをされていると信じるようになりました。本人曰く，テレパシーでＤの声が聞こえてきて集中できなくなり，仕事の邪魔をされたといいます（その後の警察の調べで，このことには根拠がないことがわかっています）。不眠，過労が続く中で幻覚・妄想は悪化し，声が聞こえ始めてから約半年後，ＣさんはＤに仕返しをしようとして刃物で大けがを負わせてしまいました（以下，事件と呼びます）。そして，その時の様子から精神科に入院となりました。

面接の経過
入院当初の様子
　Ｃさんは治療チームとの最初の顔合わせの際，主治医に事件について聞かれ，「申し訳ないことをしたと思います」と言っていました。幻覚・妄想については，「もうありません」とのことで，入院時の注意事項にも素直な様子で耳を傾けていました。

#1
　入院後に始まった心理面接で，事件に対する本音を確認すると，「（向こうが悪いので）やったことは後悔していません」とのことでした。Ｄが嫌がらせしたことについては「はっきりした記憶があるので」100％確信していて，「これは病気の症状じゃない」と言うのです。それどころか，Ｄに嫌がらせをされていた自分はむしろ被害者だととらえていて，問題の所在は外在化されていました。一方，統合失調症という病気に対しては，「医者が言うので病気なんだろう」と「嫌がらせを受けたはっきりした記憶もあるので病気ではない」の間を揺れていました。「どうも何か病気らしい」という曖昧な落胆はあるものの，むしろ，病院側の望む回答をして早く退院をしたいという気持ちがうかがえました。この時点では，薬物療法によっても妄想の確信度は高く，のちに明らかになることですが幻聴も持続していたのです。

#2〜3
　Ｃさんの場合，問題の所在が「Ｄによる嫌がらせ」と不適応的な外在化を

されていて，確信度が高く維持されているために事件の内省ができず，退院後の治療遵守も危ぶまれました。そこで，本人と面接目標を話し合う前に，病識を深めてもらうためにCBTを試みるという介入方針を立てました。

　本人に対しては，以下のように伝えました（以下「　」区切りは相手の返答を受けている部分）。

　「前回もお伝えしましたが，これからしばらくは，治療計画を立てる準備として，検査をいくつか行い，これまでのことをいろいろと教えていただきたいと思います」「Cさんの診断名である『統合失調症』というのは，現実と病気の症状が混ざり合う，とてもややこしい病気です。どこまでが病気の症状で，どこまでが現実かの境界部分は，医療者でも完全にスパッと分けられるわけではありません」「結局，一番きちんと仕分けできるのは，最終的にはその体験をしている本人なのです」「そうは言っても，どんな病気かわからなければ区別のしようもないと思いますので，今後，病気について勉強してもらいたいと考えています」「でも，その前に，病気とか病気じゃないとかは横に置いておいて，まずは何が起こったのか，あなたの視点から教えてくれませんか？　声に何をされたんですか？」

　以下は2回の面接を通じて，本人が語った内容の概略です。

　成育歴：2人きょうだいの長男として出生。早期発達に特記事項なし。小中高と学校は明るく楽しく過ごしました。高卒後，地元のガソリンスタンドで働きますが，翌年にはやめ，以降仕事を転々としています。20歳時にはだまされて借金を背負いました。反抗期を過ぎてからは家族と仲がよく，父親とは趣味も一緒で話も合うといいます。

　声の主であるDからの嫌がらせの歴史：借金返済のため，20歳からクラブで働き始めました。Dはそこの客で，「気味の悪い目つきの人間だと思っていた」ものの，特に自分とは関係がなかったとのことです。その仕事も1年くらいでやめ，より高い給料を求めて仕事を転々としました。22歳頃，印刷会社で仕事中，なぜかDがやってきてCさんの過去について「あることないこと悪口を言いふらして帰った」ため，会社に居づらくなって退職しました。24歳の時には大型免許をとって配送会社に勤め，借金もなくなって楽しかったといいます。ところが，27歳頃，再び会社に突然Dが現れて「コイツは使えないよ」と悪口を言って帰ったのです。迷惑なので，上司に頼んで支店を変えてもらいましたが，そこにもDが来て，やはり自分の悪口を言っ

て帰っていきました。家の近くでも見かけたため，刺されるかと思い，気味が悪くて転職しました。しばらく平和だったのですが，29歳の時に，自宅にいるとテレパシーを通じてDの声が耳元から聞こえ始めました。そのうち，Dとグルになっている男性の声も聞こえ始めました。配送の仕事中に，声が耳元で「止めろ！」「言うことを聞かないと殺す！」などと大声で言うので，慌てて反応してしまい，運転がおかしくなって，ついに解雇されてしまいました。解雇はショックでしたが，すぐに次の配送の仕事につき，事件の前日まで表面上は問題なく勤務していたそうです。声たちは続いていて，近所ではヤクザと思しき男たちがウロウロするようになりました。

　事件：声による嫌がらせが続き，不眠，過労が蓄積していく中でCさんは「Dが自分の悪口を言ったり，運転の邪魔をしたりするのをこのままにしていたら，人生を滅茶苦茶にされてしまう」と考え，恐怖を上回る怒りが湧いてきたそうです。そこで，声に対して「黙れ！」等と反撃すると，声は若干弱まり，しばらくは楽になりました。しかし，完全にやむことはなかったため，「○月△日までに嫌がらせを完全にやめて，謝罪するなら許してやる。さもなければただじゃおかない」と最後通牒をつきつけました。しかし，当日になってもDは嫌がらせをやめず，謝罪もしないため，居場所をつきとめて決着をつけようと考え，準備を重ねて仕返しに及んだといいます。

#4

　この頃から，個別心理面接と並行して，統合失調症についての集団疾病教育が始まりました。心理面接では，前回までに自分の視点からの出来事の流れを話してくれたことをねぎらったうえで，改めて「現実と症状の仕分け作業」にとりかかることを伝えました。その時点で，「神」と名乗る男性の声が続いていることに配慮し，「もしも声がこの作業について何か文句を言ったり，Cさんの邪魔をしたりするようなことがあったら教えてください」と伝えると，一瞬，耳をすますような仕草を見せ，「わかりました」と答えました。

　事件の原因が「Dからの嫌がらせ」だったことから，その中に病気の症状が混ざり込んでいないか，根拠の検証をすることにしました。まず，嫌がらせが本当だと思った根拠をいくつか挙げてもらったところ，すぐさま「自分がこの目で見た」「はっきりした記憶がある」「声が自分がやったと言った」

と答えました。

　次に，嫌がらせと矛盾する出来事はないか探してもらったところ，「ないです」とのことでした。そこで，念のため，もう少し考えることとし，「同僚は何と言っていたんですか？」「Dはどうやって事務所に入ってきたの？」などの質問によって事実を確認していきました。すると，嫌がらせと矛盾する出来事として，「仲のよい同僚が，そんなことはなかったと警察に言ったらしい」ことが挙がりました。考えている途中でCさんが「覚えている場面の前後の記憶がまったくない」ことに思い至ったため，ゆっくり考えれば思い出すのではないかと促すと，黙り込み，「いや，その記憶自体，声が聞こえてくるまでなかったです」と言います。それについての本人の解釈は「思い出させるために声が記憶の映像を送ってきた」というものでした。実際，今でも声は映像の形で記憶を送ってくるのだといいます。そこで，声はいつも正確な本当の記憶を送ってくるのか，それとも偽りの記憶を送ってくることもあるのかを調べるために，送られてくる映像を観察し，メモをとって次回面接に持参することをホームワーク課題としました。

#5

　部屋に入るなり「やっぱり病気でした」と言います。しかし，よく聞くと何が病気かについては説明できず，むしろ，声について話すことに不安が出てきた様子でした。「神」の声が「戻してやるよ」と言ってくるため，事件をなかったことにしてくれるのではないかと期待したくなるとのことでした。しかし，時間を巻き戻せることへの確信度は0％だったため，「Cさんの願望のようにも聞こえますね」と返し，ホームワークの確認を行いました。

　送られてきた記憶のリストの一つに「友人Eが父親の車を傷つけた」がありました。Eとは仲がよかったけれども，今後は警戒するつもりだといいます。そこで，Eが車を傷つけている場面を紙に描いてもらいながら，詳細に出来事を説明してもらうと，実はCさんはその時，その場所にいなかったことが判明しました。「見なかったことをなぜそんなにも鮮明に覚えているのだろうか？」という問いにCさんも困惑しました。不思議な現象であるため，どうやってその信憑性を調べることができるかを話し合っているうちに，Cさんが「父親に確かめればわかりますよ。一緒に車の傷を見たし，E

に弁償してもらったんですから」と言います。父親が「そういうことはなかった」と言うなら，もしかしたら病気かもしれないけれども，この記憶はまず本当のことだと思うと述べました。近日中に，治療チームが両親と面接する予定だったため，その時に確認してみることにしました。声と送られてくる記憶の簡単な日誌をつけ続けることをホームワークとしました。

#6
前回面接後，Eが車に傷をつけた件につき治療チームが父親に確認したところ，そのような出来事はなかったこと，しかし近所で車に傷をつけられた人は実際にいたことを教えてくれました。父親曰く，Eはいい子でCさんのことも心配しているとのことでした。そこで，Cさんにその旨伝えると，「えっ？」と驚いた表情を浮かべ「本当ですか？」と信じられない様子でした。はっきりした結論は出ないまま，ホームワーク内容の確認を行いました。そこには「芸能人××が実家に洗剤を送ってきた」ことや「ビデオショップの女性店員が自分の入浴姿を覗いた」などの記憶（？）が書いてありました。芸能人××については，ありそうもないものの，はっきりした映像だったので，自分で両親に電話で確かめてみるといいます。引き続き日誌をつけることと，両親に確かめてみることをホームワークとして面接を終えました。

#7
面接開始直後にCさんが「ここに来る前，何をしていましたか？」と尋ねてきたため「向かいの建物で仕事をしていましたけれど？」と答えると，「そうですよね」と微妙な表情を浮かべました。聞くと，面接開始前に治療者がCさんの自宅（他県）の前で「戻してあげましょう」と言っているのが映像として見えたのだといいます。しかし，自分で考えても治療者がそのようなことを言うとは思えず，かつ，別の県から短時間で面接をしに戻ってこられるはずがないと思うと述べました。「どういうことだかわからない」ことを共有し，ホームワークで扱った他の映像についても確認することにしました。ビデオショップの店員に入浴を覗かれた件については，確かめようがありませんでしたが，芸能人××が実家に洗剤を送ってきた件については，母親に電話で尋ねたところ一笑に付されたとのことでした。映像について調

べた結果から，その信憑性について，この段階ではどう思うか問うと，ガッカリした様子で「……妄想だったんですね。病気だったんですね。嘘っぱちだったんですね」と言います。その発言を受けて，治療者としても，少なくとも体験の一部が統合失調症の症状らしいことの確信がいっそう高まったと伝えました。また，統合失調症は感覚・知覚を変えてしまうので，何が本当で何がそうでないかの区別が難しく，発症してしまうと，精神科医であってもだまされてしまうことがあるくらいであり，知識がない一般の人がわからないのは無理もないことを情報提供しました。今後もどの体験が症状で，どの体験が症状ではないか仕分けを続けることを確認し，疾病教育に真剣に参加することと，日誌を続けることをホームワークとしました。

#8
　日誌の確認を行うと，映像はその後も続いていましたが，Cさん自ら推論を組み立て，そのほとんどが「嘘っぱちの妄想」であると語りました。しかし，いくつかの映像は本当の記憶なのかどうか，区別がつかないといいます。声は「戻してあげるよ」とさかんに言ってきていました。
　治療者は「今回の事件は，いわば統合失調症にしてやられた面がある」が，仕事も続けられるくらい能力が保たれていたCさんが「どうやって映像が本当だと信じ込まされたのか」を聞いていくことにしました。すると，初めて幻聴が聞こえた時の体験が語られました。思い出しながら，声に対する怒りが出てきているのが口調から感じられました。
　部屋でゆっくりくつろいでいると，突然，右の耳元から「神様だ」と言う男性の声が聞こえてきたのだそうです。声がはっきり聞こえるのでびっくりして，一瞬「頭がおかしくなったかな？」と思ったものの，精神病だと思いたくなかったし，「自分は別におかしくない（いわゆる「狂った」イメージとは違う）」と思い，「これはきっと本当だ」とわかったのです。そして，不気味な声の感じから，話しかけてきたのがDだとわかったそうです（筆者注：この時点でCさんは実際にはDとは10年以上会っていませんでした）。声はその後も続き，Dが嫌がらせにきた場面や，ヤクザが自分を追ってきている映像を送られ，鮮明だったので，それが本当のことだと思ったといいます。声は朝から晩まで続くようになり，無視しようとすると身体を硬直させられたので，相手は特殊な力をもっているのだと思いました。一度など，夜

中に「外を歩け。お前は刺されて死ぬんだ」と言われ，そのまま外を歩き回っていると，背中を刃物で刺され，倒れたそうです。朝に発見され，病院に連れていかれ，病院でも耳元では声たちが騒いでいたので声がやったとわかっていたのですが，頭がおかしいと思われるのがいやで誰にも言わなかったそうです。声たちは話しかけると返事をしてきたので，幻とは思えなかったのです。しかし，背中に刺し傷はありませんでした。

その後も続いている映像は，あまりにも鮮明で，今でも本当の記憶かどうかわからなくなるといいます。そこで，妄想の映像と，本物の記憶を思い出した時に頭に浮かぶ映像とを区別するため，映像の観察をすることをホームワークとしました。

#9
面接では，映像が見えてきた時にCさんが「妄想だ，妄想だ」と唱えたところ，それがスーッと消えたことが報告されました。その後も，「どうせ妄想なんだろ」とはっきり言うと，声は間もなくしていなくなることがわかり，続けているそうです。治療者は，Cさんが自発的に対処法を工夫し始めたことを称賛しました。

映像についての観察結果は，以下のようなものでした。

映像はとても鮮明で，声が聞こえるよりも先に見えてくることが多い。一日の時間帯には関係なく，必ず自分が一人の時に，特に考えようとしていないのに見えてきます。最初は，たとえば，家の近くのゴルフ場に友だちと行った場面など，本当にあったことの場面から始まります。しかし途中で芸能人が出てきたりして，よく考えれば変な映像になっていくのだといいます。そこで，その日の昼食の記憶を想起してもらい，映像の質的な差を比較してもらうと「送られてくる映像のほうがはるかに鮮明です」とのことでした。しかも，本物の記憶の映像には音声はないのに，送られてくる映像にはあるとのことでした。他の記憶で確かめてみても同じ結果でした。

そこで，これまでの面接でわかったことや，疾病教育で学んだ幻覚・妄想の心理学的モデルを参考にしながら，Cさんがどのように統合失調症に影響され，事件に至ったかを一緒にまとめました。図1は，この時の理解の内容を，後日，退院調整会議の場で関係者に説明するために図式化したものです。

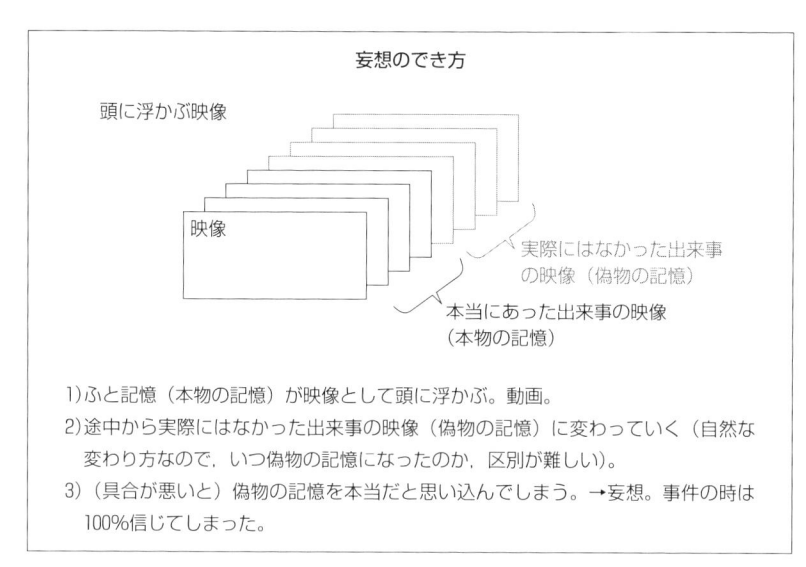

```
                        妄想のでき方
    頭に浮かぶ映像

       映像
                              実際にはなかった出来事
                              の映像（偽物の記憶）
                         本当にあった出来事の映像
                         （本物の記憶）

 1) ふと記憶（本物の記憶）が映像として頭に浮かぶ。動画。
 2) 途中から実際にはなかった出来事の映像（偽物の記憶）に変わっていく（自然な
    変わり方なので，いつ偽物の記憶になったのか，区別が難しい）。
 3) （具合が悪いと）偽物の記憶を本当だと思い込んでしまう。→妄想。事件の時は
    100％信じてしまった。
```

図1 Cさんの妄想形成を説明するために作成した図

　この時点で，Cさんは，自分が統合失調症だという確信度は100％だといいました。「Dが嫌がらせをしてきた」という確信度は0％でしたが，Dが本当は自分に何もしていないのは100％わかったけれども，声がDの声なので，誰が嫌がらせしたかについては「Dにされた」と感じる部分が10％くらい残っていると述べました。治療者は，Cさんが自分の信じ方について，よく把握し，言葉にできていることを褒めました。Cさんは，声は「自分の脳が作り出した幻影」であり，薬は面倒くさいが，声が静かになるので，飲んだほうがいいと思っていると述べました。

#10以降の面接

　心理面接は，退院するまで続きました。10回目以降の面接では，引き続き声や映像への対処も扱ったものの，確認程度であり，焦点はむしろ，事件に対する内省を深めることや，再び事件を起こさないためのスキル強化（相談スキルなど）へと移っていきました。声は，相手にしないうちに徐々に明瞭性が薄れ，「はっきり聞こえるというよりは，言っていることが頭に浮かぶ感じになりました」とのことでした。

解　説

　統合失調症の影響下で事件に至ったＣさんの事例を挙げて，幻覚・妄想のCBTにおいて外在化を用いる際の具体例を示しました。本事例をもとに，以下には，「幻覚・妄想に外在化技法を用いる時の3段階」「幻覚・妄想に外在化技法を用いる際のナラティヴの工夫」「外在化される対象の呼称をめぐる治療者のスタンス」について解説します。

①幻覚・妄想に外在化技法を用いる時の3段階

　Ｃさんの事例では，聞こえてきた声の正体をＤであると信じ，「Ｄに嫌がらせをされている」妄想が確立していました。苦痛の原因は，当初から外在化・人格化されていたことになります。そこで，すでに外在化されている「声」を治療者も外在化させて扱い，「声にされてきたこと」のストーリーをＣさんに語ってもらいました（外在化）。本人の主観に沿った語りを聞き，途中，理解を深めるための質問をしていくことで，「映像の信憑性」など，ストーリーの矛盾にＣさんが自ら気づき始めました。矛盾点の解明のため，本人が考えた検証方法（親に確認する）をとったり，論理的な推論を行ったりしていくうちに，Ｃさん自身が映像および声は「妄想」「病気」であり，その原因は自らの内部（脳）にあると結論づけるに至りました（内在化）。しかし，Ｃさんにとって，自分に精神の病気があることは，落胆や無力感をもたらすことでした。しかも，神の声の幻聴は続いており，対処法が脆弱なままでは，今後も幻聴がＣさんの生活に悪影響を与える可能性は高いと考えられました。そこで，「統合失調症にしてやられた」「映像が本当だと信じ込まされた」のはなぜだったのかのストーリーを語ってもらいました（外在化）。すると，発症時の体験が語られ，苦痛をもたらした統合失調症に対する怒りが出てきたことがきっかけとなり，面接後の生活の中で自発的な対処行動（例：声に対して「どうせ妄想なんだろ」と自己主張する）をし始めるに至りました。その後に治療者がしたことは，Ｃさんの側に立ち，本人が始めた対処を強化する介入でした。

　上記の流れは以下のように要約できます。すでに外在化されている幻覚・妄想について治療者も外在化して扱うことがジョイニング機能を果たし，幻覚・妄想の検証を可能にし，そのことが「声」（幻聴）の内在化につながりました。次に，内在化された幻聴を改めて外在化させることで，本人がエン

パワーされ，対処行動が強化されたことで，幻覚・妄想の苦痛度・確信度の低減に至ったと考えられます。

外在化に引き続いて起こった内在化は，従来，病識獲得と呼ばれてきた過程です。病識獲得は，服薬遵守や予後の良好さに関連することが実証されており（Drake et al., 2007 ; Saeedi et al., 2007)，重要なステージである一方で，病識の獲得が抑うつ症状につながるという知見もあります（Cooke et al., 2007）。心理学的介入の観点からは，幻覚・妄想を扱う際の目標は，精神的苦痛の軽減や適応行動の増加にあり，症状軽減は望ましい副産物であるととらえられます。その意味では，外在化されていた症状が内在化されることは，介入の途中経過に過ぎません。そこで，Cさんの事例でも，再外在化を試みることとなりました。

2回目の外在化においては，外在化された対象（「統合失調症」「病気」）の原因は，Cさんの内部に帰属されているため，内在的外在化と呼べるかもしれません。このような外在化では，治療者がCさんと協働して声と闘ったとしても妄想への共謀になることはありません。外在する声に抵抗するだけでなく，身体に内在する原因に働きかける服薬や修正型電気痙攣療法もまた，自ら選び取る対処法の選択肢になりえます。つまり，内在的外在化段階以降は，外在化と内在化の間を適宜行きつ戻りつしながら，苦痛の軽減に取り組んでいくことが可能になるのです。

このように，一見相容れないと思われる2つの認識（苦痛は外側からもたらされる／苦痛の原因は自分の内側にある）が併存する現象は，従来，統合失調症では二重見当識と呼ばれてきました（永田，1993）。通常の二重見当識においては，患者は，妄想の内容を確信し，病識がないままであっても，通院も服薬も続けたりします。これに対し内在的外在化は，妄想確信度が下がっているという特徴をもつ二重見当識であると考えられます。内在的外在化に至るまでの変化の概要を表1に示しました。このように，幻覚・妄想への介入において外在化技法を用いる場合は，全体としてみれば，外在化-内在化-外在化のスパイラルを利用することが有用である可能性が示唆されました。

②幻覚・妄想に外在化技法を用いる際のナラティヴの工夫

あらゆる心理的介入において前提となるのが，クライエントとの関係構築

表1 幻覚・妄想に外在化技法を用いる時の3段階

	第1段階 外在化・人格化	第2段階 内在化・スティグマ化	第3段階 内在的外在化
苦痛の責任帰属	本人の外側	本人の内側	本人の外側
原因の所在	本人の外側 (全人的)	本人の内側 (全人的)	本人の内側 (部分的)
当事者の言説例	例：自分に対して悪霊が嫌がらせする。	例：自分は精神病だ。おかしい人間だ。	例：自分は普通の人間だが、ビョーキのせいで判断を誤った。
介入効果	ジョイニング	洞察獲得／病識獲得	エンパワメント

です。幻覚・妄想のCBTにおいては、特定の出来事に対する解釈が異なっていても（不同意でも）協働して問題解決に当たれる「不同意の同意」関係が重要です（菊池, 2008）。「不同意の同意」関係は、(1)治療者もクライエントも考えを偽る必要がない、(2)妄想との共謀にならない、(3)協働的実証主義をとる（クライエントと協働して仮説を検証する）ことを可能にする関係性です。しかし、この関係性をどのように構築するかについては、決まったやり方があるわけではありません。筆者はこの「不同意の同意」関係を促進する工夫として、「異なる信念の併存を許容するナラティヴ」を心がけるようにしています。

　Cさんの事例では、治療者はCさんの体験を「症状」であると認識しており、Cさんは「Dからの嫌がらせ」であると認識しているため、不同意関係ですが、このままでは二項対立状態で、幻覚妄想の検証をしようとしても、直面化に至りやすく、そうなればかえって妄想確信度を高める結果になりかねません（Tarrier et al., 1993）。このような場合、治療者が関係構築段階で使えるナラティヴはいくつかあります。(1)「Dが悪かったに違いない」もあれば、(2)「何が起こっているかわからない。病気かどうかもわからない」もあり、Cさんの事例で治療者がとったような、(3)「治療者は病気だと考えているけれども、この病気は現実と症状が混ざり合う複雑な状態なので、あなたの言っているDとの関係も混ざっているに違いない」というナラティヴもありえます。(1)「Dが悪かった」は、Cさんとの関係構築をしやすくなりますが、妄想に加担してしまいます。(2)「何が起こっているかわからない。病気かどうかもわからない」はニュートラルで最も公平なスタンスを表すナラ

ティヴですが，治療チームの他の職種からのアプローチとの矛盾を生み出しかねず，そうなれば混乱するのは患者ということになるため，医療現場では注意を要します。Cさんの事例で用いた(3)「治療者は病気だと考えているけれども，この病気は現実と症状が混ざり合う複雑な状態なので，あなたの言っているDとの関係も混ざっているに違いない」というナラティヴは，両者が異なる信念を変えないままで併存する余地を生み出し，治療者とクライエントをとりまくラージャーシステムとも葛藤を生じにくくする工夫として用いました。

本事例で用いた「異なる信念の併存を許容するナラティヴ」の2つ目の例は，正確な言語使用です。幻声を扱う際に，「幻聴」か「D」かで対立することは関連する妄想確信度を強化する恐れすらあります。治療者が声を幻聴と呼んだとしても，患者がそれに反論しないことは多々ありますが，内心で幻聴であることに同意していない場合は，その体験の詳細な検討が難しくなりかねません。

ところで，幻聴の最中には，発話知覚に関連する聴覚野が活性化しており，患者には実際に声が聞こえていることは実証されています（Jardri et al., 2011）。そこで，治療者がクライエントに聞こえる声が幻聴であると全面的に信じていたとしても，それを「声」と呼ぶことには矛盾を生じません。本人からしても，明らかに声を聞いているため，「声」という言葉を使っている限り，その発生源についての解釈が異なったままで，両者が同じ現象を扱っていることを保証することができます。

③外在化される対象の呼称をめぐる治療者のスタンス

外在化‐内在化‐内的外在化（表1）の第2段階において内在化され，第3段階で再び外在化される対象は，必ずしも「症状」や「統合失調症」「精神病」などである必要はないというのが筆者のスタンスです。

精神病の病識獲得においては，診断名の受容が重要視されるきらいがありますが，心理療法において幻覚・妄想を扱う場合の主要目標が苦痛の軽減であることを鑑みると，苦痛の原因帰属が不適応的状態（例：悪魔，隣人）から適応的（例：病気，ストレス，睡眠不足）になるような援助を志すのであって，必ずしも診断名の受け入れをうながすわけではありません。患者や関係者が「精神病」「統合失調症」よりも「ビョーキ」や「トーシツ」という

言葉を使ったりする（中村，2008）のもまた，スティグマの染み込んだナラティヴから離れて対処しようとする試みだともいえます。

　何をもって内在化（病識獲得）を得られたとみなすのか，何を適応的帰属とみなすのかは，治療者のスタンスによるところが大きいのです。筆者が目安としているのは，服薬なり，心理療法なり，作業療法なり，標準的精神科治療が役に立ちそうな場合は，それを選びやすくなる帰属であれば適応的とみなすということです。その限りにおいては，治療者が統合失調症の症状であると考える体験を，クライエントが統合失調症ではなく「心配しすぎ癖」に帰属させていたとしても，「心配しすぎ癖」との闘いや共存のストーリーを紡いでいけるのなら，心理的介入の目標は達成されると考えています。

　事例を通して，幻覚・妄想のCBTにおける外在化技法の工夫について解説しました。外在化−内在化−外在化のスパイラルを利用しながら幻覚・妄想のCBTを行うことは，精神病体験に内包される二重見当識を可能ならしめる側面を有効活用（utilize）させてもらう方法だと考えています。

ブリーフとCBTの違いは何か？

　ブリーフとCBTの違いについて，筆者は以前，こんなことを書きました（菊池，2011）。

　　ブリーフサイコセラピーはいろいろあれど，クライエントからすると，なぜよくなったのかを説明するのは難しい。けど，たぶん，面接に通って，頑張ったからだよね（何を？）。未来のことをありありと考えてみた／出来事を考えながら目を動かした／トランスとやらに入ってみたetc.頑張ったのは自分だけど（たぶん），どこがどうなってよくなったのかはよくわからない。不思議。まあいいか，よくなってるんだから。

　　認知行動療法は修行である。連綿と境目なく続いていく体験を，わざわざ「きっかけ」「認知／信念」「結果」に分けてみたりする。分けるのだって，まず大変。そのうえで，もっと適応的な認知を考えたりする。もうここで息切れする人だっている。切り替えられるかが問題なんですってば。かと思えば，回避していることが問題だと教わる。だから大丈夫になるまでじっと曝露したりする。そうか，わかった，でもやる気になるまでが，

まず一山。何を根拠に頑張れるか……治療者を信じようと思えるかが鍵だったりする。仕組みはわかりやすく見える。時に芸がないほどに。えっ，そんなんでよくなるの？　はい，結構よくなります。ただし，修行が必要です。
　「芸がないことを芸にする」。筆者が思うところのブリーフ的認知行動療法である。

　ブリーフとCBTの大きな違いの一つは，ブリーフは回復への機序を説明しないということではないかと思います。説明できないから？　いえ，そうだとは思いません。説明すると複雑になり，それが治療プロセスの妨げになるからではないでしょうか（ちなみにCBTの「安全行動」のほうが，似た概念であるMRIブリーフセラピーの「偽解決」よりも説明しやすいと考えるのは筆者だけでしょうか）？
　CBTは，治療者の手の内を明かすことにたいへん熱心です。透明性確保への情熱があります。よくCBTでは「魚を釣ってあげるのではなく，釣り方を教える」というたとえがされます。やり方と理由を丁寧に説明し，できるまでやってもらうという意味では，あえて「芸がない」感じに見せて，安心して取り組んでもらうのではないかとすら思えます。そのぶん，本人のやる気がない時にも気がついたら変化していたなんていう，不思議さはあまり期待できないのかもしれません。
　それは，数学の問題を解くのに似ている気がします。「スッキリしたエレガントな解き方（＝ブリーフ）」対「時間がかかることがあったとしても，きっと解ける定石の解き方（＝CBT）」。エレガントな解き方は効率がよいのですが，思いつかなければお手上げかもしれないのが難点です。定石の解き方は，時にまどろっこしいことがあっても，問題が複雑すぎなければ安定的に解答に至ります。筆者がCBTを行うようになったのも，その安心感が気に入ったからかもしれません。
　CBTとブリーフのもう一つの違いは，エビデンスの量でしょうか。CBTは手続きの説明に熱心なアプローチですので，再現性をもたせやすく，研究もしやすく，エビデンスの量はブリーフに比べるとかなり多いです。ブリーフ屋さんがもっと頑張らないといけない分野なのかもしれません。もっとも，ブリーフ屋さんはこのへん，あまり熱心でないので，実現するかどうか

わかりません。

おわりに

今どきのCBTは，第三世代CBTという，メタファーやら，「どう体験しても エリクソニアントランスでしょ」というマインドフルネスやら，まるっきりブリーフに見える（ただし，背景理論を説明しまくるところはおおいに違う）アプローチもあり，「ブリーフとCBT」という対置がいよいよ難しくなる日は意外に近いのかもしれません。

謝辞
本稿をまとめるにあたり，事例掲載を許可してくださったCさん，臨床の場で日頃より協働してくださっている多職種チームの皆様に深く感謝申し上げます。

〔引用文献〕

Cooke, M., Peters, E., Fannon, D. et al.（2007）Insight, distress and coping styles in schizophrenia. *Schizophrenia Research*, 94(1-3), 12-22.

Drake, R.J., Dunn, G., Tarrier, N. et al.（2007）Insight as a predictor of the outcome of first-episode nonaffective psychosis in a prospective cohort study in England. *Journal of Clinical Psychiatry*, 68(1), 81-86.

Haley, J.（1973）*Uncommon therapy: the psychiatric techniques of Milton H. Erickson, M.D.* New York: Norton.（高石昇・宮田敬一監訳（2001）『アンコモンセラピー：ミルトン・エリクソンのひらいた世界』二瓶社）

Jardri, R., Pouchet, A., Pins, D. et al.（2011）Cortical activations during auditory verbal hallucinations in schizophrenia: a coordinate-based meta-analysis. *American Journal of Psychiatry*, 168(1), 73-81.

菊池安希子（2008）「統合失調症の認知行動療法」松原三郎編『専門医のための精神科臨床リュミエール4　精神障害者のリハビリテーションと社会復帰』中山書店，pp.59-67.

菊池安希子（2011）「精神病の認知行動療法における外在化技法」『ブリーフサイコセラピー研究』20(2), 70-81.

中村ユキ（2008）『わが家の母はビョーキです』サンマーク出版

永田俊彦（1993）「二重見当識」加藤正明編『新版　精神医学事典』弘文堂，pp.600-601.

Saeedi, H., Addington, J., & Addington, D.（2007）The association of insight with psychotic symptoms, depression, and cognition in early psychosis: a 3-year follow-up. *Schizophrenia Research*, 89(1-3), 123-128.

Shapiro, F. (2001) *Eye movement desensitization and reprocessing: basic principles, protocols, and procedures*. 2nd ed. New York: Guildford Press.（市井雅哉監訳（2004）『EMDR：外傷記憶を処理する心理療法』二瓶社）

Tarrier, N., Beckett, R., Harwood, S. et al. (1993) A trial of two cognitive-behavioural methods of treating drug-resistant residual psychotic symptoms in schizophrenic patients: I. Outcome. *British Journal of Psychiatry*, 162, 524-532.

White, M., & Epston, D. (1990) *Narrative means to therapeutic ends*. New York: Norton.（小森康永訳（1992）『物語としての家族』金剛出版）

〔参考文献〕

Kaney, S., & Bentall, R.P. (1989) Persecutory delusions and attributional style. *British Journal of Medical Psychology*, 62(Pt 2), 191-198.

Kingdon, D.G., & Turkington, D. (2005) *Cognitive therapy of schizophrenia*. New York: Guilford Press.

Nemoto, T., Mizuno, M., & Kashima, H. (2005) Qualitative evaluation of divergent thinking in patients with schizophrenia. *Behavioural Neurology*, 16(4), 217-224.

Wykes, T., Steel, C., Everitt, B. et al. (2008) Cognitive behavior therapy for schizophrenia: effect sizes, clinical models, and methodological rigor. *Schizophrenia Bulletin*, 34(3), 523-537.

Ⅱ　CBTとブリーフセラピーの接点

5．4名の実践家の話を受けて

森　俊夫

4名の実践家について

　神村先生，大野先生，岡嶋先生，菊池先生，貴重なご論考と事例提供をありがとうございました。

　第Ⅱ部は，この4名の先生方をシンポジストとし，私が指定討論者を務めさせていただいたシンポジウム「ブリーフセラピーと認知行動療法」(日本ブリーフサイコセラピー学会第22回神戸大会，2012年8月24日) での話を，それぞれの先生方が元ネタとし，さらにそこに追加・修正を加えたものによって構成されています。

　岡嶋先生を除く他の3名の先生方のお話は，私は学会シンポジウム以前から，一部うかがっておりました。と申しますのも，黒沢幸子先生とご一緒させていただいているKIDSカウンセリング・システム研究会で，2011～12年度にわたり，神村先生，菊池先生，大野先生，そして森美加先生（東京慈恵会医科大学）をお招きして「CBTとブリーフ」という講座を開き，そこで行動療法，行動分析，マインドフルネス，ACT，DBT（弁証法的行動療法）を教えていただきつつ，ブリーフセラピーとの共通点や相違点についてディスカッションを行ったという経緯があるからです。岡嶋先生のお話を詳しくお聞きするのは初めてで，とても新鮮でした。その時，「あ，この先生はコテコテのブリーフ屋さんだな」という印象を強く受けたことを，今でも

よく覚えています。

　4名の先生方は，2人ずつ大きく二手に分かれます。神村先生と大野先生は，しっかりと行動療法や行動分析を研鑽されてこられた先生で，たまたまそばにいたブリーフセラピストにそそのかされ，ブリーフの世界にさ迷い込んでこられた方々です。一方，菊池先生と岡嶋先生は，ブリーフセラピーや催眠から臨床を始められ，その後CBTの理論や技術を取り込んでいかれた，いわばブリーフがCBTの世界に送り込んだ「スパイ」あるいは「二重スパイ」的存在の方々ですね。

　こうした先生方の出自の違いは，その後ブリーフセラピーやCBTに取り組む際の動機の違いとなって表れています。CBTから出発された先生方にとっては，ブリーフセラピーのもつしなやかさや柔軟性，あるいは自由度に惹かれた点が大きかったように思われますし，ブリーフから始められた先生方は，いわゆる「名人」に圧倒された時期を経て，CBTとの出会いによって自身の考えや技術を整理していかれたように感じます。この両者の違いは，そのままCBTやブリーフセラピーのもつ特性を表しているでしょう。

　このように発展のプロセスに違いはありますけれども，現在の4氏の着地点は，だいたい似たところになっているといってよいでしょう。4氏いずれにおいても，CBTとブリーフセラピーはもはや混然一体，どこがCBTで，どこがブリーフセラピーなのかを切り分けることが難しいものとなっています。これは臨床家としての発展形でしょう。なぜならば，多種多様なクライエントを相手にする（しかも，こちらの立場もさまざまな）臨床が，一つの理論やアプローチだけでできるわけがないからです。

私の臨床経歴

　人のことをあれこれいう前に，まず自分のことを話しておかなければいけませんでした。

　私のアイデンティティは，心理療法に関しては「ブリーフセラピスト」です（本来の私の専門は，コミュニティ・メンタルヘルス）。最初私は，心理療法に関しては精神分析を学んでいました。しかし，ミルトン・エリクソン（Milton H. Erickson）を知ってから，はっきりとブリーフセラピーに宗旨替えしました。その理由の一つは，精神分析ではコミュニティ・メンタルヘル

ス活動はできないなと思ったからです。一方，エリクソンは，病院臨床だけでなく，コミュニティに溶け込んだ活動をしていました。

　ただもちろん，行動療法や認知療法のことも若い頃から知っておりました。単に知っていたというだけではなく，かなり親和性を感じていました。と申しますのも，私には，かなり濃く自閉症スペクトラム障害（ASD）が入っていますので，そもそも人間の「感情」や「気持ち」というものがよくわからない（特に「悲しみ」と「同情」に関しては，説明されてもさっぱりわからない）し，社会的相互作用なんて，自慢じゃないけど最も不得意とする分野です。私にわかるのは，目に見える人々の「行動」（こちらの働きかけに対する相手の「反応」を含む）と，「行動パターン」から推測（あくまで「推測」）されるその人の「認知パターン」だけです。

　したがって，臨床をやっている時も，クライエントの「行動」しか見ていない（というか，見えない）し，セラピーの目的も，クライエントの行動変容とその行動変容を促進させるだろう認知変容である，と思ってやってきたわけです。

　こんな私ですので，教える側になっても，ブリーフセラピーを認知／行動の観点から教えてきたと思います。少なくともある時期からは，ブリーフセラピーが本来理論的基盤としているコミュニケーション理論やシステム論，あるいは催眠の文脈から教えることを，私はまったくしなくなりました。ちなみに私は，ブリーフセラピーを社会構成主義やナラティヴの文脈からも語りません。私の考え方は，解決志向ブリーフセラピーの創始者の一人であるスティーブ・ディ・シェイザーと似ていて（たぶん彼もASDなのだろう），究極のミニマリスト（minimalist），特に大事でないものはすべて削ぎ落とす，教える時は「transferability（伝達可能性）」(de Shazer, 1988) を重視するタイプです。

　そういう流れの中で，2011年度からのKIDSでの講座が始まったわけですが，先生方から現代のCBTの話をうかがって，まったく何の違和感もないどころか，「やはり自分は『認知／行動療法家』（CBTと区別するためにこの表記を用いる）だったんだ！」と，確信するに至ったわけです。

私の「認知／行動療法」

　私が私のことを「認知／行動療法家」であるという時の「認知／行動療法」の定義は，「人々の行動や認知に焦点を当て，そこに働きかけていく心理療法のこと」（アバウトすぎ！）です。
　この定義の後半部分は，定義になっていませんね。だって，この世にクライエントの認知や行動に「働き"かけない"」心理療法など存在しないわけですから（セラピストが，意図する／しないにかかわらず，何かをやれば，あるいは何かをしなかったならば，それはクライエントの認知や行動に必ず何らかの影響を与える）。だからポイントは"行動や認知に焦点を当て"の部分なのですが，先に申しましたように，私の場合，そこにしか焦点を当てられないのです。
　もちろん「感情」も大事なのですが，そこはダメなもので。では，その部分を私がどうやっているかというと，幸い，学生から院生の10年近くにわたって演劇を行っていたこと，今までずっと医学部にいることなどがあって，私にも「身体」のことなら，かなり"見える"ようになりましたし，"使える"ようにもなりました（「身体運動／反応／感覚」というものがわかるようになり，それらを使って自分の何かを人に伝えることができるようになった）ので，「身体」を媒介変数として，「感情」領域のことは何とか処理しています。
　また，私は「抽象概念」もダメなので，まだしも「エコロジー（生態）」ならわかるのですが，「システム」はさっぱりわかりません。ですので，それは「行動や現象の連鎖」（エコロジー）で処理しています。言語も「意味論」とか「語用論」とかはわかりませんが（「文学的表現」のほうがまだわかる），「言語行動」ならわかりますし，それと「事実」や「非言語行動」との一致／不一致もわかりますので，その情報をもとに処理しています。
　結局のところ私は，人々の「行動」をベースとして，「認知」「感情」「言語」「社会的状況・文脈」を含むすべてを把握し，自分のブリーフセラピーを構成しているわけです。したがって，私には「認知／行動療法」と「ブリーフセラピー」を分けることができません。

心理療法間の比較について

　一般的に，さまざまな心理療法を分けようとする際，2つの観点からなされます。一つは「そのセラピーがどのような『理論』に基づいているか」で，もう一つは「そのセラピーはどのような『技法』を用いるか」です。たとえば，CBTとブリーフセラピーの比較にしても，理論的に近いところ／遠いところ，技法的に似ているところ／違うところはどこかといった具合にです。
　世の中にはCBTとブリーフセラピー以外にも多数の心理療法が存在し，それらはすべて背景理論と技法をもっています。心理療法を，理論と技法を変数としたクラスター分析にかけ，群分けすることも可能でしょう。もしそういう研究を行ったとしたら（もしかするとあるかもしれない），おそらくその結果は，「CBTとブリーフセラピーは，他の心理療法と比較して，より近い距離をもち，同じ群に属する」ではないかと想像されます。
　心理療法を理論や技法の面から比較する方法は，たしかにわかりやすく，私たちの頭の中の整理をつけてくれることでしょう。セラピストの頭の中が整理されていることはたいへん重要なことで，なぜなら，セラピストの頭の中が混乱しているならば，しばしばその混乱はクライエントにも伝染し，クライエントを混乱させ，その状態を悪化させるからです。
　ただ同時に，そうした理論や技法からの議論が，どれほど「臨床上」有用なのだろう？　という疑念があるのも事実です。

心理療法における「技法」について

　心理療法における「技法」というのは，飲食店における「メニュー」のようなものだと，私は考えています。メニュー（技法）というものは非常に重要なもので，実際何もメニュー（技法）をもたない店（心理療法）は存在しません。そして各料理（技法）には名前がついていて，その名前リストがあるわけです。これがないと，客も作り手もかなり混乱します。だからメニューリストはとても大事なものなのですが，同時に，名前自体は実体を何も表していない単なる文字でしかありません（ちなみに「CBT」とか「ブリー

フセラピー」とかいうのは，店の「屋号」）。

　世の中にはたくさんの技法（メニュー）が存在します。特にCBTとブリーフセラピーは，もっている技法数の多い心理療法モデルだといってよいでしょう。お客さんの好みはさまざまですので，いろんなお客さんに来ていただくためには，メニュー数は多いに越したことはありません。最近のCBTが，飛躍的にその技法数を増やしておられるのは，たぶん客層を広げられたからなのでしょう。

　ただ，メニュー数が多ければそれでいいのか，少ないとダメなのかというと，そういうわけでもありません。メニューリストに載っている料理をすべて注文する客なんていません。客は必ずメニューを選びます。そこでメニュー数が多いと，少なくとも客の迷いは増えます。セラピーでも同じで，たくさん技法をもっているセラピストほど，技法選択の迷いは増えます（セラピーの場合，通常，セラピストがメニューを選択する）。また，選択ミスが発生する可能性も高くなります。客の選択ミスは自己責任ですが，セラピストの選択ミスは「加害」行為となりますので，責任重大です。だったら，迷わないように最初からメニュー数を限定しておけ，という考え方もたしかに成立するわけで，要するに「専門店」を開くということですね。これだとたしかに客層は狭まりますが，しかし客側からすると，いろんな「専門店」ができてくれれば，店自体を選べるようになるので，メリットは大です。つまり結論，技法（メニュー）「数」は，"多くても少なくてもどちらでもよい"です。

　「数」の問題じゃない，では何が大事か？　メニュー「内容」？　いえ，「内容」こそ，どれが良くてどれが悪いなどというものはないでしょう。とにかく人の好みはさまざまですので，それこそいろんなものがあったほうがよいわけです。

　「数」でも「内容」でもない。じゃあ何が大事か？　それはやはり「質」（味）でしょう。しかし「メニュー」の話と「味」の話は，まったく別の話であるわけです（メニューは味について何も語っていない）。だから，心理療法を技法から語るということに，私はあまり「臨床的」意義を感じないのです。

「理論」は「説明言語」である

　「理論」についても考えてみましょう。今,「技法というのはメニューであって,単なる名前である」「技法と臨床の質の話は別の話である」と申しました。「理論」に関しても同じようなことがいえます。つまり「『理論』とは単なる『説明言語』であって,臨床の質ばかりでなく,事の『真実』や『本質』とも別のものである」ということです。
　一つの現象は,観点を変えればいくとおりにも説明できるものです。つまり,一つの現象にいくつもの理論を適用できるということです。それは「観点」の違いなのであって,決して"どちらがより本質を穿っているか"の話ではありません。
　CBTでは「学習／行動理論」に基づいて心理療法を「説明」し,ブリーフセラピーでは「コミュニケーション理論」に基づいて「説明」することが多いという違いはあるでしょう。一方,どちらも「精神内界」についてはあまり「説明」せず,表に現れ出ているもの(行動や言語)に則って「説明」するという点で似ているでしょう。しかし,別に「精神内界」について「説明」したってよいわけです。どの観点から,何を「説明」するのかに関して,「良い／悪い」「正しい／誤っている」はありません。あるとすれば,それがその人にとって「興味ある／ない」「わかりやすい／わかりにくい」だけでしょう。
　経験のある臨床家は,通常,自分にとって最もしっくりとくる理論を一つ採用しているものです。また,初学者たちは,何か一つの理論から臨床を勉強し始めます。これはよいことです。なぜなら,これによって頭の中が整理されるからです。自分にとって一番わかりやすい,納得できる理論は,クライエントにもわかりやすく,自信をもって伝えることができますので,クライエントの益にもなるでしょう。
　ただ,「臨床上」重要なことは,その一つの理論を「絶対」だと思い込まないことです。つまり,他の理論の正当性を否定しないことです。それをやり始めると,様相は限りなく「戦争」に近づきます。「戦争」は,無関係な人々をも巻き込み,被害を拡大させます。仮にそれが専門家同士の「理論戦争」であったとしても,実は一般の人々をも巻き込んでいるのだということ

を，われわれは自覚しておかなければなりません。また，それが「同盟」であってもダメです。「同盟国」というのは「敵対国」を想定している概念ですから，それはやはり「戦争」に近づきます。違っていても，似ていても，すべてがOK，これが「平和」です。

　これは専門家間の話だけでなく，専門家（セラピスト）と一般の人々（クライエント）との間でも同じです。クライエントも，何らかの「理論」をもっているのです。セラピストが自分のもっている「理論」を「絶対」であると思うことは，クライエントの「理論」を否定することにつながります。そこに起こるのは，やはり「戦争」です。

　「絶対」までいかなくとも，セラピストにとって一番わかりやすい「説明」が，必ずしも目の前のクライエントにとってわかりやすいものであるとは限らない，という点にも注意が必要でしょう。だから一番よいのは，目の前のクライエントにとって最もわかりやすい「説明」でいくという方法です。これをするためには，こちらは複数の「説明言語（理論）」をもっていること，および，クライエントに合う理論とは何かを見立てる力，この２つが必要となるでしょう。そしてこれが「臨床能力」なのであって，「理論」それ自体には，別に「臨床的」意義はありません。

４名の実践家の共通点

　理論や技法から心理療法を語ることは有用ではないと申し上げました。では何が「臨床上」重要となるのでしょうか？　たとえば４氏の間には，どんな臨床上価値のある共通点があるのでしょうか？

　一つ目は，理論や技法についての自由度，柔軟性があるという点です。これについては，もう十分に申し上げたと思います。

　二つ目は，やりとりや出来事の連鎖に注目している点です。心理療法において最も重要なことは，「やりとり」です。クライエントが何を言い，どんな態度でいた時に，セラピストは何を言い（あるいは言わず），どういう態度で返したのか？　それに対して，またクライエントはどう反応してきたのか？　この連綿と続く「やりとり」，これが心理療法の「現実」です。理論や技法から話を進めると，この臨床上最も大事な部分がすっぽりと抜け落ちてしまいますが，４氏ともその轍は踏んでいません。

三つ目は，みなさんとても「変」な方々だという点です。少なくとも「自分は変である」という自覚を，みなさんおもちであるように思えます。これは臨床上とても大切なこと，というより，「基本」だと私は思っていて，なぜならば，セラピストが「普通」（あるいは「まとも」）になると，クライエントが「変」になってしまうからです。この構造は，臨床上「有害」なものといえるでしょう。

　四つ目，みなさん，症状や問題が「お好き」なようで，それらをどこか「面白がって」おられますね（こういうところも「変」なところ）。しかし，これも臨床上の「基本」だと私は思います。そもそも，症状や問題に対して嫌悪感や恐怖心を抱いている人は，心理臨床や精神科臨床なんてやらない（やれない）でしょう。"やってはいけない"とまで言ってしまっていいのかもしれません。なぜなら，それは先の"クライエントは変"と同じ態度ですから，「有害」です。また，そういう人は症状や問題の「除去」ばかりを考えるでしょうから，セラピーの成功率も下がるでしょう（存在しているものを取り除くことは容易ではない）。そうではなく，4氏は，クライエントのもつ症状や問題を「材料」（リソース）とし，さらに4氏自身がもつリソースをも使って，見事な臨床レシピを完成させています。

　こうした4氏のもつ共通点こそが，「臨床上」重要なのだと私は思うのです。

あえてCBTとブリーフセラピーの違いを言うとすれば

　私はCBTとブリーフセラピーの違いを強調することに，あまり意義を感じませんが，それでもあえて言うとすれば，以下の点でしょうか。

　一つは，CBTの方々には，自分のやっていることを「説明する」方が多い（論文数も多い）ですが，ブリーフセラピストは「説明しない」（論文も書かない）人が多いですね（私も含めて）。最近のCBTはともかく，元々の行動療法・行動分析理論はとてもシンプルですから，語りやすいし，語りたくもなるでしょう。しかし，ブリーフセラピーの背景理論はとても複雑ですから，それを「説明」しようとすればするほど難しい，何を言っているんだかさっぱりわからない話になっていきます。そうなることがわかっているから，「ま，こんな感じ」くらいで済ましてしまう人が，ブリーフセラピスト

には多いですね。ディ・シェイザーのように，そもそも「説明」する気がない人もいます。

　もう一つは，「効率性」に対する態度でしょうか。「効果性」についてのこだわりの強さは，両者とも同じくらいだと思いますが，ブリーフセラピストはCBTの方々と比べて，はるかに強い「効率性」（いかに短期に，あるいは少ないセッション回数で終結までもっていくか）についてのこだわりをもっています。

　これはたとえば「ホームワーク」に対する考え方にも表れています。CBTでは，何かホームワークを出し，次回の面接はそのチェックから始まり，そして次のホームワークへと移るという形式で，面接は展開していきます。しかしながら，ブリーフセラピーでは，何かホームワークを出したとしても，次回その確認をしない（ホームワークは出しっぱなし）で，ただクライエントからのよい報告を待っているだけです。「理論（理屈）」からいうと，CBTは"クライエントがホームワークに日々取り組む中で，治療プロセスが進行していく"と考え，ブリーフセラピーは"クライエントの変化は面接室の中で起こっており，ホームワークはその変化をクライエント自身が確認するために出される"と考える（「曝露」を例にすると，CBTでは日々その恐怖刺激に曝露する中で，刺激に慣れ，対処スキルを獲得していくと考えるが，ブリーフセラピーでは「もう自分は平気になった」ということを確認するために曝露してもらう）から，ということになるのでしょう。

　これはあくまで「理屈」（「説明」の仕方）の話です（現実にはどちらも起こっている）。「態度」としては，CBTの方々はクライエントの変化のプロセスに伴走していこうとされる，一方，ブリーフセラピストはクライエントにとってポイントであろう部分の変化と，"自分は一人でやれる"感を育てることだけをさっさとやって，あとはクライエントに委ねてしまう，あまり伴走しないという違いです。この態度の違いは，要するに「効率性」（治療コスト削減）へのこだわりの違いの表れです。

両者の今後の課題

　最後に，両者の今後の課題について述べましょう。今述べたCBTとブリーフセラピーの違いというのが，双方のもつ今後の課題ということになるの

でしょう。

　すなわち,「説明」しすぎる人は,もう少ししないでいられるようになったほうがいいでしょうし,「説明」しなさすぎる人は,もう少しできるようになったほうがいいでしょう。複雑すぎる理論は,もう少しシンプルにしたほうがいいでしょうし,シンプルすぎる理論は,もう少し多様性を増したほうがいいでしょう。

　「効率性」に対する感覚の乏しい方は,もう少しそれを磨かれたほうがいいでしょうし,効率のことしか考えていない人は,少しは人々に"伴走する"ということを覚えたほうがいいでしょう(効率だけでは,少なくとも,福祉領域の活動はできない)。

　まあしかし,一人で全部やる(万能になる)必要もないわけで,大事なことはやはり協働でしょう。CBTとブリーフセラピーは,「効果性を重視する」「個人だけではなく集団をも対象とする」という,特にコミュニティ・メンタルヘルスを専門とする私にとっては重要な志向性の部分で一致していますので,パートナーとして最適です。お互いの特徴を活かし,足りない部分は補完し合って,両者がこれからも協働していくことの社会的意義は,強調してしすぎることはありません。お互い頑張っていきましょう！

〔引用文献〕

de Shazer, S.（1988）*Clues: investigating solutions in brief therapy.* New York: Norton.

Ⅲ

事例

Ⅲ 事例

1. 解決志向ブリーフセラピー事例

黒沢幸子

はじめに

　解決志向ブリーフセラピー（Solution-Focused Brief Therapy：SFBT）は，アメリカのミルウォーキーにあるBFTC（Brief Family Therapy Center, 1978年開設）において，心理療法界の鬼才の理論家とされるスティーブ・ディ・シェイザー（Steve de Shazer）と面接の天才といわれるインスー・キム・バーグ（Insoo Kim Berg）によって1980〜1990年代に開発された，解決に焦点を合わせた短期療法モデルです。

　SFBTでは，病理や問題に焦点を当て，それを治そうとするのではなく，クライエントに深い敬意を示し，クライエントのもつリソース（資源）やストレングス（強さ）に目を向け，クライエントとセラピストとが協働して，ダイレクトに「解決」（解決の状態や望んでいる未来）を作っていきます。それが解決の状態への最もシンプルで確実な道であると考えます。「問題志向」から脱却し「解決」に焦点を合わせるSFBTは，従来のブリーフセラピーのモデルとも一線を画しており，効果的・効率的であるだけでなく，安全性や汎用性，またクライエントの自己効力感を高める点でも秀でています。BFTCでは，面接の効果について，平均セッション回数5回，改善率70％以上と報告されています。

解決志向ブリーフセラピーのセントラルフィロソフィー

 SFBTは，下記のような3つのルール（Berg & Miller, 1992）によって形作られてきました。この3つのルールを用いて，経験と実績をもとに修正・洗練作業を繰り返すことによって，SFBTのモデルが精練されました。効果があることを活かしていくという姿勢にSFBTは貫かれています。この3つのルールは，BFTCのすべての実践（セラピー，トレーニング，スーパービジョン，モデルやメソッドの構築）に活かされています（白木, 1994）。

　　ルール1：うまくいっているなら，直そうとするな
　　ルール2：一度でもうまくいったのなら，またそれをせよ
　　ルール3：うまくいかないなら，何か違うことをせよ

解決志向ブリーフセラピーにおけるものの見方・考え方の前提

 SFBTでは，セラピーや援助実践を行う際，下記のような基本的なものの見方や考え方を前提とします（Berg & Miller, 1992；De Jong & Berg, 1998；森・黒沢, 2002）。これらは事実・経験・科学・哲学といったものが背景にあると考えられますが，それよりも下記のように考えてセラピーを進めるほうが，そうでない前提をもって対応するよりも，よりうまくいくという点で重要視されています。

　・変化は絶えず起こっており必然である
　・小さな変化が大きな変化を生み出す
　・"解決"について知るほうが，問題や原因を把握するより有用である
　・すべてのクライエントは自分の人生をよりよくするリソースをもっており，自身の解決の専門家である

「解決」と「例外」

 SFBTの根幹となる特徴として，①「解決（の状態）」に焦点を合わせ未来志向であること，②「例外」（de Shazer, 1985）（すでに存在している解決〔の状態〕の一部／問題が起こらなかったり，少しでもうまくやれている状況）に目を向け発展させること，これら2つが挙げられます。ここには問題について知ることは含まれていません。重要なことは，クライエント自身が解決の状態をイメージし，それに向けてクライエントの内外のリソースを利用し，すでにうまくいっている状況を発展させていくことです。

SFBTのこれら2つのアプローチがわかりやすく用いられている事例（黒沢, 2001）をご紹介し，その面接の特徴を考察することにしましょう。

事例の概要

【年齢・性別・職業】Fさん・40歳台半ば・男性・会社員。
【主訴】パニック障害
【来室の経緯】Fさんの家族は，40代後半の専業主婦の妻と，2人の子どもの4人家族です。

Fさんは，大学卒業後，現在の会社に入社し，熱心に仕事に取り組み，結婚して家庭を築くまでになっていました。ところが，12～13年前に，突然異常なめまいを起こして倒れ，その際，「このまま死んでしまうのではないか」という激しい恐怖に襲われました。その時は近医を受診し，心理検査を受けるとともに，薬を処方され，自律神経の問題であると伝えられました。そのまま服薬を続けながら，勤務を継続しました。

発症から約1年後，海外駐在を命じられ，一家で日本を離れ，3年間海外勤務を続けましたが，その間は服薬することなく過ごしていました。

帰国後，職場環境が変わり，上司と合わないことがストレスになっていましたが，ある時，激しいめまいを伴うパニック発作の再発に見舞われました。それ以来，強い予期不安が出現し，仕事でも家庭生活でもすべてに対して消極的になってしまいました。約6年前より，職場の嘱託精神科医のもとに2週に1度の間隔で定期的に受診するようになり，1回30分程度の面接を受け，薬も継続して処方されてきました。

その主治医が病気療養のため2ヵ月間休診となったため，保健センターからの勧めで，嘱託カウンセラーであった筆者との面接を予約することになりました。

面接経過

♯1

Fさんは，中肉中背で柔和な話しやすい雰囲気の方で，「カウンセラーも利用できると聞いてはいたのですが，もう6年間も精神科医とほぼ定期的に

話してきていましてね。あらゆる話をしてきましたので，また別の人と一から話すのも大変ですから，今まで利用することはありませんでした」と話し，問題は会社と家庭でのストレスに絞り込まれているとのことでした。

そこで筆者は簡単に自己紹介をして，「よろしければ最近のご様子について少しお聞かせください」と伝えると，Fさんは，会社が近づくとめまいが始まるのは相変わらずであり，「会社に行きたくないという怠け病なんでしょうかね」と，まずは自嘲的に言ってから，以下のような最近の様子を語りました。

妻は，子どもが学校でトラブルが絶えず問題視されていることを悩んでおり，また実家のことでもストレスを抱えている状態です。そのため，妻は何かあるたびに，胃の痛みやめまいを訴え，子どもに対して児童虐待が疑われるほどヒステリックに当たり，Fさんに対しては，もっと子育てに協力してほしいと責めたてます。Fさん自身は，常に予期不安と戦って毎日仕事をしているのだから，家に帰ったら心静かに好きにさせてほしいと思います。Fさんは，会社でも家でも自分の時間をやすらかにもてないと感じ，それがまた体調不良につながってしまうのです。

Fさんは，仕事よりも家庭のことについて話題にし，それから，「主治医と面接で話すことによって，気持ちは少し楽になるし，自分の傾向も考える機会にはなります。でも，薬も飲み続けているのに，症状自体はほとんど代わり映えせず，何も解決せずに今まできているんです」と，諦めるように話しました。

解決像を描く質問（ミラクル・クエスチョン）

筆者は「もう何年間もその主治医の先生との信頼関係の中で，大切なことをたくさん話してこられたのですから，ここでそれを改めてうかがうことはしなくていいですね。その代わりに，せっかく今日Fさんとお話しする機会をいただいたので，今まで主治医の先生が決してFさんに聞いたことがないようなことをうかがってもいいですか？」と尋ねると，Fさんは「ぜひそうしてください」と答えたため，筆者はFさんに「ミラクル・クエスチョン」(de Shazer, 1988) を投げかけました。

「ちょっと変な質問をしますけれども，ぜひ考えてみてくださいね。Fさんは，今日会社が終わったらご自宅に帰られて，最後は床につかれ就寝され

ますね。Fさんが今晩眠っている間に，奇跡が起こって，今Fさんが話されたことや抱えていらっしゃる問題がすべて解決してしまったとします。そうしたら，明日の朝，目が覚めたら，どんなことから奇跡が起こったことに気づくと思いますか？　明日はどのような1日になるでしょうか？　今日までのFさんとはどんなふうに違ってくるでしょうか？」

　Fさんは，少し驚いたようでしたが，ゆっくりと考えながら答え始めました。

　「そうですねえ……もしそうなったら……明日の朝はシャキッと，すっきり目が覚めるでしょうね。人相も違っているんじゃないですかね……。仕事中は，今とあまり変わりないかもしれません。今だって何とかやってますから。でも，会社の帰りに職場の仲間と飲みに行って，楽しく過ごすことができているでしょう。仲間から『君も笑うことがあるんだね』って言われるんじゃないかな。体調も悪いし，妻もうるさいから，仕事帰りに飲むことなんて，ここのところまったくしていませんから。でも奇跡が起こったら，体調がよくてめまいもないから，飲みながら座っていても間がもてて，外で仲間といながらも自分の時間がもてているという感じになるでしょうね」

「例外」を探索する

　筆者はFさんが描く「解決像」（奇跡が起こって何もかも解決した1日の状態）に共感しながら，「ところで，今まで，少しでもめまいがマシだったり，起こらないで済んだ時はなかったんでしょうか？」と「例外」について質問しました。

　Fさんは「そういえば，2週間前の夏休みに，家族みんなで旅行に行った時は，まったくめまいがなかったですね」と語り始め，「半年前の旅行では，いつ発作が来るかと死の恐怖にさいなまれ，暗い気持ちでいました」と思い出し，今回の旅行のほうがよい状態であったことを確認しました。

　Fさんは「ああ，そうですね。めまいがなかったと言えば，海外駐在中もなかったです。海外の家族文化というのは父親中心で，また異国の地で，私が家族を統率しなければならなかったし，だから家庭内でよく動いていました。家事を手伝ったり，ホームパーティを開いてホスト役をこなしたり。アウトドアのスポーツを家族ぐるみで楽しんだり。それに比べ，日本は家のことは母親がやるという文化ですから，帰国してからは，何となく自分も，会

社で仕事をしていればいいという感じになってしまいましたね」と話し，その声に少しずつ張りが出てきたように感じられました。

　筆者は，Ｆさんの話にうなずきながら，「では，もし仮に，Ｆさんの人相が先ほどのお話のように変わったとすれば，奥様はどうなりますか？」と「関係性の質問」（De Jong & Berg, 2008）をしました。

　Ｆさんは「僕の人相が変わったら……そりゃ妻も変わるでしょうね」と答えました。

　引き続き，筆者が「奥様が変われたら，お子さんはどんなふうになるのでしょう？」と「関係性の質問」をさらに展開すると，Ｆさんは「子どもたちは，萎縮したり，反抗的になったり，父親の自分を必要以上に頼ってきたりすることは減るでしょうね」と話し，そして何かに気づいたように，「ああ，そうなんですね……妻のために早く帰るようにはしているんですが，妻から頼まれたことは億劫で先延ばしにしちゃう。それで妻が『あなたは何もしてくれない！』と文句を言い，『じゃあ，やるよ』と私が言うと，『もう，私がやるからいい！』と妻は不機嫌になって，それで結局子どもに当たってしまうんですね」とつぶやきました。

　そこで筆者はＦさんに「もし仮に外国の父親だったら，妻になんて言ってあげるんでしょうか？」と尋ねてみました。

　Ｆさんは，しばらく黙って考えている様子でしたが，「……『毎日大変だねえ』とか……『手伝おうか』と，言ってやればいいんですね，妻に……」とつぶやくように話し始め，さらに「そうですね……妻に対して，直接何かを手伝うというよりも，気持ちをサポートしてやればいいんですね。妻はそういうサポートが欲しかったんですね……」と，一人でうなずきながら言葉を続けました。

ゴールについての話し合い

　筆者は，Ｆさんの語りに深く共感し，Ｆさんが妻や子どものことをとても大切に考えていることを「コンプリメント」（称賛）したうえで，Ｆさんに「すごく小さなことで，具体的なことで，実際に失敗なくできることで，今のような奥様へのサポートがあるとしたら，どんなことがあるでしょうか？」と尋ねました。

　Ｆさんは，またしばらく考えてから「朝，家を出る時に，今晩の夕食のメニ

ューを妻にリクエストしてやることですかね」と自分に言い聞かせるように答えました。これは筆者には思いつかなかったＦさん自身が考え出したオリジナルな「行動課題（提案）」でした。

　Ｆさんは，「主婦にとって夕食のメニューを毎日考えるのは非常にストレスなことだと思います。でも最近は，妻から『何が食べたい？』と聞かれても，食欲もないから『別に何でもいい』と気のない返事ばかりしていました。そういうことの一つひとつが，妻の張り合いをなくしてしまっていたんでしょうね。妻は，料理が好きで，食べたいものをリクエストすると，本当は喜んで作ってくれるんです」と話し，「ただ，下手に美味しいと言うと，同じメニューが３日続いてしまうんですけどね」と言って照れ笑いをみせました。

　筆者が，Ｆさんに，妻への夕飯のメニューのリクエストは実際に続けてやれそうなことかどうかを確認すると，Ｆさんは「はじめは心がけないとできないと思いますが，でも，何も思い浮かばなくても，『冷や奴が食べたい』だけでも言ってやればいいんですよね。それならできます。何か１つでも言ってやれば，妻はそこからちゃんとメニューを考えて作ってくれるんです。それと，小さなことでも妻をねぎらってやればいいんですよね」と答えました。

　筆者は，妻への夕飯のリクエストとねぎらいを，２週間後の面接までの間，実験だと思ってやり続けてみることを提案しました。

　＃２　２週間後
　Ｆさんは，明るい表情で面接室に現れ，「いつもなら休み明けは必ずめまいがするのに，今回はなぜかめまいが起こらなかったんです」と報告し，「妻への夕食のリクエストはほぼ90％，ねぎらいは70％程度やれましたよ！」と，にこやかに話しました。そして，Ｆさんは，妻のイライラには更年期が関係していること，妻が腰痛持ちであることに思い至り，実際，家事育児がキツイことを理解してやれるようになったこと，妻が実家のことでつらい思いをしてきたいきさつや，子どもの成績や進学のことで深く悩んでいることなどを，やっと自分に落ち着いて話してくれるようになったことも語りました。

　また，Ｆさんは，もともとアウトドア派で，若い頃は１年の大半をキャン

プで過ごすような生活をしていましたが，結婚してからはそういうこともしなくなっていたことを振り返り，もっと元気にアウトドア活動をしたいと思う自分がいることに気づいたと，快活に話しました。さらに，Fさんは，妻についても，ダンスを踊ることが大好きだったのに，子どもが生まれて以来，妻は好きなことをまったくやっていないこと，そもそも飲みに行ったり，カラオケに行ったりすることは，2人の共通の趣味であることなどを話しながら，自分と妻が活き活きと過ごしていた頃のことをありありと思い出していきました。そしてFさんはふと「妻にあの奇跡の質問（ミラクル・クエスチョン）をしてみたら，なんて答えるかな？」とつぶやきました。

　面接の終盤になったため，筆者は，Fさんがよい変化を自ら生み出していることを伝えたうえで，Fさんと話し合ったことをもとに，妻に対してジャズダンスなどの趣味の時間をサポートすること，子どもの進学のことなど子育ての方針を夫婦で話し合うこと，妻にミラクル・クエスチョンをすること，これら3つのことを提案しました。その際，これらの提案が「実際にやれるかどうか」「それが役立ちそうかどうか」をFさんに確認しました。

#3　2週間後（最終回）

　Fさんは，明るい表情で面接室に入ってきました。Fさんは子どもたちが寝たあとに，妻にミラクル・クエスチョンをしたところ，妻は「特別なものは望まない。ただ普通になっていればいいの」と答えたことを報告してくれました。妻にその質問をした晩，Fさんは，妻と2人でお酒をゆっくり飲みながら，子どものこと，お互いの不満，妻の実家のこと，お互いがやりたいことなどについて，本音で話し合うことができたとのことでした。Fさんは「たしかに妻の言うとおり，特別なことではなくて，このような妻や家族との時間をもてる日々が続いてくれたらいいんです」としみじみと語りました。そして，「そういえば，めまいや予期不安の症状は，最近本当に出ていないですね」と，Fさんは初めて気がついたかのように口にしました。

　筆者は「これからも日常の中でうまくいっていると思うことを調べて，それをやり続けてください」と伝えました。

　Fさんは，最後に「こんなに調子がよくなったことを，復帰してくる主治医にどう説明したらいいかな？　でもまあ，主治医とは男同士の世間話もできますし，病み上がりの主治医を元気づけに話をしてきます」と笑顔で筆者

1．解決志向ブリーフセラピー　事例　139

に話しました。筆者は，Fさんとの面接をひとまず終結することを確認しました。

約1年後のフォローアップ

Fさんは，約1年後に友人の子どものことで筆者に一度相談に来ましたが，Fさん自身はその後も症状の再発はなく，安定した生活が続いていることを報告してくれました。

考　察

問題の探索はしない

Fさんは，すでに主治医との間で，永年にわたり自分の症状や問題について語り尽くしてきていたため，筆者との面接では，それを再度話したいというニーズが強くはありませんでした。仮にFさんにそのニーズがなくても，新たに担当となったセラピストが問題の情報を必要とする（問題情報がなければ介入が組み立てられない）ならば，改めて問題について聞くことになるでしょう。

SFBTでは，クライエント自らが問題について語る時には，丁寧に耳を傾け，それを十分に認めます。セラピストは，クライエントと肯定的で協働的な関係やラポールが速やかに築けるように，クライエントの価値観や語りを共感的に傾聴します。しかし，セラピストから問題を探索することは基本的にはしません。クライエントが過去について話す場合は，クライエントのこれまでの成功（「例外」）を探る姿勢でそれを扱います。

ここでは「何がすでにうまくいっているか？」「どんな場面でクライエントは成功しているか？」をみる基調を作るわけです。

「解決」の方向へのシフトチェンジ

セラピストは，可能であればできるだけ早い段階で，クライエントが「問題の代わりに何を求めているのか？」について，つまり「解決（の状態）」について尋ね，問題についての話し合いではなく，「解決」についての話し合いの方向にシフトチェンジします。

筆者は，Fさんの最近の様子をうかがったあと，初回面接のかなり早い段

階で，「解決」についてダイレクトに尋ねるSFBTにおいて定番の質問である「ミラクル・クエスチョン」を行いました。Fさんは，永年苦しんできた症状から解放された「解決（の状態）」にある１日について語り，自分が本当はどうなったらいいと望んでいるのかについて明確なイメージ（解決像）をもちました。

　SFBTでは，その「解決像」は単なる夢物語なのではなくて，すでにどんな小さなことであっても，その一部が「例外」として起こっている可能性があると考え，「例外」について探索する質問をします。筆者がFさんに「めまいが起こらなかったり，マシだった時」について尋ねると，Fさん自ら「数週間前に家族で旅行した時」の「例外」を発見し，そこからさらに海外駐在の時には調子がよかったことを思い出しました。「例外」が見つかったら，セラピストはすかさず「成功の責任追及」（「どうやってそれをやったのか」「どのようにしたことが役に立ったのか」についての質問）をクライエントにします。ここでは筆者がそれを尋ねるまでもなく，Fさんが自ら自分の調子がよかった理由について，海外駐在中は「自分（父親）が家族を統率して活動した」ことが関係していたと思い至りました。

　このように，「例外」が見つかったら，「例外」を発展させていくために，「成功の責任追及」を行い，またそれを繰り返し起こせるようにするわけですが，これは，冒頭に紹介したセントラルフィロソフィーのルール２（一度でもうまくいったなら，またそれをせよ）を行うための作業といえます。

　また，筆者は，Fさんに周囲の人との関係性の中での「解決（の状態）」をさらに広げてもらうために，「関係性の質問」を用いて，妻や子どもへの「解決」の波及を描いてもらいました。このようにして，どのような状態が「解決」なのかについて，クライエント自身にさらに具体的に見出してもらいます。

ゴールに向けての話し合いと具体的なアクション

　「解決（の状態）」やそれの一部（「例外」）が見出されたら，さらに「解決」にもう一歩近づいた状態になるように，その「例外」が起きるために役立ったことからヒントを得た「具体的なアクション」を提案できるように話を進めます。SFBTでは，セラピストが「行動課題」の内容を決めて提示するのではなく，ウェルフォームド・ゴール（よく形作られた目標）（Berg &

Miller, 1992）についてクライエントに尋ね，それを引き出して，そのために役に立つことを話し合い，それを「行動課題（提案）」につなげます。

　筆者の場合，クライエントから引き出されたゴールについて，「ウェルフォームド・ゴールの３条件」──①大きなものでなく，小さなもの，②抽象的なものではなく，具体的なもの，③否定形（〜しない）ではなく，肯定形（〜する）で表現される行動──（森・黒沢, 2002）を満たすように，留意し調整します。なぜなら，クライエントにはここから成功体験を得てほしいからです。どんなに理想的なゴールを考えても，それが達成できないものであるなら，害があっても利はありません。

　筆者はＦさんに対し「すごく小さなことで，具体的なことで，実際に失敗なくできること」という条件をつけて，妻へのサポートにどのようなものがあるかを尋ねました。Ｆさんから出てきた答えは，筆者には予想外の「朝，妻に夕飯のメニューをリクエストする」というものであり，それがＦさんへの「行動課題（提案）」になりました。このような「課題（提案）」の作り方が，SFBT の「クライエントが自身の解決の専門家である」という考えにつながる特徴であり，SFBT が効果的なだけではなく，安全であることの理由でもあります。

＃２以降の面接の方針

　＃２では，Ｆさんから症状の改善やよい変化が語られました。Ｆさんの改善からも明らかなように，SFBT では，初回面接が相当に重要な役割を果たします（初回面接が"命"ともいえます）。だからこそブリーフなのです。

　＃２以降の面接で問われることは"What's better?（何がよくなりましたか？）"（De Jong & Berg, 1998）であり，うまくいっていることをもっと続けるという「Do More 課題（提案）」（De Jong & Berg, 1998；Berg, 1994；森・黒沢, 2002）で面接を結ぶことが基本的な方針です。セントラルフィロソフィーのルール２からルール１につなぐ良循環を作ることを目指します。

　Ｆさんからは「夕食のリクエストは 90％達成」という行動課題の実行度について報告がありましたが，SFBT の場合，課題（提案）は「お土産」であるため，クライエントから報告されない限り，セラピストから前回の面接での提案が実行されたかどうかは確認しません。提案は，あくまでクライエント自身が解決に向けて歩み出していくきっかけ作りです。解決への道程にお

いては，クライエントがその生活の文脈の中で自ら行い工夫したことが役に立つ場合が多く，セラピストはそれを尊重し活かす姿勢をとります。♯2では，筆者はFさんとさらによい変化につながることを話し合い，具体的な「行動課題（提案）」として伝えました。

♯3では，妻の「解決（の状態）」についてFさんは妻と話し合うことができ，さらに夫婦の「解決（の状態）」が実現していっていることが報告されました。Fさんはルール1（うまくいっているなら直すな）の状態になっていたため，うまくいっていることをもっと続けるという「Do More課題（提案）」を最後にメッセージとして伝え，面接は終結となりました。

「解決」と「問題解決」との相違

再発から6，7年以上が経過していたFさんの症状は，初回面接が大きなターニングポイントとなって改善し，合計3回の面接で終結するに至りました。Fさんが手に入れたのは，単に症状がなくなることではなく，Fさん自身が本当に望んでいた家族との円満で楽しい生活（およびそれをベースにした働きがい）でした。

SFBTが志向する「解決」は，「問題解決」（たとえば，問題をなくすための方法論）とは異なるものであり，よりよい未来をダイレクトに描き手に入れること，つまり新たに「解決」を構築することです。それに役立つものが，冒頭で示したセラピーにおけるものの見方・考え方であり，その考え方を具現化したシンプルな技法群なのです。

〔引用文献〕

Berg, I.K., & Miller, S.D.（1992）*Working with the problem drinker: a solution-focused approach.* New York: Norton.（齋藤学監訳（1995）『飲酒問題とその解決：ソリューション・フォーカスト・アプローチ』金剛出版）

Berg, I.K.（1994）*Family-based services: a solution-focused approach.* New York: Norton.（磯貝希久子監訳（1997）『家族支援ハンドブック：ソリューション・フォーカスト・アプローチ』金剛出版）

De Jong, P., & Berg, I.K.（1998）*Interviewing for solutions.* New York: Brooks & Cole Publishing.（玉真慎子・住谷祐子監訳（1998）『解決のための面接技法：ソリューション・フォーカスト・アプローチの手引き』金剛出版）

De Jong, P., & Berg, I.K.（2008）*Interviewing for solutions.* 3rd ed. New York: Thomson Brooks & Cole.（桐田弘江・玉真慎子・住谷祐子訳（2008）『解決のための面接技

法：ソリューション・フォーカスト・アプローチの手引き』金剛出版)

de Shazer, S. (1985) *Keys to solution in brief therapy*. New York: Norton.（小野直広訳（1994）『短期療法解決の鍵』誠信書房）

de Shazer, S. (1988) *Clues: investigating solutions in brief therapy*. New York: Norton.

黒沢幸子（2001）「パニック障害，糖尿病に対するブリーフセラピー」宮田敬一編『産業臨床におけるブリーフセラピー』金剛出版，pp.155-167.

森俊夫・黒沢幸子（2002）『解決志向ブリーフセラピー：森・黒沢のワークショップで学ぶ』ほんの森出版

白木浩二（1994）「BFTC・ミルウォーキー・アプローチ」宮田敬一編『ブリーフセラピー入門』金剛出版，pp.102-117.

Ⅲ 事例

1. 解決志向ブリーフセラピー 事例へのコメント

伊藤絵美

はじめに——認知行動療法家としての筆者の立場

このたび黒沢幸子先生の解決志向ブリーフセラピー（SFBT）に基づく事例に対して，CBTの立場からコメントをすることになりましたが，それに先立ち，認知行動療法家としての筆者の立場について簡単に説明します。というのもCBTとは，そもそも認知療法と行動療法が統合されたアプローチで，かつ現在でもさまざまなアプローチが提案され続けており，CBTそのものがかなり複雑化しているからです。つまり，一口に認知行動療法家と言っても，さまざまな立場やアプローチがあるわけで，筆者のそれを明確にしたほうが，コメントがわかりやすくなるでしょう。

筆者は認知心理学専攻から臨床心理学に移り，その流れでアーロン・ベックの認知療法を学び始めたため，基本的にはベックの立場に立った認知療法的CBTを実践しております。具体的には図1のような認知（自動思考／スキーマ）を中心としたモデルに基づき，クライエントの困りごとや症状を循環的に理解し（たいていは悪循環が同定される），悪循環から抜け出すための手立てを一緒に考え，実践するという流れでセラピーは進められます。その際重要なのが，まずはこの基本モデルに沿って困りごとや症状を理解するという「アセスメント」の作業と，アセスメントに基づき何を問題とみなし，その問題に対してどのような目標を立て，目標達成のためにどのような

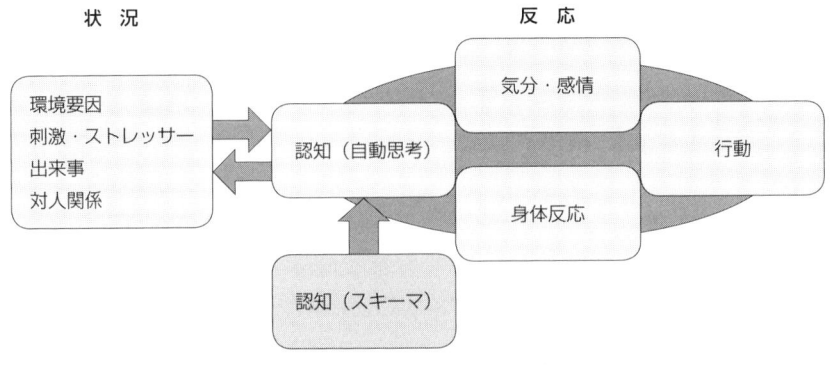

図1　認知行動療法の基本モデル

技法を入れていくかを計画立てる「ケースフォーミュレーション」の作業です。これらのアセスメントやケースフォーミュレーションは，問題解決の流れでいくと，直接的に解決を求める作業ではなく，抱えている問題がどのようなメカニズムになっているのかをひたすら理解するための作業です。すなわち「解決志向」ではなく「問題志向」ということになります。「問題志向」をもう少しかみくだくと，「解決のためにはそもそも問題の理解が必要」「問題のメカニズムを明確にすることで解決の糸口が見えてくる」「問題の全体像を整理し，理解することで，見通しがよくなり，それだけで気持ちが楽になる」といったことになります。そもそも筆者が専攻していた認知心理学では，問題解決に関する研究がさかんに行われていますが，そこでは「問題解決は『問題の理解』と『解決への探索』からなり，前者は常に後者に先立つ」という黄金の理論があります。つまり，問題解決のためには「問題の理解」が欠かせないのです。このような基礎理論の裏づけもあり，CBTにおける「問題志向」というアプローチは理に適うものだと筆者は考えております。

　さらに，どのような現場でセラピーをするかによって，そのセラピーのあり様は異なってきます。現在筆者が運営するCBT専門のカウンセリング機関は，慢性化・長期化した問題を抱えるクライエントが年単位で通って終結にたどり着く，という状況になっており，クライエントの抱える問題をアセスメントし，ケースフォーミュレーションを終えるまでに十数セッションから数十セッション，半年から1年以上の時間をかけることが少なくないとい

うことも付記しておきたいと思います。

事例に対するコメント――CBTとの共通点と相違点

事例に対する称賛

　前節に示したような立場に立つ筆者からすると，黒沢先生のSFBTの事例は，「鮮やか」としか言いようがありません。黒沢先生の「はじめに」で提示されたSFBTの哲学，前提，戦略に基づき，たった3回のセッションで大きな展開をみせた事例です。約1年後のフォローアップ時にも大幅に改善した状態が維持されています。特にSFBTでは有名な技法である「ミラクル・クエスチョン」のクライエント（Fさん）への入り方が非常に自然なのにもかかわらず切れ味鋭いのに感嘆するとともに，ミラクル・クエスチョンが優れたイメージ技法であることがよくわかり，たいへん勉強になりました。このような事例を拝読できただけで，このお仕事を引き受けてよかったと思えるぐらいの素晴らしい事例でした（私と一緒に長々とCBTに取り組んでくれているクライエントさんたちからは，「こういうセラピーが受けたかったのに」と苦情が出るのではないか，と不安になるぐらいです）。

事例からみえるSFBTとCBTの共通点

　とはいえ，黒沢先生の事例とその解説を読み込んでいくうちに，SFBTとCBTの間には多くの共通点があることに気づきました。思いつくままに挙げてみます。

- クライエント自身のもつ回復力，問題解決力に対して全幅の信頼を置くこと。セラピストはそのようなクライエントに内在する力を引き出す役割を担う
- クライエント自身の工夫を尊重すること
- セラピーで扱う話題の内容が非常に具体的であること。観念的な話ではなく，生活や人間関係に関する具体的な話題を取り扱う
- スモールステップでの解決を重視すること。何か大きな洞察や展開を狙うのではなく，着実に一段一段上っていくことを大切にすること
- クライエントとのコミュニケーションにおいて質問を多用すること。質問を通じてクライエント自身の気づきやソリューションを引き出す

こと
- クライエントとセラピストはチームを組み，協同作業的にセラピーを進めていくこと
- 日常生活で取り組める課題を設定し，それを「実験」という位置づけで試してもらうこと
- さまざまな要因の関連性を具体的にみていき，問題や解決を循環的にとらえていくこと

　このように挙げてみると，思いの他，共通点が多いことに気づきました。密室でセラピストとクライエントの間に濃厚な二者関係を作り，その関係性を転移・逆転移で解釈していくといった精神分析的アプローチとは真逆の，具体的で，オープンで，クライエントの日常生活を舞台にしたセラピーを展開するのが，SFBTでありCBTであるのだな，と思います。だからこそ筆者は，黒沢先生の事例を違和感なく「素晴らしいなあ」と思いながら読むことができたのでしょう。

事例からみえるSFBTとCBTの相違点

　一方で，事例で示されたようなSFBTのあり方と，筆者の実践するCBTのあり方に，大きな相違点があることは間違いありません。それを以下にまとめてみます。
- SFBTは，クライエントの健康な部分をさっさと引き出し，さまざまな仕掛けを通じて，伸ばしていく。セラピーの始め方と終わり方もさっさとしている
- CBTは，クライエントの抱える問題をしつこく分析し，問題やそのような問題を抱える自分についての気づきや理解を深める。セラピーの始め方と終わり方もしつこい

　このようにまとめてみると，つまるところ両者における「解決志向」と「問題志向」の違い，ということになるのがよくわかります。

　他にも，SFBTは口頭のやりとりを重視する聴覚的なセラピー，CBTは情報をツールに書き出し，整理していく視覚的なセラピーという違いも大きいかもしれません。また，事例を読んで非常に興味深く感じたのは，「ホームワークの扱い」でした。黒沢先生は「考察」において，「SFBTの場合，課題（提案）は『お土産』であるため，クライエントから提案されない限

り，セラピストから前回の面接での提案が実行されたかどうかは確認しません」とお書きになっています。CBTは正反対です。課題（ホームワーク）はCBTのスキルを日常生活で学ぶ重要な機会なので，設定したホームワークの実施状況は次のセッションで必ず確認しますし，実施できなかった場合はその要因を突き止め，実施できそうなホームワークをいかにして設定するか，いかにしてホームワークを忘れずに実施するか，ということを一緒に話し合います。「お土産」どころか「メインの課題」としてホームワークをとらえるのです。しかしこの違いも，SFBTは「さっさと」しており，CBTは「しつこい」という先述の主たる違いに吸収されることかもしれません。こうやってまとめてみると，SFBTは颯爽としており，非常に軽やかです。

おわりに──セラピーが多様であることの重要性

　以上，簡単ではありますが，黒沢先生の事例に感嘆しつつ，SFBTとCBTの共通点と相違点についてまとめてみました。言うまでもなくこの世にはさまざまな人がいて，さまざまな人生を歩みます。日々の体験もさまざまで，抱える問題もさまざまであれば，それに対する解決策にもさまざまなものがあるでしょう。ということは，そういったさまざまな人間のさまざまな営みに援助的にかかわるサイコセラピーもさまざまなものである必要があるでしょう。大局的にとらえたら（たとえば精神分析的なアプローチなどと比べると），SFBTやCBTはおそらく非常に似通った「きょうだい」のようなアプローチにみえるかもしれません。しかしこうやって比べてみると，そこには共通点のみならず，大きな相違点があることがわかります。そういった共通点や相違点を示したうえで，ユーザーであるクライエント自身が，自分がどのセラピーを受けるのか選べるようになる，そういう時代がくるといいなあと思います。

Ⅲ 事例

1. 解決志向ブリーフセラピーリコメント

黒沢幸子

はじめに

　伊藤絵美先生については，認知療法的CBTの気鋭の臨床家として，臨床と基礎的な研究の双方を重視し，その循環をモットーにした取り組みを真摯に行われていること，また専門家の研鑽，後進の育成に精力的な活動を展開されていることなど，そのご姿勢とご活躍に日ごろから敬意を表しておりました。そのような伊藤先生から，筆者の事例に対するコメントをいただけたことは，たいへんに楽しみなことであり，またクライエントへのよりよいサービスについて，さらに考えを深める刺激を与えていただきました。改めて感謝いたします。

クライエントに内在する力への全幅の信頼

　筆者もSFBTとCBTには多くの共通点があり，それらは，まさに伊藤先生が指摘されているとおりのことと感じます。SFBTとCBTはともに「具体的で，オープンで，クライエントの日常生活を舞台にしたセラピーを展開する」特徴をもち，両者は「きょうだい」のような関係であるという伊藤先生の言葉に筆者も同感です。また，両者の共通点として挙げられている「質問を多用する」「クライエントとセラピストは協同作業を進めるチーム」「ス

モールステップ（小さな変化）を重視する」などは，SFBTがその特徴として非常によく言及することです。

さらに，筆者にとって，両者の共通点として挙げられたことで，CBTもそうなんだなと改めてその基本姿勢に共感したのは，「クライエント自身のもつ回復力，問題解決力に対して全幅の信頼を置くこと。セラピストはそのようなクライエントに内在する力を引き出す役割を担う」という点です。CBTは，アナログ研究や実験的な研究で明らかになったことがモデル化され，どのクライエントにも一般化して（外側から）教えるといった専門家中心主義的なイメージが抱かれがちであったようにも思います。「CBTは心理教育に始まり，心理教育に終わる」といった形容も，このようなイメージでとらえられてしまうことがあるかもしれません。

SFBTでは，セラピストにおける「Not knowing（知らない）の姿勢」（Anderson & Goolishian, 1992）が重視されます。セラピストが自分の思考の枠組みをもって，クライエントの経験や行動の意味とその重要性を知っているかのような前提でセラピーを進める姿勢を，強く戒めます。そこでは，クライエントに純粋な強い好奇心をもって質問し，クライエントに内在する力を引き出し，それを知りえたことに感動をもって臨んでいく協働の（コラボレイティヴな）姿勢が重視されています。

筆者にとっては，「クライエントに内在する力への全幅の信頼」という本質的な姿勢がセラピーにおいて重要なことであり，それが共通しているのであれば，SFBTとCBTのアプローチスタイルの違いは，クライエントへのよりよいサービスのための，技法のバリエーションの広がりとしてとらえられるように思えます。

「さっさと」と「しつこい」セラピー

しかし，SFBTとCBTのアプローチスタイルの違いをしっかりととらえておくことは，クライエントへのよりよいサービスのために重要なことでもあるでしょう。伊藤先生のその相違点についてのご指摘はどれも見事なものと思いました。

たとえば「ホームワークの違い」についてですが，これはCBTが考える以上に，SFBTではさらに小さなゴール（目標）を提示し，そのために役立

ちかつ絶対失敗しない（かつ，達成する意味がある）ものを提案するよう目指しているためだと思います。セラピーがブリーフに終わるためには，クライエントがこちらが想定したゴールを越えて自分でいろいろなことをしてくることが大切だと考えているわけです。だからホームワークではなく提案であり，「お土産」に過ぎないのです。いつもセラピストが専門家としての判断をして（一歩先を歩んで），次はこれ，次はこれとホームワークの指示や確認をするような役割をとってしまうと，セラピーはブリーフには終わりにくくなると認識されています。

　伊藤先生の言葉をお借りすれば，SFBTは「しつこい」より「さっさと」できたほうが一般的にいいだろうと思っているわけですが，でも，「しつこい」ことが必要なこともあります。実は，筆者はセラピストの仲間内では，SFBTの「しつこい」展開に定評があります。クライエントの「例外」や「リソース」，「解決に向けての可能性」について，丁寧に粘り強く，信じて諦めない姿勢で展開していくことが，筆者の臨床の根幹でもあります。

基本技術の伝達可能性

　SFBTは，CBTと異なり「解決のためにはそもそも問題の理解が必要」とは考えません。SFBTでは，「問題」へのアプローチ（あるいは「問題」自体）がなくとも，「解決」を手に入れられます。ですから「問題」がない場面，「問題」が表明さない場面，「問題」を認めない場面にも，SFBTは通用しやすく，コミュニティアプローチにもフィットします。セラピーが主たる目的ではないコミュニティ場面（学校，産業，福祉の領域など）への汎用性が高いこともSFBTの特徴として挙げられるでしょう。

　SFBTの開発者のスティーブ・ディ・シェイザーは，SFBTのモデルでは「科学的・実証的」であることよりも，セラピストが解決を発展させるために有用な基本技術の「伝達可能性（transferability）」(de Shazer, 1988)（人々が学べるようにすること）を重視していると述べています。

　たとえば，パフォーマー（ミュージシャン，スポーツ選手など）は，基本技術（サックス奏者なら楽器の音を出す技術／野球選手なら走る・打つ・投げる技術）を習得し，完璧にそれをコントロールすることなくしてはやれません。基本技術のない素人がサックスに息を吹き込んでも雑音しか出ないで

しょう。セラピストも同じです。パフォーマー（専門家）は，今までの努力の中からどの技術が最も密接に関連しているかを「自然に／自発的に」決定してうまくやっているわけです。見事なパフォーマンスは必ず基本技術の上に成り立っています。SFBTは，解決を発展させるためのセラピストの基本技術を人々が学べるように記述することに力を注いだモデルだとスティーブは説明しています（de Shazer & White, 1993）。

　クライエントによいサービスを行ううえで，「解決志向」はシンプルで汎用性の高い基本技術であり，「問題志向」のさまざまなモデルはより個別性の高い問題への専門性の高い複雑な技術であるという見方がありますが（宮田，1994），筆者もそう考えています。セラピストがSFBT以外のモデルを学ぶこと，「問題」への適切なアプローチを身につけることも大切だと考えますし，伊藤先生が示されたように，各セラピーの共通点・相違点に基づき，クライエント自身がセラピーを選べることが望ましいと切に思います。

　筆者の立場からは，SFBTの基本技術はセラピストとクライエント双方にとって有用なものであり，その力と可能性は大きいと思っています。SFBTは，コミュニティ援助への適用においても，また，今まで「問題志向」の専門技術でセラピーが行われてきた少なからぬ事例においても，クライエントのニーズに見合った良質でリーズナブルなサービスを効果的・効率的なかたちで提供できるだろうと考えています。

〔引用文献〕

Anderson, H., & Goolishian, H.A.（1992）The client is the expert. A not-knowing approach to therapy. In S. McNamee & K.J. Gergen (eds), *Therapy as social construction*. London: Sage, pp.25-39.

de Shazer, S.（1988）*Clues: Investigating solutions in brief therapy*. New York: Norton.

de Shazer, S., & White, M.（1993）New directions in family therapy. In S. Gilligan & R.E. Price (eds), *Therapeutic conversation*. New York: Norton.（森俊夫・瀬戸屋雄太郎訳（2002）「家族療法の新しい方向性」『現代思想』30(4), 84-112）

宮田敬一（1994）「ブリーフセラピーの発展」宮田敬一編『ブリーフセラピー入門』金剛出版，pp.11-25.

Ⅲ 事例

2．エリクソニアン・アプローチ事例

津川秀夫

はじめに

　ミルトン・エリクソン（Milton H. Erickson: 1901-1980）は，クライエント一人ひとりの独自性を踏まえ，そのニーズに合わせて柔軟に心理療法を進めることを大切にしていました。セラピストの考え方をクライエントに押しつけるのではなく，クライエントの世界にまずセラピストが合わせ，それから方向づける，利用（utilization）という治療姿勢を重視していたのです。エリクソンのセラピーの特徴としては，病理ではなくリソースに注目すること，過去よりも現在や未来に焦点づけること，そして，洞察よりも行動の変化を志向することなどが代表的なものとして挙げられます。

　エリクソニアン・アプローチは，不世出の臨床家エリクソンの影響を受けて発展した心理療法の総称です。MRIや解決志向というブリーフセラピーの代表的学派も，彼の視座や技法の影響を色濃く受けているため，エリクソニアンの一つとして数えられます。そのようなとらえ方とは反対に，エリクソニアンをブリーフセラピーの一つの学派として位置づけることもあります（宮田，1994）。この場合のエリクソニアンとは，米国のミルトン・H・エリクソン財団に代表される「狭義」のアプローチを指します。それは，エリクソンの臨床をトランスの利用を含め比較的忠実に踏襲する立場といえるでしょう。

ここでは，狭義のエリクソニアン・アプローチを用いて，スクールカウンセリングにおいて不登校傾向の高校生にかかわった事例を呈示します。面接経過の中に，問題パターンの見立てやリソースの活用など，エリクソニアンの特徴をみることができるでしょう。

事例の概要

【年齢・性別・学年】 G君・高校１年生（16歳）・男子。
【主訴】 やる気が出ずに学校に行けない。
【来室の経緯】 家族構成は，父母，G君，妹の４人家族。G君は中学３年生の時，本屋で3000円相当の本を万引きしました。警察に通報され，学校にも連絡されました。保護者も付き添って本屋に謝罪し，学校で指導を受けたことで，一応の区切りがつきました。しかし，本屋に居合わせた友人が学校で万引きの件をしゃべったため，多くの生徒が知るところになりました。
　成績のよかったG君は，県内でも有数の進学校に入学しました。高校では，中学時代のことを知る人が少なかったため，G君は平穏に過ごせていました。しかし，６月の終わり頃，クラスの友人に「おまえ，中学の時，万引きしたんだって」と話しかけられました。その友人は部活動の練習試合で他校に行き，そこで万引きの件を聞いたようです。その時にG君は「もう終わりだ」と感じて頭が真っ白になり，翌日は欠席しました。その友人から万引きの件を聞かれたのは一度だけで，それ以降はその友人からも他の誰からも言われたことはありません。しかし，「また噂になったらどうしよう」「なんで万引きなんてしてしまったのか」と思い悩む日が続き，次第に朝起きられなくなっていきました。７月は断続的に８日間休み，９月は始業式の翌日から欠席が続きました。母親に車で送ってもらって登校しようとしたこともありましたが，身体を動かそうとしてもどうにも動かなかったそうです。９月10日に担任の先生から放課後に呼び出されて事情を聞かれ，それから１週間は登校できました。しかし，その後は再び休み始めました。
　G君は，担任の勧めで放課後にカウンセリングを受けにきました。この日は，G君にとって約２週間ぶりの登校でした。

面接経過

♯1　10月4日

　G君は中肉中背の真面目そうな生徒です。少しおどおどした感じで「担任の先生から聞いていますか？」と尋ねてきました。スクールカウンセラー（SC）は，学校を休みがちということ以外聞いていない旨を伝えると，これまでの経緯について話し始めました。言いにくい出来事についてしっかり説明できていたことを称賛すると，はにかんだような笑顔になりました。
　〈2週間ぐらい休んでいたそうだけれど，これからはどうなるといい？〉「やっぱり普通に学校に行けるようになりたいです。やってしまったのはもう取り返しがつかないから，何言われても気にしないようにして」〈そうすると，ここでは普通に学校に行けることを目指していけばいいね（G君うなずく）。そういえば，そういう日があったよね。9月に1週間くらい。これは普段と何が違ったの？〉「先生に相談したから」〈うん，担任の先生に相談したね。それが大きかったのかな〉「話を聞いてもらったし，それに先生は"何か言われたら言いに来い。俺が守ってやる"って言ってくれて」〈"俺が守ってやる"か。それはグッとくるね〉「はい。すごいうれしくて。万引きなんかしたのに，味方になってくれる人がいるんだと思って……（G君涙ぐむ）」
　G君が一番困っているのは，やる気が起きずに身体が動かなくなることでした。「なんで万引きなんてしてしまったのか」「また人から言われたらどうしよう」などとベッドの上や机の前でボーっと考えていることが多く，気づくと2〜3時間経っていることもよくあるそうです。そして，最後のほうは「もう俺なんかダメだ」「もう終わりだ」という投げやりな気持ちになって，登校どころか何もする気になれず，食欲もわかないとのことでした。
　〈そこから今日はやっていこうか。今は相談室のソファにこうやって座って，腰や背中が背もたれに触れているね。その感触に注意を向けると，自分の部屋のベッドや椅子はどんな感じだったか，何となくでも思い出すこともできる。柔らかさとか硬さとかは身体が覚えているものだから。そうすると，自分の部屋の椅子に腰かけていたり，ベッドの上で横になっていたりする時の気分も自然によみがえってくるかもしれない。そういう時のG君は周

りからみるとボーっとしているようだけれど，頭は忙しく回っていて"また噂されたらどうしよう"とか"なんであんなことしてしまったんだ"って，考えているんだったね〉「はい，そういう声がぐるぐる回っています」〈ぐるぐる回る。そうだよね。その声は自分の声？　それとも誰かから言われているような感じ？〉「自分の声です。何やってるんだという自分を責めているような」〈そう，そんな感じで教えてくれると助かるよ。毎日何時間もやっているだけあって，さすがによくわかっている（G君笑う）〉。

〈自分を責めるような声，それも無理もないと思う。責めてしまうのもそれだけ理由があるし，不安になるのもそれだけ理由があるもの。だから，そういう声を嫌ったりしないで，今は優しい気持ちでそのまま心の中の声に耳を傾けていてほしい。そう，もう目を開けておかなくていい。軽く，そうだね（G君目を閉じる）。そうすると，自然に注意が内側に向いて，心の中の声にもっと気づくことができる。自分を責める声，中学時代のことを後悔する声，これからのことを不安に思う声。そういう声がどうしても目立ってしまうけれど，別の声もちゃんとある。よーく聞いてみる。どんな声か，誰の声か。G君にとってとても大切な声。……それはG君を守る声，担任の先生の声だ。"何か言われたら言いに来い。俺が守ってやる"その声に気持ちをしっかり向ける。"俺に言いに来い，俺が守ってやる"というあの声。その言葉をしっかりつかむ。先生の気持ちもしっかり受けとめる（G君うなずく）。そうすると，自分の中にさっきまでとは違った感じが湧いてきたり，自分に味方がいるという気持ちが強くなってきたりするかもしれない。うん，ちゃんと聞こえてきたみたいだね〉「はい」〈どんな感じ？〉「……これで大丈夫だっていう感じ」

続いて，担任の先生の言葉を十分に味わわせてから，〈不安や後悔などの声が強くなればなるほど，この感じに戻ってこられる〉と伝えて一連の手続きを終えました。感想を求めると，先生のタバコの匂いがしたことや母親の「心配しなくても大丈夫」という言葉を思い出したと語っていました。

今後の登校ペースについて尋ねると，G君は「朝から学校来ます」と答えていました。SCはその決意については称賛しましたが，〈最低限のところを決めておこう〉と伝えました。そして，欠席した時も2日に1回は放課後に登校して担任の先生に会うことにしました。さらに，このあと，カウンセリングを受けたことを担任に報告へ行くよう提案し，SCは内線電話でその旨

を担任の先生に連絡しました。

#2　10月18日

　前回とは異なり，G君は明るい表情で来室しました。この2週間の登校状況は良好で，放課後登校を1回，午後からの登校を1回した以外は，すべて朝から登校していました。予想以上の改善ぶりにSCが目を丸くすると，G君はニコニコして，登校していても2日に1回は担任に報告へ行き，養護の先生とも話すようになったと語っていました。また，クラスでは最初は緊張していましたが，友だちとも少しずつ話せるようになったとのことです。

　遅れて学校に行った日はいずれも月曜日でした。それは「土日の間にいろいろ考える時間があるので，不安が強くなってしまう」からだそうです。それを受けてSCは「さすがに頭いいな。もうわかっている」と感慨深げに言うと，不思議そうな顔をしていました。

　〈朝から登校できた日のことを教えて。どうやったから学校に行けたの？〉「いろいろ考えるとキツくなるから，担任の先生や養護の先生と話したことを思い出したり，仲のいい友だちと一緒に帰ったことを考えたりしていました」〈やっぱりもうわかっている。たいしたもんだ〉「何がですか」〈自分の心の扱い方。これがもうわかっているから，すごいと思ったんだよ〉「いや，わかってないですよ」〈そう？　わかっていると思うよ。わかったってことがわかってないかもしれないけれど〉

　そして，〈ちょっと変わったことするね〉と前置きをして，次のようにSCは話し始めました。

　〈『広辞苑』っていう分厚い辞典，知っている？　厚さが10センチもあるごつい辞典。ここに持ってきたのは結構古いやつ（実際には何もない）。ちょっとざらざらしていて，ほこりっぽい匂いがする。それで，こうやって胸の前に両手を出してもらっていい？　手のひらを上にして，そうだね（G君両手を出す）。『広辞苑』は両手で持っても重いけれど，君には片手で支えてもらう。よし，乗っけるよ。落とさないように持っていてね（G君の右手に置く）。結構ずっしりくるでしょ。今は耐えられても，だんだん重さで腕がプルプル震えてくるから。次は小学館の『ランダムハウス英和大辞典』。これは私が愛用しているやつ。収録語数がすごいんだよ。だから，こいつもかなり重い。はい（G君の右手に置く）。ズーンときたね。その次はね……〉「ま

だあるんですか？」〈うん，次は研究社の『英和大辞典』（笑）。……（G君の右手が20cmくらい下がっている）……あっ，もういいみたいだ。そのまま首だけ動かして右手見てごらん。どうなっている？〉「えっ，何ですか，これ」〈何だろうね。自分で下げたの？〉「いえ，何もしていません」

　それから，手に乗せた辞典を取り除き，腕のストレッチをさせました。

　〈こういうことだと思うんだけれど，わかった？〉「……何となく」〈手のひらの上には何もないんだけれど，たしかにあったでしょ？〉「はい。ないといえばないのかもしれないけれど，何かこう変な感じがあって」〈そうなんだよね。分厚い辞典があると思って，重い，重いと思い込んでいると，手が下がってきた。だから？〉「はい，自分がやっていたのと同じです」〈やっぱりよくわかっている〉

　その後は，前回と同様の手続きで，土日の不安感を再現し，それから安心感に至るプロセスを辿りました。トランスにおいて，担任の先生の声だけでなく養護の先生や友だちの声をG君は聞きました。また，この2週間で経験した学校生活の充実感を味わいました。そうすることで「いろいろな人に支えられている」という感じがして「元気が出てきた」とのことでした。

　〈こんなふうに"支えられている"感じが広がってくると，これまでとどんなところが違ってくる？〉「気持ちよく学校に行ける」〈いいね。"気持ちよく"っていうのをもう少し教えて〉「学校に行く準備がサッとできると思います。今はダラダラしていて，月曜日は教科書も鞄に入れていませんでした」〈支えられている感じがしっかりしてくると，登校の準備もサッとできてしまう〉「はい」

　〈他には，何が変わってくるだろう。たとえば，学校に行ってからは〉「えーと，本を読まなくなるかな」〈うん？〉「やっぱりいろいろ気になってしまうので，休み時間は本を読んでいることが多いです。友だちと話さないで済むし」〈なるほど。じゃあ，休み時間に本を読まなくなると，その代わりに何しているの〉「どうしているだろう。友だちと話しているかな。いや，話してないかもしれないけれど，友だちの近くにいると思います」

　このような話のあと，実際にできそうなことを尋ねました。すると，学校の支度を前夜のうちに済ませること，そして，休み時間は話さなくてもよいから友だちの近くにいること，を挙げていました。自分に必要なことを理解している点を称賛し，それらを実際にやってみるように伝えました。

フォローアップ(#3〜6)

2週間後もG君の登校状況は良好で,欠席や遅刻がありませんでした。この間の学校生活の報告を受けるとともに,「万引きの件を人から言われた場合」を想定して対処法について話し合いました。事実をシンプルに伝えるものから,「時期が来たら話す」と先送りするもの,さらには,遠くを見ながら「若い時には俺も"やんちゃ"をしたよ」と回想するものなど,お互いアイデアを出し合って盛りあがりました。それ以後は,学年末まで1ヵ月に一度の割合で面接し,学校生活や将来の進路について話しました。

考 察

問題とリソースの見立て

エリクソンは,こう語ります。「心因性であれ器質性であれ,問題は何らかのパターンを辿ります。とりわけ心因性の障害においてはそれが当てはまります。このパターンを崩すことが最も効果的な治療手段となります」(Rossi, 1980)。

この言葉にあるように,エリクソンはセラピーの中で人の「固さ」つまり「パターン」をよく取り上げました。望ましい選択肢があるにもかかわらず,賢明とはいえない行動を毎回繰り返して,ため息をついている人は少なくありません。硬直したパターンは,その人の備えているリソースの発現を阻み,柔軟性を欠いた不自由な生活に導きます。

問題や症状は特定のパターンに支えられています。そのパターンをとらえるためには,これが起きて,その次にそうなって,続いてああなる……というように対人間・個人内の相互作用の連鎖を追いかけていきます。一つひとつの事象の区切り方は任意ですが,そこに解釈や意味づけをできるだけ入れずに相互作用を観察します。そうすることで,何度も繰り返されるパターンが明らかになってきます。

この事例では,不登校行動を支えるパターンがかなりはっきりと表れています。万引きの件を後悔したり人に知られないか心配したりするうちに,やる気がなくなってきて学校を休み,欠席したことによってまた後悔や不安が強まるという悪循環のパターンです。すなわち,「不安や後悔→やる気の低下→欠席→不安や後悔……」という連鎖を描き出せます。

G君は1日に何時間も不安や後悔の念に耽っています。「なんであんなことしてしまったんだ」「また噂になるのではないか」というネガティブな暗示を一日中自分にかけ続けているといっていいでしょう。これでは登校意欲が減退し，朝起きられなくなるのも無理はありません。近年，反芻（rumination）がうつ病の発症や維持に関係していることが明らかにされていますが（e.g. Nolen-Hoeksema, 2000），G君の不登校は反芻により支えられていると理解できます。ただし，反芻モデルという枠組みが先にあり，それに照らし合わせてクライエントを理解するのではないことは強調しておきたいところです。理論や枠組みがあれば，それに無理に合わせ，その人独自の反応を見逃してしまうこともあるでしょう。価値判断を脇において，見たことを見たままに，聞いたことを聞いたままにするのが観察のポイントです（津川, 2012）。

　リソースについても，相互作用の連鎖を辿ってそのパターンをとらえていきます。この事例では，担任の先生に会った翌日から1週間登校したという例外（exceptions）（de Shazer, 1988）が注目されました。その間，学校の中で担任の先生から特別なかかわりがあったわけではありません。登校行動を支えたのは，実際のやりとりではなく，G君の記憶の中の先生の声でした。「俺が守ってやる」という声を思い起こすたびに，G君は元気が出てきて登校することができたのです。すなわち，「先生の声→やる気→登校」というパターンが認められます。しかし，残念ながら1週間後には，その声は不安や後悔の声に飲み込まれてしまいました。このことから，リソースの真価を発揮させるためには，放っておくのではなく何らかの治療的関与が必要であることがわかります。

トランスワーク

　G君は，万引きが人に知られることを怖れていましたが，実際には噂になって困るような状況はありませんでした。つまり，問題は，G君の中の思考や感情にあって，他者とのやりとりの中にはありません。このように問題の所在が同定できたので，個人内の相互作用に焦点を当てていきました。

　♯1では，G君の中でぐるぐる回っている声に没入させるところからトランスでの作業を始めました。問題や症状はトランス現象と類似しているため（Gilligan, 1987），問題に没入させることで容易にトランスが引き起こせます。

G君の場合も，閉眼させて心の中の声に注意を向けさせると，すぐに身体の動きは止まり表情が平板化するなど，トランスにあることを示す特徴がいくつか現れました。

しかし，トランスに誘導できればそれでよいのではなく，変化につながる体験を喚起することが介入の狙いです。そこで，問題の連鎖を辿りながら，それを途中から変えていきました。不安や後悔の声に加えて，「俺が守ってやる」という担任の先生の声が聞こえてくることを伝えました。そして，その声から得られた安心感に十分に浸る体験を提供しました。

♯2においても同様の介入をしました。週末に感じた不安に没入させ，それから安心感に至るプロセスを辿りました。この回までの2週間の学校生活がリソースとして喚起されたこともあり，その体験はとても印象的だったようです。

以上をまとめると，「不安や後悔→やる気の低下→欠席」という問題の連鎖から，「不安や後悔→先生の声→安心感」という好ましい連鎖に導いたといえるでしょう。Zeig（1994）は，症状の連鎖を用いたトランス誘導を提唱していますが，この介入はそれをよりシンプルにしたものです。なお，本邦におけるエリクソニアンのトランスの応用例に関しては，津川（2000；2006）を参照してください。

♯2では，それ以外に暗示の影響についてもちょっとした実験を行っています。それは，手の上に辞典があると思うと腕がだんだん下がるというもので，観念運動（ideo-motor）として知られる現象です。思い込みがどのような影響を与えるか，体験を通して間接的に理解を促したといえるでしょう。

変化の拡大

エリクソニアン・アプローチでは，「面接室の中」でのかかわりだけでなく，「面接室の外」でのセラピーも重視されます（Zeig & Munion, 1999）。トランスで特定の体験を喚起した場合も，その体験を面接室の外の世界につなげ，変化をさらに広げていくことが求められます。

♯1では，トランスの中で担任の先生の言葉に焦点を当てました。その体験を受けて，担任との接点を実際の生活の中でも増やすことを試みました。すでに放課後登校はできていることを踏まえ，欠席した時でも2日に1日は放課後に登校して担任に会うよう提案しました。さらに，カウンセリングの

あとで担任と話すよう指示しました。このように，トランス体験を担任の先生に会うという行動課題につなげることで，登校行動の改善を図ろうとしています。

♯2では，トランスでの作業のあとにこう問いかけました。〈こんなふうに"支えられている"感じが広がってくると，これまでとどんなところが違ってくる？〉。これは解決後のビジョンや手がかりを得るために，解決志向ブリーフセラピーで多用される質問です。このやりとりによって，学校の支度を前夜に済ませること，そして，休み時間に友だちの近くにいること，という具体的な行動の手がかりをG君は得ることができました。

トランスの中で何らかの体験を喚起しても，それをそのままにしていては変化や改善はなかなか広がっていきません。この事例にあるように，トランスで得た小さな変化を面接室の外のリソースにつなげ，さらなる変化に導くことが重要だと考えられます。

まとめに代えて

本章では，不登校傾向の高校生に対して，エリクソニアン・アプローチを用いた事例を報告しました。ブリーフセラピーになじみのない読者に伝わるように，アセスメントの視座や介入の意図についてできるだけわかりやすく書いてみました。

本事例の特徴として，問題パターンに着目し，それを崩すためにリソースを喚起したことを挙げられるかもしれません。問題を支える否定的な暗示を封じたり修正したりするのではなく，すでにもっている好ましい暗示を活用できるように導いていきました。

そのかかわりは問題を支える反芻への介入ですから，この事例は主に認知を扱ったセラピーということになるのでしょうか。CBTの実践家の目に本事例はどう映るのでしょう。これからどのようなやりとりができるのか楽しみです。

〔引用文献〕
de Shazer, S. (1988) *Clues: investigating solutions in brief therapy.* New York: Norton.
Gilligan, S. (1987) *Therapeutic trances: the cooperation principle in Ericksonian*

hypnotherapy. New York: Brunner/Mazel.

宮田敬一編（1994）『ブリーフセラピー入門』金剛出版

Nolen-Hoeksema, S.（2000）The role of rumination in depressive disorders and mixed anxiety/depressive symptoms. *Journal of Abnormal Psychology*, 109(3), 504-511.

Rossi, E.L.（1980）*The collected papers of Milton H. Erickson, M.D.* Vol.4. New York: Irvington.

津川秀夫（2000）「治療メタファーとしての遊び：エリクソン派遊戯療法」『ブリーフサイコセラピー研究』9, 18-38.

津川秀夫（2006）「ラベリングをこえて：高機能自閉症児への支援を通して」『ブリーフサイコセラピー研究』15(2), 126-137.

津川秀夫（2012）「観察／合わせとずらし／リソース」『臨床心理学』12(4), 596-598.

Zeig, J.K.（1994）Advanced techniques of utilization: an intervention metamodel and the use of sequences, symptom words, and figures of speech. In *Ericksonian methods: the essence of the story*. New York: Brunner/Mazel, pp.295-314.

Zeig, J.K., & Munion, W.M.（1999）*Milton H. Erickson*. London: Sage.（中野善行・虫明修訳（2003）『ミルトン・エリクソン：その生涯と治療技法』金剛出版）

Ⅲ 事例

2．エリクソニアン・アプローチ
事例へのコメント

嶋田洋徳

　冒頭の津川先生のエリクソニアン・アプローチの考え方や特徴に関する論考を拝読し，CBTの考え方とかなり似ているな，というのが私の第一印象でした（利用という治療姿勢，リソースの利用，未来への志向性，行動の変化の志向性など）。特に，セラピストの考え方をクライエントに押しつけるという理解（たとえば，「認知の歪み」を歪みがないように修正しなさいと勧めること）は，CBTがしばしば誤解される点でもあります。心理療法においては，クライエントのニーズに合わせて柔軟に進めることが重要であることはたびたび指摘されることですが，場当たり的な「ケース・バイ・ケース」にならないようにするためには，やはりその背景は，しっかりとした見立てやアセスメントに裏づけられている必要があると考えられます。
　この点に関して，CBTにおいては，ケースフォーミュレーション（事例の定式化，公式化）と表現される考え方が基本とされており，どのような事例であっても，まずはこの考え方に照らし合わせてみて，事例に関するさまざまな複雑な情報を整理することを試みます。このケースフォーミュレーションは，セラピストに事例の「整理の枠組み」を与えてくれますが，これを用いることと画一的な心理療法の手続きが施されるということとは同義ではありません。当然のことながら，具体的に用いられる手続きは，クライエントの状態像や生活環境のあり方に合わせていくことになります。
　CBTのケースフォーミュレーションの詳細はここでは割愛しますが，最も肝要な点は，当該の問題の発症・発現要因よりも，問題とされる特定の行

動や認知が，どのような（強化）随伴性によって維持されているのかを整理，理解することにあります。G君の事例では，不登校状態が発現した原因の理解を踏まえながらも，不登校状態を維持しているメカニズムのほうに着目していくことになります。この随伴性の理解の際には，A（Antecedent：先行状況），B（Behavior：行動），C（Consequence：結果）の連鎖を記述します（三項随伴性）。すなわち，G君の事例では，不登校状態であること（B：実際には行動や認知）によって，どのような状況（A）の時に，どのような「G君にとっての望ましい環境（状況）の変化」がもたらされているのか（C）を理解することになります。そして，原則として特定の行動や認知（B）が維持されるためには，正の強化（快事態の出現）や負の強化（不快事態の消失）が必要であるという前提に立ち，不適応的な行動や認知を用いることで得ていた「望ましい環境の変化」を，別の行動や認知を用いることで得ることができれば，問題とされる不適応的な行動や認知が相対的に減少すると考えています。そこで，まずは，この「別の行動や認知」がクライエントの中にすでに備わっていないかどうかを丁寧に（さまざまなエピソードのレベルで）調べていくことになります。

　津川先生の面接経過の中では，G君が「1週間登校した例外」に「リソース」という観点から着目した手続きが，これに相当するとみなすことができるのではないかと思います。CBTにおいては，どのような環境で問題が生じたのか（不適応的な行動や認知の強化随伴性の理解），どのような環境では問題が生じなかったのか（適応的な行動や認知の強化随伴性の理解）を整理する中から，不適応的な行動や認知を，適応的な行動や認知に「置き換える」ことを考えています。さらに，結果として，置き換える先の「適応的な行動や認知」が見つからなければ，新しい行動や認知を本人のレパートリーとして獲得させながら，やはりそれらの行動や認知に置き換えることを目指すことになります（たとえば，ソーシャル〔社会的〕スキルトレーニング，認知的再体制化〔再構成〕，価値の明確化による目標設定など）。

　この点を踏まえれば，G君の「問題のパターンに着目して，それを崩すためにリソースを喚起した」という津川先生の表現は，まさに，CBTの「悪循環を良循環に置き換える」という手続きと非常に類似していて，私にもすんなりと理解できました。しかしながら，CBTは，一般に「悪循環を断ち切る」側面のみが方法論として強調されがちですが（ある意味，それはそれ

で誤りではありませんが），それがゆえに，否定的な暗示（ネガティブな認知）を封じたり，修正したりすることそのものが真のCBTの目的であるかのような誤解を受けることは，非常に残念に感じています。

G君の面接経過をみれば，少ないセッションの回数でこれだけの効果を見出せているということそのものは，誰もが容易に理解ができると思います。したがって，G君を対象とした心理療法としては，十分に成功していると結論づけることができると考えられます。そのことを大前提として，CBTの特徴との異同に関して考えてみたいと思います。

まず，CBTにおいては，先に述べたような「A–B–C」の随伴性を理解するために，当該の問題に関してセルフモニタリング技法を用いることが多くなります。モニタリングの技法は，紙に書いた表などに改めて記録としてまとめることもありますが，エピソードを丁寧に整理していくことでも把握することが可能です。たとえば，G君の事例（#1）では，「登校した例外」の理由として，「先生が味方になってくれた」エピソードが語られています。ここから推測されることは，学校場面における嫌悪事象（A：万引きのことを聞かれる）に対して生じた不安を，家にとどまること（B）によって，結果的に低減させていた（C）という（負の強化の）随伴性に対して，「先生が味方になってくれると考える」こと（B）も，不安を低減させる（C）機能を有している可能性が高いということです。すなわち，「先生が味方になってくれたことで元気が出てきたこと」が効果的であったのではなく，ともすると「先生が味方になってくれると知ったことで不安が低減したこと」が功を奏したとも理解できます。

CBTのセルフモニタリングの観点を踏まえると，ここではG君の視点から「先生が味方になってくれた経験」に随伴する結果（C）への着目が強調されます。そして，このような随伴性への感受性を高めることによって，自分が用いている行動や認知の機能を自分で確認できるようになることが期待できます。したがって，「担任教諭や養護教諭，仲のよい友だちなどのいろいろな人に支えられている」という認知をもつことが，G君にとっては「万引きのことを聞かれる」という嫌悪事象に対して生じる不安を低減できるということを俯瞰的に理解させること（メタ認知）が肝要になってくると考えられます。また，俯瞰的に理解ができると，他にもG君にとって同様の機能をもつ行動や認知を獲得しやすくなることも期待できるようになります。こ

こでいう「機能」の理解が,「リソースの真価を発揮」させ（適応的反応の維持）,「変化の拡大」をもたらす（適応的反応の般化）ともいえるかもしれません。

なお，CBTにおいては，認知的側面や行動的側面ばかりではなく，感情（情動）的側面も重要な役割を果たします。G君の面接で実施された「トランスワーク」は，CBTの「（イメージ）エクスポージャー」技法に相当すると考えられるようにも思います。負の強化による随伴性における「回避行動」の変容に対しては，回避の対象である不快な状態（感情的側面や身体的側面を含む）に曝露して，回避行動をとらずとも不快な状態の軽減や改善が図れることを再学習させること（随伴性の変化を体験させること）が肝要です。そのためには，嫌悪事象からもたらされる不快な状態を十分に体験させる（曝露する）必要があります。津川先生による「変化につながる体験の喚起」を狙った介入は，このようなエクスポージャーの手続きと同様の機能を有していたと再理解ができるようにも思われます。

また，G君の事例のトランスワークにおいても焦点が当てられている反芻は，津川先生が指摘するとおり，うつ病の発症や維持に関係しているという知見が数多くあります。CBTにおいては，この「ネガティブな反芻」の「内容」を取り上げて，ポジティブな内容に修正したり，反芻を止めさせようとしたりする試みが行われることがあります。しかしながら，ここで肝要なことは，やはり認知の「機能」に着目することです。すなわち，先に述べた随伴性の枠組みに従えば，どのような反芻をしている時は，どのような状況で（これまではできていた）どのようなことができなくなってしまっているのか，逆に反芻をしていても，どのようなことはできているのかを整理することが必要になってきます。そして，これらのことを反芻していない時と比較することによって，クライエント自身が，反芻の果たしている機能を俯瞰的に理解できるようになることが期待できます。

これらのことを踏まえると，「見たことを見たままに，聞いたことを聞いたままに」という津川先生のエリクソニアン・アプローチは，CBTの（強化）随伴性の丁寧な記述や理解と合致する部分が多いと考えられます。G君の事例では，たしかに「認知を扱ったセラピー」になるのかもしれませんが，新たな行動や認知（B）の使用（体験）を試みて，その結果「これまでとどんなところが違ってくる？」と質問を投げかけることは，まさに随伴性

の結果（C）に着目させていること（ある意味の「行動実験」）になっていると理解することもできるかもしれません。津川先生の見事な面接経過に目を見張るとともに，CBTとの共通点の多さを改めて感じさせていただきました。

Ⅲ　事例

2．エリクソニアン・アプローチ　リコメント

津川秀夫

　嶋田洋徳先生，コメントありがとうございました。
　自分の行ったセラピーが，馴染みのない概念や理論で語られるのは不思議な感じのするものです。以前にも，プレイセラピーの事例（津川，2000）が行動分析家によって翻訳されるという機会（大野，2006）を得たことがあります。自分の介入が学習理論で見事に説明されていくことへの驚きとともに，ずいぶん難しいことを考えながらこのセラピスト（自分のことですが……）は臨床をしているものだと感心したことを思い出します。そして，今回の嶋田先生のコメントから，ケースフォーミュレーションをそれなりにしていたことがわかりました。このリコメントでは，その点を中心に書いていきたいと思います。

隣の芝生は青く見える

　クライエントのG君は，中学生の時に本屋で万引きをしました。万引きの件を後悔したり，高校で噂になるふことを不安に思ったりしているうちに，やる気が失われ家に引きこもる状態が続いていました。この問題パターンの連鎖について，私は「不安や後悔→やる気の低下→欠席……」と記しました。
　問題状況をとらえる時，CBTでは，(A) 先行状況，(B) 行動，(C) 結果という連鎖を「三項随伴性」として記述するそうです。特定の行動が維持されるためには，正や負の強化が必要だという前提に立つので，(A) 万引き

について聞かれることへの不安を，(B) 家にとどまることによって，(C) 結果的に低減させていた，と理解するわけです。

　私のまとめた問題パターンと，三項随伴性として嶋田先生が記述されたものは，一見するとよく似ています。問題を固定したものでなく連鎖としてとらえる点は，両者ともに一致するところです。しかし，前者は事象の起きた順番に並べただけの素朴なものであるのに対し，後者は随伴性という理論のフィルターにかけて抽出されているのが異なる点でしょう。

　三項随伴性という視座は，問題を整理して記述するだけでなく，介入の指針も導き出すという優れものです。家にとどまる行動は，不安を低減させる機能があるわけですから，その行動を同じように不安を低減する機能をもつ，適応的な行動に置き換えればよいことがわかります。

　こんなふうに両者を眺めてみると，CBTの芝生は青く見え，こちらは手入れが行き届いていない芝生のように思えてきます。洗練されたモデルがうらやましくなってきますが，少し立ち止まってエリクソンの立ち位置を確認してみましょう。

三項随伴性を用いない理由

　エリクソンは，C. L. ハルをはじめ多くの行動系の臨床家と交流がありました。ですから，彼は学習理論についてひととおり理解していたことでしょう。しかし，随伴性の枠組みからセラピーを説明したことはありません。また，学習理論に限らず，特定の理論を支持したこともありませんでした。彼のアプローチをすっきりとした理論やモデルでまとめようとする者がいると，その例外を提示してクライエント一人ひとりの個別性を強調するのがエリクソンのやり方でした。

　エリクソンは，理論やモデルよりも，クライエントを観察して情報収集することを重視していました。丁寧に観察していくと，対人間および個人内の相互作用のパターンが明らかになってきます。硬直した問題パターンが維持されればされるほど，クライエントの生活は狭く貧しいものになっていきます。そのため，パターンを崩すことにエリクソンは最も力を注ぎました。

　堅固なパターンを崩すにはいろいろな方法が考えられます。「緩めなさい」と指示を出してクライエントが緩められたら，それでよいでしょう。直

接的な指示が入りにくければ，メタファーを用いて間接的に提示するのも一つのやり方です。固さを手放せないならば，あえてもっと硬直させて結果として緩むというパラドックスにもっていくこともあるでしょう。日々の生活のなかの緩んでいた瞬間を拾い上げれば，それは例外探しです。トランスのなかで緩む瞬間を体験させてしまうのも一つですし，何年後かの未来の自分に会って，緩め方を教わってくるのもよいでしょう。あるいは，場所を変えたり一緒にいる人を変えたり，スキップや歌を付け加えたりして，問題パターンをいろいろな条件で再現してみるのも面白いものです。ユーモアといたずら心をもって，凝っていたらほぐし，とどこおっていたら流し，力がぶつかっていたならいなす，というのがパターン介入のイメージです。

おそらく今述べた介入例についても，三項随伴性で説明できるのかもしれません。しかし，その逆になるとどうでしょうか。私は，強化や随伴性という枠組みがあらかじめ用意されていると，上記のような発想が自由に浮かんでこなくなるような気がします。理論やモデルはそれを用いる者の思考を拘束します。

こうやって考えてみると，理論化に慎重であるエリクソニアン・アプローチの強みが見えてきます。私たちの見立ての仕方は，観察を通してパターンをとらえるというシンプルで素朴なものです。しかし，その素朴さのおかげで，理論による拘束から自由でいられるのです。

アンコモンセラピーからコモンセラピーへ

エリクソンのアプローチは「アンコモンセラピー（uncommon therapy）」（Haley, 1973）と呼ばれました。「コモン（common）」は「普通の」「平凡の」という意味ですから，「アンコモンセラピー」は「非凡なセラピー」「変わったセラピー」を指すのでしょう。たしかに，不眠症の患者に一晩中床磨きを命じたり，妄想をマニラ封筒に入れさせたりする介入を普通とはいえないでしょう。また，過去や病理に焦点を当てず，洞察も必要としないという治療指針についても，精神分析の華やかなりし頃では変わったアプローチと思われて仕方ありません。

エリクソニアン・アプローチでは，リソースに焦点を当て，行動の変化を目指します。このようなセラピーの志向性は，CBTとも共通するところだ

そうです。そうすると，CBTもまた「アンコモンセラピー」の一つなのでしょうか。あるいは，エリクソニアンがもはや「アンコモン」ではなく「コモンセラピー（当たり前のセラピー）」になったのでしょうか。前者であれば，変わり者のお仲間を歓迎します。後者であれば，この領域に嬉しい変化が訪れたということですね。

〔引用文献〕

Haley, J.（1973）*Uncommon therapy: the psychiatric techniques of Milton H. Erickson, M. D.* New York: Norton.（高石昇・宮田敬一監訳（2001）『アンコモンセラピー：ミルトン・エリクソンのひらいた世界』二瓶社）

大野裕史（2006）「パブロフ派・スキナー派・バンデューラ派遊戯療法：一行動論者による津川（2000）の読解」『ブリーフサイコセラピー研究』15(1), 1-18.

津川秀夫（2000）「治療メタファーとしての遊び：エリクソン派遊戯療法」『ブリーフサイコセラピー研究』9, 18-38.

Ⅲ　事例

3. ナラティヴセラピー
事例

坂本真佐哉

はじめに

　近年，ナラティヴという語を冠する心理援助をよく目にするようになりましたが，ここで論述するのはオーストラリアのマイケル・ホワイト（White, M.）とニュージーランドのデイヴィッド・エプストン（Epston, D.）によって提唱されたナラティヴセラピーです。ナラティヴセラピーは，問題の原因をクライエント自身の内部に求めることをしません。「人は問題ではなく，問題だけを問題とする」という「外在化する会話」によって，問題に対抗するストーリーをクライエントとともに探索し，新たなストーリーをともに構成していくことを目指します。

　必ずしも短期であることや効果・効率を目に見えるかたちで求めることを目指すものではないので，ブリーフサイコセラピーの領域に位置づけることに異論のある方もおられるかもしれません。しかし，ナラティヴセラピーが家族療法の流れの中で発展してきたことと，問題に対抗するストーリーを紡ぐプロセスでクライエントの能力に光が当てられること，いわばリソース・オリエンテッドの心理援助であることから，わが国ではブリーフサイコセラピーの領域でも関心が寄せられ，発展してきた経緯があります。

　ここでは，主に外在化する会話を用いた事例を呈示し，CBTとの異同について論じる材料にできればと考えています。

事例の概要

以下，セラピストの言葉は〈　〉，クライエント母親の言葉は『　』，女子（Hさん）の言葉は「　」と表しました。

【年齢・性別・職業or学年】Hさん（高校1年生女子）とその母親（専業主婦）。

【主訴】Hさんの問題行動（学校を理由もなく早退する，学校の規則を守らない，友だちと街をうろつく）および，学校での教師とのトラブル。

【来室の経緯】
Hさんは元来，明るく元気で勉強も部活動も熱心に行い，『中学校の間は問題など微塵もなかった』そうですが，高校に入ってから先生との間で些細なことでトラブルが生じ，「やる気をなくした」そうです。その後，部活の先生との間でもトラブルが生じたことから退部となり，いわゆる勉強よりも遊ぶことの好きな友だちと行動をともにすることが多くなりました。服装や髪型に関して校則を破るようになると同時に，勉強への意欲もみられなくなったそうです。学校でのトラブルについて，Hさん本人は「自分たちだけが差別されている。他の子が同じことやっても注意されないのに，自分たちだけ注意される」と述べ，母親も『学校の先生の対応によってやる気をなくしているように思える』と述べました。また，母親はことあるごとに，『どうして勉強が必要かということ，ちゃんと授業を受け，進路について真面目に考えること，勝手な早退や遊び歩いたりするのはダメだということ』などを言い聞かせているそうですが，Hさんは「勉強なんかどうでもいいやん」と聞く耳をもたないとのことでした。困り果てた母親は，知人の紹介でカウンセリングを希望し，Hさんを伴って来室しました。

面接経過

♯1
梅雨時にHさんとその母親は訪れました。母親は，学校でのさまざまなトラブルや問題が生じると，Hさんにきつく言い聞かせ，「ちゃんとする」

と約束をさせるのですが，翌日には校則違反の色に髪を染めてしまうなど『反省の色が見られない』と述べました。

　母親が話している間，Hさんはふてくされたような態度を示していましたが，時々は母親の言うことを訂正したり，母親と視線を合わせる場面もみられ，その様子から親子関係はさほどこじれていない印象をセラピストは受けました。ただし，セラピストとはあまり視線を合わせず，問いかけにも乱暴ではないものの，ややぶっきらぼうに応じるのみでした。

　Hさんは，セラピストの〈どうなれたらいいかな？〉との質問には，仕方なくといったふうに「楽しく学校に行けたらそれでいい」と答えました。〈100点満点でたとえると，今の状態は？〉「20点くらい。まったくおもしろくない」〈休み時間は楽しいの？〉「先生が自分たちをいじめてくる。死ねや，って言い返したら学校で大問題になった。自分のグループの仲間以外とは話す気もしない。休み時間はその子らとしゃべれるから楽しい。中学の時は真面目にやっていたけど，今は勉強が嫌い。学校行くのもいやになる時がある。先生に目をつけられてから学校がおもしろくなくなった」

　セラピストがHさんに，〈おもしろくないのに学校行くのは大変だ〉と認める姿勢を示すと，母親が『とりあえず朝だけは普通に行くんですけど……。高校生になって欠席は2回だけなんです』と述べました。それに対して，セラピストは〈えっ，2回だけ？〉とやや大きめの声で反応すると，母親は『不登校ではないので』と苦笑しました。しかし，セラピストは〈すごいやん〉とHさんに向かってさらに大きな声を出しました。すると，Hさんの表情は少し照れたようにやわらぎ，セラピストには彼女が年齢相応の表情になったように見えました。

　Hさんはそれから「真面目な子だって少しは髪を染めたりしてるのに，ちっとも怒られない。私らだけ怒られる。目立つ子らだけ怒るのは不公平だと思う」などと立て続けに不満を述べ始めました。〈不公平がいやなんやね。正義感が強いんだね。不満がたまってくると，どんなふうにしてるの？〉と尋ねると，Hさんは「最初はキレてたけど，お母さんにキレたらいかん，と言われるんで我慢してる。他にも，ただのけんかだったのに自分たちだけ叱られて腹立ったこともあったけど，お父さんがあとで学校の先生と話し合うからって言うんで我慢した」などの我慢エピソードを語り，「その他，髪型でも叱られて，この前までは本当にいやで荒れてたけど，今はちゃんと授業

受けようかなと思い始めた」と述べました。
　セラピストより〈将来のために学校へ行って頑張ろうっていう気持ちと，どうでもいいやってやけっぱちになってしまう気持ちとがあるように思うけど，それぞれどのくらいの割合だろうか？〉と尋ねると「今は5：5かな。この前までは0：10だった」と答えました。〈やけっぱちは，どんなふうにHさんの気持ちに影響してくるの？〉と尋ねると，「学校へ行く気がなくなる」と答えたので，セラピストより〈やけっぱちのせいで学校に行く気をなくさせられる感じなのかな？〉と確認すると，それを認めました。さらに〈よく5：5までもってこれたね〉と言うと，「もう，先生のことはどうでもいいやと思えるようになってきた。今は親も友だちと遊ぶことを許してくれてるんで，あんまり学校を抜け出したりもしないし，街をうろついたりもしてない」と振り返りました。
　〈やけっぱちに負けなくなると，自分の目標に近づける感じかな？〉と尋ねると，Hさんはそれに同意し，近い将来に仲間と一緒に音楽をやってみたいと考えていることや，父親が最近キーボードを買ってくれ，応援してくれていることなどについて語り始めました。目標を持ち始めていることをやけっぱちに負けなくなっているところとしてセラピストが肯定的に評価すると，母親が目頭を押さえ始め，『最近は叱られてばかりで，褒められている娘を見るのは久しぶり』と語りました。
　〈前向きに切り替えていくのは難しいものだが，やけっぱちにやられっぱなしではなく，何とか前向きにやっていこうと頑張っていることが伝わってきました。それに，お父さん，お母さんもよく娘さんと話をしておられると思います。今後，やけっぱちに負けない方法をこれからこちらで一緒に考えていけたらと考えています。(Hさんに)やけっぱちに負けない自信はどのくらいでしょうか？〉と尋ねると，Hさんは「しんどい時は30％。しんどくない時は50％」と答えました。〈どうやって乗り切ることができる？〉「家で親に話を聞いてもらったらすっきりするから，何とかやっていけると思う。学校の悪口を友だち以外に言ったの初めてかも」と最後のほうは独り言のように話しました。
　〈では，やけっぱちに負けないように一緒に考えていきましょう。相手は手強いので，全勝は無理だとしても，30％から40％などと少しずつでも負けない自信がついてくるといいと考えています。いかがでしょうか？〉と面接

の継続をもちかけると，母子ともに同意しました。

　♯2　約1ヵ月後
　ほぼ1ヵ月後にHさんと母親は来談しました。母親は『娘は相変わらず髪の色を黒くはしていないし，毎日遊びほうけて，学校の先生ともまたトラブルがあったみたいです』と述べました。Hさんに話を聞くと，「もう学校はどうでもいい。先生がウザすぎる。自分も友だちも先生に目をつけられている。学校のことはどうでもいい」とのことでした。
　父親のことについて母親に尋ねると，仕事が忙しくてなかなか会話する時間はないが，自分も昔は少々やんちゃをしていた時期があり，若い頃にはそのような時もある，とHさんのよき理解者であることについて話してくれました。
　やんちゃエピソードがふんだんに語られ，Hさんはやや捨て鉢な雰囲気にみえましたが，心なしか母親が前回に比べて笑顔が多いようにセラピストには感じられました。そこで，〈いろいろと大変な状況ではあるようですが，前回に比べてお母さんの肝が据わっているようにみえるは気のせいでしょうか？〉と尋ねると，母親はそれを認め，『私も慣れていこうと思っている。人に迷惑をかけたり，犯罪に手をかけなければいい。この子の個性として考え始めている』と述べました。セラピストより〈そのように考えることができるようになったのは，どんなことが役立ったのでしょうか？〉と尋ねると，父親が学校からの連絡に対応してくれるようになったことや親戚がよく話を聞いてくれていることなどを挙げました。セラピストは，母親自身が周囲の協力をうまくとりつけており，やけっぱちへの対処が少しずつでき始めていることを指摘しました。
　Hさんのほうは「天と地がひっくり返っても勉強する気はない」と述べていましたが，辛抱強く〈ほんのわずかでもやる気が出る時はどんな時だろうか？〉と尋ねると，「テスト前などでさすがにヤバイと感じた時は，30分や1時間は勉強することもある」とようやく語ってくれました。友だちのことについて尋ねると，友だちも「結構やけっぱちにやられているみたい」とのことでした。〈Hさんはどうだろうか。このままやけっぱちにやられとくのかな？〉と尋ねると「勉強やりたくないが90％，しょうがなくやるが9％，やりたいが1％かな」〈1％について教えて？〉「一度だけ3時間集中して勉

強できたことがあり，数学でいい点をとったことがあった。できればやる気も出るが，すぐにしんどくなる」と心情を語ってくれました。

　セラピストより〈やけっぱちは，友だちの間にどうやら伝染するのではないかという気がします。そこから抜け出すのは難しいかもしれませんが，Hさんの中にもやけっぱちに負けたくない気持ちがあるようなので，そこを応援したいと思います。今はやけっぱちの勢力が強いのかな，と感じるので，お会いする間隔を短くしようと思いますが，いかがでしょうか？〉ともちかけると，Hさんと母親はともに同意し，2週間後の面接を予約しました。

♯3　2週間後

　Hさんと母親はともに表情が明るく，夏休みになってから勉強を頑張り，宿題などもこなしていることが報告されました。母親は，つい欲が出て『もっと』という思いが言葉になり，けんかになってしまうと述べました。本人は，自分の頑張りを10点満点中8点であると評価し，やけっぱちの邪魔に関しては，最もひどい時を10としたら現在は「0.5」と述べた。ちなみに初回の面接の時は「9か10くらいだった」とのこと。

　Hさんも母親も，夏休みで学校に行かなくてよいからか，落ち着いていることを認めました。夏休み前の話として，Hさんは「先生にはできるだけ近寄らんようにしてるが，一人だけいい先生がいて，普通に話すことができる」と述べました。

　セラピストが，〈理解してくれる先生がいるんですね。それに他の先生たちについてはあまり刺激しないようにとの大人の対応をしようとしているのでしょうか？〉と尋ねると，「友だちが先生に一人だけ極端に厳しくされて，可哀想なのでみんなで抗議しにいったことがあった。先生は差別ばかりする」と述べました。〈とても正義感が強いんですね。昔からでしょうか？〉と母親に尋ねると，『そうです。昔から正義感が強く姐御肌で，他の子をかばって，その親からも感謝されたことがよくあったので，そこのところは偉いと思っています。ただ，私自身も学校に対する不信感を隠せずにこの子にみせてしまったのはよくなかったように思います。しかし，不信感をもちながらもこの子なりに調整してくれたらいいのですが』と述べました。Hさんが「高校卒業したらちゃんとする」と言うので，セラピストが〈そのような思いはどこからくるのでしょうか？〉と尋ねると，「社会人や大学生

は自由なので，反対に我慢できると思う」と述べました。セラピストは，〈先生から距離をとるというよりもごたごたやトラブルからうまく距離を置いているように思うし，そのようなやり方にこれからのヒントがあるように思いますが，どうでしょうか？〉と尋ねると，Hさんは同意し，「夏休みの間は大丈夫だし，2学期も1ヵ月くらいは大丈夫」と述べ，次の予約を入れました。

♯4　2ヵ月後

　前回の約束どおり，夏休みが終わって1ヵ月後，母親のみが来談しました。Hさんは「今日は行かなくていい」と言ったそうです。夏休みの宿題は何とか終えて提出できましたが，その後，友だちをかばって同じ学年の生徒とけんかし，先生ともトラブルが生じたとのことで，またもやピンチの状況が生じたそうです。しかし，今回はトラブルを通して父親と母親が学校側と話をすることに決め，これまでの経緯や学校と家庭の行き違いなどについて，じっくりと話し合いをする機会になったそうです。その結果，他の先生たちとHさんのコミュニケーションも劇的に改善し，それまで寝ているだけだった授業中に，なんとノートまでとるようになったなどの変化がみられたとのことでした。

　今回の学校側との面談は父親の発案であり，その後も他の先生たちともこまめに連絡をとることなどを担当してくれているそうでした。Hさんも，特に嫌いだった先生とも「こんな話をした」などと家で報告することが多くなり，母親もその変化に驚いているようでした。

　また，父親は学校との連絡を担当してくれるようになっただけではなく，Hさんとのかかわりを増やすようになったとのことでした。以前Hさんは父親のことをよく言わないこともあったようですが，以前よりもよく会話を交わすようになったようです。

　セラピストが，〈お父さんの腹の据わり具合はいったいどこからきているのでしょうか？〉と母親に問うと，『自身も若い頃はずいぶんとやんちゃをやり，大人とトラブルを起こすこともあったそうなので，娘の気持ちがわかるのでしょう。またおそらく，少々道を踏み外しても何とかなると，自身の体験から確信をもっていると思います』とのことでした。

　さらに，〈お父さんが今のHさんのことで重きを置いていることって，ど

のようなことなんでしょうか？〉と問うと，『もし高校がダメでも，人生にはお勉強以外にもいろいろと大事なものがあると思っていて，Hにはそれがきっと理解できるはずだと思っているみたいです。だから決めていた門限なども少々遅れても何も言わず，少し自由にさせてあげて，そのうちいろいろとわかってくるって言うんです。これまで私は心配で，厳しくしてばかりで，緩めることができなかったし，ずっとそばにいないと心配で』と語りました。セラピストが改めて，〈お母さんはどのようにHさんにかかわられたらいいとお考えでしょうか？〉と尋ねると，『勉強のことや他のこともいろいろと，私が言わなくなったら，自分からやると言いそうな気がするんです。でも，ついいろいろと言ってしまうんですけど。人に迷惑をかけたり，犯罪などしなければいいのですが』と語りました。そこで重ねて〈そのようなことは，これまでどうやってHさんに伝えてこられたんですか？〉と尋ねると，『小さい頃から悪いことは悪いとしっかり教えてきたので，信じて静観すればいいのかなと思います』と述べ，勉強を頑張ったごほうびに門限を延ばした時に娘からお礼を言われたことを思い出しました。

　セラピストは，父親と母親の判断と行動力，そしてチームワークをねぎらいました。また，母親の尽きない心配と娘との離れがたい思いは，親として当然のことであるともコメントしました。

#5　1ヵ月後（最終回）
　この回も母親のみでした。『Hを誘ったのですが，友だちと遊ぶ約束をしており，そちらのほうが大事なのでしょう』とのこと。『Hが友だちのところに遊びに行くと言うので，"遊びすぎ"とたしなめたのに，そのまま家を飛び出してしまいました。いくら携帯を鳴らしても連絡がとれず，結局は仲のよい女の子のところにいました。このようなことが繰り返されていて，つらいんです』と語りました。学校については，『理由のない早退はだいぶ少なくなった』とのことなので，〈何が行動を改めることに役立ったのでしょうか？〉と尋ねると『友だちとの関係でしょうか。友だちの悪影響もお互いにあるのでしょうが，一人ひとりはいい子。お互い困った時は助け合っているようにみえ，関係がとてもいいのがわかります。友だちは私や夫と会った時の対応がきちんとできるので，しっかりしてると思います』とのことでした。

〈いろいろなことがあった中で，お母さんが何とかやってくることができたのは，どういうことがあったからでしょうか？〉と尋ねると，『今回の騒ぎを通して，友だちグループの母親らと連絡をとりあうようになったことがよかったと思います』と言うので，具体的な内容を問うと，『他のお母さんたちには，Hもすごくしっかり対応しているらしいんです。敬語まで使っていると聞いて驚きました。学校の先生にも使わないのに。友だちにも優しいらしいんです』と笑顔をみせました。〈そのようなことを聞いたことは，お母さんにとってどうでしたか？〉と問うと，『いつの間にか外ではきちんとできるようになっているんだ，とわかって少しだけ安心しました』と答えました。

〈お母さんからみて，Hさんの精神的な面はどのように変わってきたようですか？〉と尋ねると，『そう言われてみると，全然違ってきています。いろいろと悪さはするけれど，以前のように神経質になっているような感じはなく，安定してきました。ここで，他人に初めて吐き出せたことですっきりしたのかもしれません。それにこの間の件で，学校の先生たちの態度もずいぶん変わったように思います。また，夫がすべて学校への対応をしてくれることで，本当に気持ちが楽になりました。以前は学校からの電話への対応がとてもつらかったので』と語った。

〈いろいろあるものの，Hさんの気持ちが安定してきているのは，家族が支えてくれているという感覚があるからでしょうか？〉と尋ねると，『そうですね，私も少々帰宅が遅くなっても，あまり動揺しなくなりました。慣れたんでしょうかね。門限や決まりも今はあまりうるさく言わないで，ストレスにならないように接したいと思っています』と述べた。

さらに〈お母さん自身はどのように変わってこられたのでしょうか？〉と尋ねると，『今はまだしんどいけど，でも楽になってきている感じです。ここで気持ちを聞いてもらえることと，お友だちとか夫にもいろいろ聞いてもらえるようになりました。以前は，夫がアドバイスしてくれても，いつもいないくせに，などと思っていました。今は，娘のためにすごく頑張ってくれていると感じます。Hも根は優しいので，どこかでちゃんとしてくれるようになると思います』と述べた。

〈そのように変わってこられたことに，どのようなことが役立ってきたのでしょうか？〉との問いに，『今は，いろいろな人が助けてくれていると感

じることができるようになりました。今までは自分で自分を追いつめていたように思うし，四角四面で娘も窮屈だったことと思います。娘は夫に似たところがあり，夫も真面目ばかりではいられない気持ちがわかる，と言うので，それを聞くとちょっと安心できます』と述べました。〈お母さん自身が自分で自分をケアできるようになってきていると感じることができますが，どうやったらそのようにできるのでしょうか？〉と問うと，『あの子の人生なんで，と思えるようになってきました。きっと，あの時はあんなんやったなあって思えるようになると思います。思い切ってここに来てみてよかったです』とのことでした。

〈一つ大きな山を乗り越えている気がしますが？〉と指摘すると，『ゆとりをもってみようと思います。今まで娘がいつ帰ってくるのかもわからず，知り合いに誘われても外出できませんでした。でも，最近は友だちと会うようになりました。そのくらいのほうがいいんだろうという気もします』と述べたので，〈自分らしく過ごせ始めたという感じでしょうか？〉と確認すると，同意しました。今後について尋ねると母親は，『もし娘がここに来たいと言えば，また連れてきてもいいですか？ 私も一度ここを卒業してみます。最初に来た時はどうなるかと思いましたが，ここに来てよかったです。こんなに気持ちが変わりました』と礼を述べ，終結となりました。

考　察

♯1では，Hさんの中に前向きな部分とやけっぱちになってしまう部分とがあるのではないかと指摘することで，やけっぱちを外在化するとともに，その影響について尋ねました。このような会話を「外在化する会話」と呼び，影響について尋ねる質問は影響相対化質問（White & Epston, 1990）と呼ばれています。この種の会話によって，さまざまなトラブルや問題が生じるのは，Hさん自身の性格などの内的な問題によるのではなく，やけっぱちによるものであるとの新たなストーリーが紡がれることになります。ただし，Hさんのように自ら望んでというよりは，家族に連れてこられている状況では，前向きな言葉が発せられにくい状況になっています。問題（やけっぱち）によって前向きな部分が見えないように隠されていると考えることができるので，「ちゃんとやりたいと思っている部分とどうでもいいやと思って

いる部分の割合」などというかたちで問いかけると，前向きな部分についての語りにつながるように思います。

　問題を抱えると，その原因は問題を抱える者の内面やその家族メンバーや家族関係などに求められることになり，問題そのものだけではなく，問題が生じたことについての責任を負うという状況となり，二重，三重の苦しみになります（坂本, 2005）。当事者たちを苦しめるもととなるストーリーは，当然ながら社会や時代の文化，あるいは価値観などによって生み出されるものなのですが，それをナラティヴセラピーではドミナント・ストーリー（Morgan, 2000）と呼んでいます。外在化する会話によって，ドミナント・ストーリーに代わる新たなオルタナティヴ・ストーリーをクライエントとともに探索していくことがナラティヴセラピーの骨子です。

　今回の会話の流れでは，やけっぱちにどのように対抗することができているのか，ということを探索する会話を展開しました。やけっぱちにやられっぱなしではなく，自分らしく振る舞うことができているというオルタナティヴ・ストーリーをさらに探索するのです。そのようなストーリーは，「ユニークな結果」（Morgan, 2000）と呼ばれています。

　♯2でも外在化する会話を続けていますが，母親がやけっぱちに負けないでやれるようになっているところと，Hさんの友だちもやけっぱちに影響を受けている可能性などについて話し合われました。

　以降は，問題に対抗できている部分を探索する会話が続きましたが，Hさんや母親，そして父親個人のことにとどまらず，夫婦関係などにも会話を広げることができました。

　また，問題に対抗できている部分や，うまくいっていることについて尋ねる際に，行動の部分に焦点を当て，その意味やアイデンティティとの関連について尋ねることも意識して会話を進めてきました。ナラティヴセラピーでは，行為の風景とアイデンティティの風景についての会話を代わる代わるに重ねることによって，新たな現実（ストーリー）を探索し，構成することができます（White, 2007）。

　このようにナラティヴセラピーでは，社会的に構成された問題を含むドミナント・ストーリーからクライエントを解放することにつながるオルタナティヴ・ストーリーをクライエントとともに探索します。クライエント自身が自らの人生を望むかたちで認識し，構成するという主体性であるエイジェン

シー（国重, 2013）を取り戻すことができるように援助するものです。そのため，援助者は中立の立場というよりも，クライエントとともに問題に対抗する立場をとることになります（坂本, 2010）。

　ナラティヴセラピーは，このように社会構成主義の考え方を理論的背景とし，クライエントを決して責める立場に追い込まないというかたちで倫理的に配慮された心理援助であるといえるでしょう。

〔引用文献〕

国重浩一（2013）『ナラティヴ・セラピーの会話術：ディスコースとエイジェンシーという視点』金子書房

Morgan, A.（2000）*What is narrative therapy? An easy-to-read introduction.* Adelade: Dulwich Centre Publications.（小森康永・上田牧子訳（2003）『ナラティヴ・セラピーって何？』金剛出版）

坂本真佐哉（2005）「社会学的・家族的アプローチ：社会との相互作用に置ける家族の理解とアプローチ」吾郷晋浩・河野友信・末松弘行編『臨床心身医学入門テキスト』三輪書店, pp.231-236.

坂本真佐哉（2010）「ナラティヴ・セラピーにおける援助者のポジショニングはブリーフセラピーの発展に何をもたらすのか：脱中心化共有の観点からの一考察」『ブリーフサイコセラピー研究』19(2), 90-102.

White, M., & Epston, D.（1990）*Narrative means to therapeutic ends.* New York: Norton.（小森康永訳（1992）『物語としての家族』金剛出版）

White, M.（2007）*Map of narrative practice.* New York: Norton.（小森康永・奥野光訳（2009）『ナラティブ実践地図』金剛出版）

Ⅲ　事例

3．ナラティヴセラピー　事例へのコメント

大野裕史

　坂本先生の事例を拝見したCBT系セラピストたちが，おしゃべりモードで感想を述べ合っています。

司会：では，坂本（2010）を真似て進行します。よろしくお願いします。まずは，どんな表現に興味を惹かれましたか？
A：解説されていたとおりですが，やはり問題の外在化と影響相対化質問，そしてユニークな結果を探す部分でしょうか。それらによって，この面接の場面設定や役割構成が可能になったといえるでしょう。
B：たしかに，それがなければ，IPのHさんに働いてもらうのが難しかったでしょうね。セラピストも，Hさんと両親との相互作用の調整や調停役がせいぜいだったかもしれません。
C：外在化によって，Hさんが介入の対象から，問題解決のために動く人のポジションに移り，影響相対化質問によって，やけっぱちに対抗する被害者同盟として親子のチームが結成された。ユニークな結果は，Hさんがチームのメンバーとなる資格を保証したように思えます。

司会：では，次のテーマに移りましょう。どんなイメージが浮かんできましたか？
A：さっきも話題になった設定が作り出す構図，つまり親子が協同して敵に当たるって構図ですかね。

B：この親子，実はいい人たちですね。「死ねや」と関西弁をしゃべり各種問題行動を取りそろえているわりには，このHさん，1％くらいは勉強を「やりたい」とさえ思っている。「将来のために学校へ行って頑張ろう」という気持ちは，「どうでもいいや」と同じくらいある。もしかすると説教されるかもしれないのに，初回から母親に連れられて来談するし，しんどい時も「親に話を聞いてもらったらすっきりする」くらい親子関係がよい。

A：父親もどっしり構えている。構えているだけではなく，やる時は自分から動く。

B：母親はオロオロしているところもあるけど，面接を申し込んだのはたぶん母親ですし，初回からHさんを連れてきました。

D：つまり，軽い事例だったってわけですね。心理臨床関係の本や論文には，反省もやる気も認められない本人，世間体を押しつける母親，そのような状況を避けて仕事に専念している（ことにしている）父親，という問題満載の家族で，治療者が何年も寄り添わなきゃならない事例もありますから。

B：何年も寄り添ってるよりも，早くセラピストから解放してやれよ，ってツッコまれそうなものもありますけどね。

D：それは聞かなかったことにして続けると，そのような事例報告に比べれば，今回のような親子であれば，5回の面接で終結に至ったとしても不思議ではないなあ。

C：ここで書かれている親子関係や登場人物のキャラづけ，真に受けてます？　問題を抱えていても，それに負けずに立ち向かってオルタナティヴ・ストーリーを構築していくヒトビトとして構築されたストーリー，それがこの報告なのかもしれない。

D：というと，さっき話に出た大変な事例が心理臨床のドミナント・ストーリーだとすれば，オルタナティヴ・ストーリーを語るオルタナティヴ・ストーリーってわけ？

C：こんなふうに語れるように，最初に話題になった特徴的な会話を通して人物構成，場面設定を仕掛け，ネタ，つまりリソースとかユニークな結果を探してバラ蒔き，そのうえで親子にオルタナティヴ・ストーリーを語らせるのがナラティヴセラピストの仕事かしら，と思えてきます。私

に浮かんできたのは,「多重宇宙」とか「並行世界」って言葉です。経過や初回面接で語られた世界と,その後に語られる世界とが同時に存在し,かつ行き来ができる。その並行世界を可能にしたのが,記述の仕方,出来事の何をどのように記述するか,なんだろうけど。

司会:ここからは坂本(2010)を離れますが,CBTセラピストからみて,どのへんが共鳴できるか,どこは違うと感じたか,をテーマにしましょうか。

B:「問題の外在化」と言えば,「虫」が出てきたり,特徴的な名前をつけたりすると思ってたけど,ここでは大がかりな儀式はしてませんね。さりげなく「やけっぱち」を名詞化してラベルにしています。

A:外在化的表現はCBTでもするよね,「思考」とか。「考え方の癖」は,まだクライエントに帰属しているけど,「その思考は,どんな時に浮かんできますか?」とすれば,クライエントから切り離されているように聞こえる。思考の所有者はクライエントだし,簡単にサ変動詞になって動作主の顔がまた見えてくるけど。

B:最近は,もっとはっきりと外在化を意識したような会話が報告されていますね,高橋先生の事例(第Ⅲ部第5章)とか。March & Mulle(2006)は,White & Epston(1990)に言及しつつ初回セッションの心理教育の中で強迫性障害を外在化させているし。

C:ACTでは,つらい体験に色・大きさ・形を与え眺めてみたり,気になる思考を葉っぱに乗せて流したりもしている(Hayes & Smith, 2005)。

B:ただ,外在化するねらいが違っているんじゃないかしら。本事例だと,Hさんから問題を切り離してチームのメンバーとする構図を作るのが目的で,CBTでは「切り離す」ためなんじゃない?

A:CBTが効くのは,認知の中身,つまりどんなことを考えたか,を変えることじゃなくて,認知と距離がとれるようになる,これを脱中心化(decentering)とか距離を置くこと(distancing)って言ってるようだけど,それが重要らしいですね。脱中心化や距離を置くことはBeck(1976)にも書かれてはいるけれど,主題ではなかった。

B:そのへんは,メタ認知と関連づけて考えられている(杉浦,2007)ようですね。思考にどっぷりつかっていると,その思考があること自体に気づ

いていないけど，それに気づかせ，手のひらに乗せて転がして，ああでもない，こうでもないといろんな角度からみる練習（認知の妥当性の検討・代案の産出）をしていると，対象化され距離がとれるようになりそう。
A：たとえば，「俺はダメだ！」という思考が浮かんできても，「俺はダメだ！　と考えた」ってすると距離がとれてメタレベルから思考をみられる。
C：ブリーフでは，言語の拘束なんてことが取り上げられるけど，ACTでも「ことばの力をスルリとかわす（熊野・武藤，2009）」ことを狙っているんでしょう。
D：つまり，外在化・切り離すことのねらいは，ナラティヴではポジショニング，CBTでは脱中心化，ってこと？
C：ナラティヴやブリーフでは，たぶん，「問題がある」ってのも，言語のなせる技と考えていそうだから，脱中心化をして構図を作る，となるんじゃないかな。

司会：CBTのポジショニングは，どうなるのでしょうか？　協同的経験主義を標榜し，同盟関係を構築するとは言っていますが。
A：CBTではカスタマータイプの関係が暗黙の前提なので，セラピストの役割は問題を解決しようとしている本人に必要なスキルを教える「コーチ」といわれます（Wright et al., 2006）。本人はコーチされる立場と解決する立場とを行ったり来たりするのでしょう。切り離された問題を観察する時，この報告では敵情視察・偵察って感じですが，CBTでは「セルフモニタリング」ですし。
D：やっぱり，スキル訓練なんだ。
A：スキルは対人間・個人内コミュニケーションのインターフェイスですから。たとえば，非行のリスクのある子どもへの予防プログラムでは，子どもに対しては，目標を立てる能力，お勉強のスキル，怒りのマネジメント，社会的スキル，問題解決スキルなどを，親にも，子どもの褒め方，躾の仕方，勉強の手伝い方，親自身のストレスマネジメント，家族でのコミュニケーション・問題解決スキルなどを教えています（Coping Power Program）。ただ，プログラム対象児をプログラムに動機づけるの

は難しいらしく，苦労はしているようですが（Gearing et al., 2012）。
D：本事例だと，問題に対抗する構図は作っていても，スキルの指導はしていないよね。
B：構図を作るだけで本人がやる気になっているようだから，動機づけの問題はクリアしているし，結果的に必要なかったんじゃない？
D：でも，動機づけられてもスキル不足だと，やがてやる気も失せてくるだろうし，対処法によっては悪循環を作ることもある。そんな時は，ナラティヴではどうするんだろう。

〔引用文献〕

Beck, A.T.（1976）*Cognitive therapy and the emotional disorders*. Madison: International Universities Press.（大野裕訳（1990）『認知療法：精神療法の新しい発展』岩崎学術出版社）

Copoing Power Program（http://www.copingpower.com/Default.aspx）

Gearing, R.E., Schwalbe, A.S., Dweck, P. et al.（2012）Investigating adherence promotoers in evidence-based mental health interventions with children and adlescents. *Community Mental Health Journal*, 48(1), 63-70.

Hayes, S.C., & Smith, S.（2005）*Get out of your mind & into your life: the new acceptance & commitment therapy*. CA: New Harbinger Publications.（武藤崇・原井宏明・吉岡昌子ほか訳（2010）『ACTをはじめる：セルフヘルプのためのワークブック』星和書店）

熊野宏昭・武藤崇編（2009）「特集：ACT＝ことばの力をスルリとかわす新次元の認知行動療法」『こころのりんしょう à・la・carte』28(1).

March, J.S., & Mulle, K.（2006）*OCD in children and adolescents: a cognitive-behavioral treatment manual*. 2nd ed. New York: Guilford Press.（原井宏明・岡嶋美代訳（2008）『認知行動療法による子どもの強迫性障害治療プログラム』岩崎学術出版社）

坂本真佐哉（2010）「ナラティヴ・セラピーにおける援助者のポジショニングはブリーフセラピーの発展に何をもたらすのか：脱中心化共有の観点からの一考察」『ブリーフサイコセラピー研究』19(2), 90-102.

杉浦義典（2007）「治療過程におけるメタ認知の役割：距離をおいた態度と注意機能の役割」『心理学評論』50(3), 328-340.

White, M., & Epston, D.（1990）*Narrative means to therapeutic ends*. New York: Norton.（小森康永訳（1992）『物語としての家族』金剛出版）

Wright, J.H., Basco, M.E., & Thase, M.E.（2006）*Learning cognitive-behavior therapy: an illistrated guide*. Washington, DC: American Psychiatric Publishing.

Ⅲ 事例

3. ナラティヴセラピー
リコメント

坂本真佐哉

　大野先生,コメントありがとうございました。また,アウトサイダー・ウィットネシングの枠組みでのディスカッション,興味深く拝読しました。
　まず,最後にあります,「ナラティヴセラピーではスキル不足にどうかかわるのか」という疑問点についての私見から入りたいと思います。ナラティヴセラピーの考え方では,客観的な意味合いでの「スキル不足」という観点はありません。「スキル不足だと悩んでいるクライエント」や「スキル不足を問題としているクライエント」はもちろん存在する可能性があるのですが,それはあくまでクライエント自身がそのことで悩んでいるという事実を指すものであり,客観的あるいは科学的な「事実」として「スキル不足の状態」が存在するとは考えませんし,不足の具合についてのアセスメントという観点もありません。もし,「スキル不足で悩んでいる方」が来談したとしたら,その方にとっての「スキル」とはどのようなことを指し（ディスコース）,その「不足」によってどのような不具合が生じているのか（困っているのか）についてのその方のストーリーに耳を傾けることになると思われます。
　よってナラティヴセラピーでは,「正しいスキル」とか「高いスキル」を身につけることを目指すというよりも,どのようなスキルを望み,どのようになりたいのか,そのことがその方にとってどのような意味があり,アイデンティティにどのように影響するのか,という会話を展開することになります。White (2007) は,人に対する理解の仕方について「内的状態理解」と

「志向的状態理解」という表現で区別しています。前者は，その人の性格や不安など「要素や本質」としての理解の仕方であり，後者はその人がどのような状況になりたいのか，好みや望み，願いに関してともに理解していく姿勢を表します。つまり，ナラティヴセラピーでは，後者のような姿勢でクライエントを理解しようとするプロセスを創出することを目指します。いわば前者は，外部からその人を理解しようとするものであり，後者はその人の望むことについて問いかけや会話によりその場で構成され，ともに生み出していくものであると考えられます。両者を区別するのは，自分の人生に関して自らが主体的に決めることができているかどうか，という感覚です。外部から評価されるという状況よりも，後者のように援助者とともに自分にとって好ましいストーリーを選択できる状況に近づけることがナラティヴセラピーにおいては重要なことであると考えられており，このような感覚のことは「私的行為体（personal agency）」と呼ばれています。

　大野先生のコメントにありますディスカッションで非常に興味深いのは，ある方が「軽い事例」と述べているところから，別の方が「問題を抱えていても，それに負けずに立ち向かってオルタナティヴ・ストーリーを構築していくヒトビトとして構築されたストーリー」と見立て，会話が展開したことです。ここでの議論に，社会構成主義としてのとらえ方が見事に表されていると考えます。つまり，「軽い事例」という表現には，客観的事実として病理などが重いとか軽い状態があるという理解です。社会構成主義では，「軽い」状態に注目された会話が展開されることで軽い事例であると構成され，「重い」状態に関する会話が交わされることで重い事例であると構成されると考えます。筆者としては，すべての事例が自らを，そしてその会話に何らかのかたちで触れた方からも「軽い」とみられるような会話のプロセスを目指したいと考えています。

　「多重宇宙」や「並行世界」という表現も個人的に目を引きました。社会構成主義では，まさに「現実」は多重に存在するという考え方に近い気がします。ナラティヴセラピーでは，問題のストーリーとは異なるアナザー・ワールドともいえるオルタナティヴ・ストーリーをまさに探索することに主眼を置いているといえます。

　さらに，外在化する会話がメタ認知に関連するというところも興味深いと感じています。位置関係として「メタ」なのかどうかはわかりませんが，

「俺はダメだ！」が脱構築され，「俺はダメだ！　にやられている」となり，「俺はダメだ！　にやられていない」自分を探すことができれば，オルタナティヴ・ストーリーをともに著述することができたと考えることができます。その状態に関して，「問題との距離ができた」などさまざまな表現ができるのでしょうが，問題を含まない新たな現実構成をクライエントとともに共有できることを目指していきたいと考えているところです。

〔引用文献〕

White, M.（2007）*Maps of narrative practice*. New York: Norton.（小森康永・奥野光訳（2009）『ナラティヴ実践地図』金剛出版）

III 事例

4．第一・第二世代CBT事例

西川公平

事例の概要——雷（大音量）恐怖症の長女について悩む母

　事例は「大きな音を怖がる」という小学生の娘に困るお母さんについてのお話です。私とお母さんと2人で5回ほど"おしゃべり"をしました。

　その結果，娘はもう大きな音が怖くなくなりました。雷はまだちょっと怖いけれど学校を休むほどではなく，秋の運動会でも元気いっぱいに競技に参加できるようになりました。学校でも積極的になってきて，感情を爆発させることがなくなり，苦手だったポン菓子も食べられるようになりました。

　お母さんは，娘との関係性の収まりが悪くてあれこれ悩んだ挙げ句，最終的には普通の親子関係になりました。

【年齢・性別・職業or学年】 30代の専業主婦（母），小学校1年生の女児（長女）。
【母の主訴】 娘に発達障害があり，そのことで気持ちが上下してしんどい。
【娘の主訴】 大きな音が怖い。
【来室の経緯】 両親と娘2人の4人家族。来談の経緯の詳細は初回面接のメモを参照。

面接経過

#1 （X年）
ある日，お母さんが一人でやってきました。
「小学生の娘に発達障害があり，そのことで気持ちが上下してしんどい」のだそうです。
「発達障害？」と尋ねると，「家で詳しく書いてきました」とメモ紙を渡してくれました。
発達障害はさておき，CBTではあくまで「どんな状況で，どんなことをしたり，しなかったり，考えたり，感じたり……」という具体的な事柄を扱うことになります。つまり，娘がいつ，どこで，どう振る舞い，どんな状態を呈することをお母さんが発達障害とみなして（認知して）いるかをうかがっていくことがCBTのアセスメントになります。
以下がメモの内容です。（　）はセラピストの内心です。

医療機関を半年前に受診し，医師に「特徴がいくつかみられるが，発達障害と診断するだけのものが出そろっていない。今後，適応状態により診断名が必要になるかもしれないが，まったく特徴がなくなってくるかもしれない。ただ，気をつけてみてあげる必要はある」と言われました。
（ええと，それはつまり……発達障害じゃないですよね？）
しかし，娘に過敏さがあり，気持ちのコントロールが難しいため，本やネットで発達障害の情報を集めたり，発達障害当事者のブログを読んだりしました。今は普通学級で楽しく過ごし，学校にも行っていますが，この先どうなるんだろうと不安になって悲しくなります。
（困ってるのは，つまり，お母さん？）
10ヵ月ほど前に私自身も心療内科に行きました。たいへん誠実な先生でしたが，「発達障害」に対して私とは考え方が少し違っていて，話が噛み合わずつらくなってしまい，行くのをやめてしまいました。お薬も飲みましたが，身体がだるくなり，やめてしまいました。
（な，なるほど。お母さん自身にも病感は多少ある。発達障害の概念について，専門家とは意見の合わない感じなんですね……。代理ミュンヒハウゼ

ンは言いすぎかもだけど,「発達障害」概念は要注意,と)

　アスペルガーの子どものためのガイドブックでCBTを勧めており,インターネットで調べてCBTセンターに来てみました。本は数冊買いましたが,難しくてうまく使えませんでした。私も夫も「娘が発達障害であり,今後さまざまな困難があること」を受け入れてこれからの人生を生きていこうと思っています。今後,娘の状態によっては娘自身がお世話になるかもと思ってきました。また,家庭でもCBTを取り入れられる部分があるかもしれないので教えてほしいです。

　また,自分自身の今の気持ちの状態を何とかしたい,この気持ちから抜けられないまでも,うまく付き合っていきたいとも思います。

　(うーんと,要するに,子どもに何かしら手がかかっている部分がある。お母さんはそれを発達障害と呼んでいる。一度そう呼んでみたら,手がかかるたびにそう思えるし,あれこれ調べていっそう確信した。ただ,2人の専門家はこのお母さんの言う「発達障害」概念に否定的。ただ,一応お母さんは自分自身も困りごとをもっていると感じており,病院やカウンセリングルームを訪れている)

Th：なるほど,詳しいメモ書き,ありがとうございます。ちなみに,娘さんはどんな時にどんなふうになって,お母さんは何に困っておられるんですか？
Cl：娘は雷が怖くて,雨の日や曇りの日には学校に行けないんです。大きい音がするものはだいたい怖くて,お祭りの太鼓やポン菓子(お米を急速減圧で膨らませ,大きな音とともに作成する懐かしのお菓子)もダメですし,運動会のスタートでピストルを鳴らすのとか,ピーッと鋭く笛が鳴るのもダメで,パニックを起こすんです。そのせいで運動会も参加できません。花火大会や風船なんかもダメです。
Th：なるほど〜,それは子どもが好きそうなのにダメなものが多くて,不便そうですね。大きい音なら何でもダメなんですか？　たとえば,いつも観ているテレビの音量をすごく大きくしたらダメになるんですかね？
Cl：それは試したことがないですが,そこまで怖がらないように思います。"急に大きい音が鳴る"というのが一番苦手で,パニックになって泣き叫びます。

まずは，この件の主訴をどうしていけば，手頃な感じに片づくのでしょうか？

　お母さんが娘を発達障害に仕立てる根拠の一つは「大きな音を怖がる」ですから，「娘が大きな音を怖がらなくなる」ことは，お母さんの不便を減らすプロセスの中でアリでしょう。子どもがポン菓子が食べられないのは可哀想ですし。お母さんが娘の挙措の中についつい発達障害傾向を発見してしまうのも不幸なインタラクションです。ネガティブなデータにばかり着目する癖があるのであれば，逆にポジティブデータログ（西川，2007；Padesky, 1994）を入れてみるのもいいかもしれません。娘が大きな音を平気になっても，なお母親の心配が続くようなら，また別の手立てをとりましょう。

　これがざっくりとした見立てです。

　CBTでは，不便の一つひとつを細部に砕いてみながら全体のつながりをみます。すでにお母さんがいくつかの大きな音の例を挙げていますし，セラピストも少しズレた質問を投げることで，問題を「大きな音」から「大きな音の侵入」へとより絞っていっています。お母さんにはちょっと黒か白か的な発想があるので，スペクトラム的な問いかけや設定のほうが緩くなってくれるでしょう。

　少し詳しく聞いていくと，「娘が聴覚過敏」とお母さんは言うものの，お母さんもいくぶん「聴覚過敏に過敏」なのであって，娘が何らかの音を聞いて自然に反応することさえも「聴覚過敏」になってしまっていました。

　CBTでは，心理教育をしっかり行います。たとえば「定位反射といって，音に反応する反射は誰にでもあります」「恐怖が学習されちゃうのはこんな仕組みで，解除していくにはこんな仕組みを使っていきます」などなどは明白に説明されます。

　娘が雨や曇りの日に学校に行けないのは，大きい音がする（US）→恐怖（UR）に，先立ってある雷や身体反応（ドキドキ）などがCS化し，そこから「雷→雨→雨雲→雲」と連合が進んだものでしょうか。

　お母さんのとらえ方は，娘がパニックを起こす（US）→恐怖（UR）に，先立ってある娘の音への反応がCS化し，「大音量への反応→音への反応」と連合が進んだものでしょうか。

　そうしてお母さんが不安そうな顔で，娘に「大丈夫なの？」と接近するこ

とで，ますます2人でエスカレートしているかもしれません。あれこれとこの母娘の日常生活に起こっているであろう不便の数々を，そういった連合を念頭に想像しては適宜確かめていきます。

　娘の日常生活の不便とは，学校に行けないとか，運動会に出られないとか，ポン菓子が食べられないとかでしょうか。ポン菓子は美味しいですし，子どもにとってはなかなかの痛手です。運動会は来月に差し迫っています。火急かつ速やかにヨーイドンのピストルに取り組みましょう。お母さんの子どもへのストロークはそれなりに多そうですから，「○○するな」と禁止するよりも，あさっての方向にいかないように気を配りつつも，親子で取り組む，おもしろくも少しだけ面倒な課題が向いてそうです。

　そこで，「サウンドクエスト」と題し，"もう平気になった音"と"まだこれからの音"を表に書いてまとめてもらう課題を出しました。これは，絶対無理な音が存在するのではなく，今のポジションはここだけど，今後はどうかわからないという，相対的な移ろいうる事象であることを書いてもらいながら理解してもらう認知療法的なコラムです。行動療法からみると「関係フレームづけ」と言われるものになります。「無理」のフレームに入っている音を，「今はまだ無理」のフレームに移すことで，最終的には「もう平気」のフレームに移す足がかりにしています。

　もう一つ，「今はまだ無理」の音のうち，特にピストル音をわざと出して，馴化を促すことも課題としました。

#2　1ヵ月後（X年＋1ヵ月）

　お母さんは学校に事情を話してピストルを借りようとしましたが，「そのようなことにはお貸しできません」と断られてしまったようです。そこであちこち尋ねて回って，ついに陸上競技場で貸してくれるということになり，娘と一緒に訪ねていきました。

　そこで，母娘でピストルを鳴らしたり怖がったりして楽しんだそうで，#2までには，すでに通常の3倍の量の火薬のピストル音までOKになっていました。どうやらお母さんは，普段娘に耳栓をして急な音の侵入を防ぐように促しているらしいのですが，娘自身は耳栓を結構いやがっているそうです。そんなこんなで，母娘でやりとりしながら，耳栓なしでピストルが平気になっていました。

この調子で母娘が成功体験を積んでいけるのであれば，次はそれらの体験が2人に及ぼす影響を最大にする手立てを打ちます。そこで，お母さんに，ソーシャルストーリー（Gray, 2000）の書き方をお伝えしました。三人称で「あるところに，××が怖い女の子がいました。……と頑張りました。そうしたら……。だんだん……。もう女の子は××が怖くなくなりました」のようなものです。
　お母さんからのそのストロークを娘はとても喜んで，「前の成功も書こう」とか，「今度のやつも書こう」とか，大乗り気です。やはりというか，母親とうまくいった喜びをわかちあい，話し合うようなコミュニケーションに娘は飢えて（確率操作されて）いました。娘は，どう頑張れば母親の注目を受けられるかが明白になり，やる気になっています。もちろん，娘がそうやって喜ぶことが，お母さんが娘のよい変化に注目し，書き記し，娘に語るということを支えます。同時に，お母さんの認知も少しほぐれて，母親が娘の悪いところに注目することが減り，娘を受け入れる手助けになってほしいと期待していました。

＃3　2ヵ月後（X年＋3ヵ月）
＃3にもメモがありました。

　運動会も無事に乗り切り，娘が自信をつけた様子が見てとれて，娘自身は「あとは花火と雷と風船をクリアしていくんや！」と意気込んでいます。耳ふさぎ行動もまったくなくなり，耳栓もずっと首から提げていたのが，鞄に入れっぱなしです。
　担任の先生から「2学期になって，とても落ち着いている。先学期は他の児童のからかいなどにイラついている場面が何度かあったが，今はまったくみられない。友だちとの遊びも一方的すぎることもなく，よく遊んでいる。自分でできないことがあると，前は感情を爆発させていたが，今学期はまったくない。できなくても，多少落ち込むぐらいで済んでいる様子」と懇談で言われました。母親の目からみても，行動面でも，気持ちの面でも，ぐんと落ち着いてきて安心もしましたし，よく頑張っていると感心します。
　しかし，「これで安心してはいけない」「きっと何か起こる」と考えてしまいます。「何かをしてあげていない気がする」「何かに気づけていないのでは」と常に

考えています．本やブログでのさまざまな意見に気持ちが上下してしまいます．
　一番心配だった聴覚過敏もかなり軽減しているし，学校生活も学習面でも行動面でも特別気になるところはありません．家庭でも困っているところはありません．
　なのに，時折明け方近くに目が覚めて，将来のことを心配している自分がいます．

　母親の不安を，娘の聴覚過敏改善に一時的に向けることはできました．ついでに娘の聴覚過敏もほぼなくなりました．しかも，さまざまにリップル効果があったようです．結局のところ，ちょっとドキドキするようなことは，子どもにとって楽しいことなのですから．
　それで，お母さんは安心したのと，これまでの不安や「娘の障害を受け入れる決意」などがまだらになっているようです．しかし「娘の明白な障害」が取り除かれつつあることで，かなり茫漠とした不安になっています．
　お母さんに「娘のことをあれこれ心配しだす前は，娘に手がかからなくなったらどうしようと思っていましたか（いわゆるソクラテスの質問）？」のような質問をすると，「仕事がしたい」と言います．しかし雰囲気的には，なかなかそれだけでは熱心に打ち込んできた不安の穴を穴埋めできない様子です．親離れや子離れの話をして，「たいてい子どもから先に離れても，なかなか親は離れられない」みたいなノーマライズをして終了しました．
　お母さんもこのままとりあえず様子を見たいとおっしゃいますし，核たる困りごとがなくなっているわけですから，収まりの悪さは日にち薬［註］で何とかなるかもしれないというようなことを考えていました．

#4　半年後（X年+9ヵ月）
　娘は，もはや聴覚過敏があったということを忘れているぐらいに元気になっています．お母さんも発達障害について言わなくなっていました．ブースターセッション的に，「よかったですねー」とお伝えして終わりました．「ただ，例の長女よりも，二女といる時のほうが一緒にいて居心地がいいと感じ

────────────────────

［註］日にちが薬になる，すなわち，時が苦しみを軽減するの意．関西地方で使われているとのこと．http://detail.chiebukuro.yahoo.co.jp/qa/question_detail/q1216815222

ます」「へえ，そうなんですかー」などという会話を交わしていました。

#5　9ヵ月後（X＋1年6ヵ月）
　この時の主訴は，「長女がいろいろ頑張っていることは頭では認めているが，そうやって頑張っているのを見ると，何となく鼻につく。特に娘が甘えてくる時に，気持ちが悪くなってしまう。全然知らない他人に触れられているような気分がしてしまう。二女にはそんなことはまったくなく，自分からも触れたいと思うが，長女に触られるとぞっとする。そんな自分はオカシイのではないかと思う」というものでした。
　とりあえずは，エモーショナルなネグレクトになってしまうぐらいにスキンシップを拒絶しているのか探ると，それはそこまででもなく，割合普通に接している様子でした。要するに，長女との接し方に物理的な変化はそれほどないが，「しっくりこない」というのが困りごとのようです。
　（うーーん，それは……たぶん，専門家としては特にすることがないなあ。悩みではあるけど，病気じゃないからなあ。ある種の「専門家」にとってはチャンスというか，呪いかけまくりポイントなんだろうけど。まあでも，このお母さんは真面目なんだわ）
　「しばらく親子でセラピストークライエントやってたから，ちょっと一時的にギクシャクしちゃったのかもしれませんねー」などと益体もないことを言いながら，いくらかの心理教育と，母子分離について話し，いくらかのノーマライズと，いくらかの受容と共感を，それほど主訴にフィットしてないなあと思いつつ，ごにょごにょと話をしているうちに時間が過ぎました。また何かありましたら連絡くださいという言葉で締めて，それ以来お母さんから連絡はありませんでした。

その後の経過
　さて，今回紙面に掲載させてもらうということもあり，数年ぶりに電話をかけて，困りごとやカウンセリングは何だったのか，今どうしているのかを聞いてみることにしました。聞きたかったのは，①娘さんは元気か（聴覚過敏や発達障害），②娘さんとの関係はどうか（触れるのが気持ち悪い件），③今はどうしているか，何かに困っていないか，④あなたにとってカウンセリングとは何だったか，の4つでした。

(以下，電話の内容)

お久しぶりです。その節は本当にお世話になりました。今は日常生活には本当に何の支障もないというか，普通で，大丈夫になっています。

今大きな音がした時は，最初に先生がおっしゃっていた時のようにちょっとびっくりしたとか，そんな感じに収まっています。今音鳴った？　ぐらいな感じです。

最後に先生が，ちょっと親子関係が「教える側―教えられる側」に行きすぎたのかもしれませんねとおっしゃっていましたが，そういうところは今でも私のほうが身構えてしまっているところもあります。でも，もう娘も中学生になったので，普通に思春期という感じで，向こうもそこそこ反抗するというか，普通な感じです。

触られると気色悪い，というのはたしかに今も多少あるんですが，あれからいろいろ他のお母さん友だちとしゃべってみたら，結構みんなそうやでって言わはって，「気持ち悪いし触らんといて」とか結構言ってるで，とみんなでしゃべって。あれ？　ああ，そんなもんなんかなと思って，まあ落ち着きました。

困ってること……。日常ではもちろんそれなりにありますが，CBTセンターに寄せてもらった時のような，「もうどうしていいかわからない」と途方に暮れるようなものはないです。発達障害については，広い意味ではそういう中に入るのかもなあと思いますが，特徴的なところもあるかもしれないですけど，夫も特徴的なんで，それについて昔やっていたように熱心に調べるようなことはなくなりました。ちょっと変わってるところもある子なんやろうな，ぐらいです。

あの治療から，生活の全部のことがスルスルといいように回転してきたというか，音が平気になったら，学校のこともずいぶんよくなったというか，普通になって。音の不安があった時は，発達上の問題に見えるようなところが，あそこも，ここも，と目立って見えてました。先生のところでは「治りますよ」と言ってもらえたので，びっくりしました。他の専門家には「ずっと付き合っていかなあかん」とか，「受け入れてあげなあかん」みたいなことばかり言われて，どこに行ってもよくなるって言ってもらえずに，この先どうなってしまうのだろう……と将来を悲観ばかりしていました。それが先

生の治療を受けて全部変わってきたので，本当にお陰様でとしか言いようがないです。
　カウンセリングの感想……今言ったことがすべてなんですが，一言では言いにくいですね……。あえて言えば，先生の話で恐縮なんですが，CBTセンターに最初寄せてもらって，西川先生に会った時，最初の感じは，胡散くさいというか，「あれ？　ここ来たの失敗だったかな？」という感じだったんですけど……すみません。
　優しい感じの話とか，慰めてくれるとか，そういう話はなかったですけど，まあ仕組みを教えてもらいながら，いろいろやっていって，それでうまくいった。ああ，ちゃんとした技術があって，それでやっていけばいいんだなと変に納得しました。たぶん闇雲にやっていってもうまくいかなかったと思うんです。それで親子で取り組んでいけて，普通になって本当に感謝しています。ありがとうございました。

　電話が終わって思ったことは，
　　・いやー，ドキドキした。改善が維持されていて，本当によかった。
　　・専門家という立場の人がかけた呪いって，結構影響あるなあ。
　　・胡散くさい（笑）
　　・いい話すぎて，作り話っぽいなあ。
ということでした。

考察／CBT的説明

　娘の困りごと「大きな音が怖い」は，どんなセラピーであっても，専門家であれば扱うのがたやすい困りごとであって，それが改善するのは当然です。
　お母さんの困りごと「娘との距離が最初には近すぎ，最後には距離自体に不穏を感じる」がよくなったことは，カウンセリングから直接の影響がないことはないのでしょうが，まずは娘が回復したことからの間接的影響と，むやみに問題を作り出さない態度などで，ごく自然にもたらされたものです。
　さて，もうちょっとCBTっぽく説明してみます。
　娘の困りごとは，行動療法で説明してみます。音恐怖は音予告刺激

（CS）→恐怖反応（CR）というレスポンデント条件づけが般化したものと，恐怖反応→回避というオペラント条件づけが般化したものから説明できます。そのような困りごとを"そのままに受け入れよ"という「専門家」からの呪いによって，娘や娘の環境たる母親に「大きな音や音がする可能性のある事態からは，できるだけ身を遠ざけるのが正しい」というルールも形成されました。

　不意ではないコントロールされた大音量刺激を用いてレスポンデント消去をかけつつ，それら音への段階的取り組みというオペラント行動が別種の楽しさをもつように「サウンドクエスト」や「ソーシャルストーリー」を配置したことによって，別のルール「大きな音でも果敢に取り組んでいけば，だんだん平気になる」が形成されていき，大音量恐怖症は改善しました。

　恐怖と回避にまつわる行動クラスのうち，ヒエラルキーの高いものが改善したことにより，その他学校生活において不安で尻込みしていたことにも般化して取り組めるようになり，適応力が上がったのかもしれません。あるいは，母親とともに取り組みながら，内部感覚としてのドキドキ体験が恐怖だけではなくワクワクした感じもする，素敵な感覚として連合したのかもしれません。

　付け加えて"取り組みと改善"への母親の注目が，"不安と回避"への母親の注目と拮抗し，娘への正の強化による自発的行動の強度やレパートリーを増大させたという見方もできます。

　母親の困りごとは，認知療法で説明してみます。娘の音に対する恐怖反応→母親の感応的な恐怖反応という連鎖から，「娘のユニークな反応はすべて発達障害の特徴」という信念が形成されました。その後，その信念に合致する情報収集をさかんに行う過程で，「専門家」からの「改善可能な症状をあたかも改善不能に思わせる呪い」を受け，「フツーの娘とのフツーの未来」を描くことを禁止され，「障害をもつ娘とともに歩んでいく人生」を受け入れることこそが母親としての使命であると思うようになりました。

　行動実験によって娘が元気になるにつれ，娘の障害は「改善不能で受け入れるべきもの」という認知は「それなりに改善可能なもの」に変わりました。認知のおおいなる根拠となる"娘の大音量に対する恐怖反応"がなくなったこと，および母親の取り組みが娘に対してことごとく奏効するという体験を経たことで，形成しなければならないと決意していた「障害をもつ娘と

ともに歩んでいく人生」や「それを受け入れられないダメな母親」もまた再構成される機会を得ました。実際のフィードバックより頭の中の自動思考に左右されやすい癖によって，娘の行動に安心すると同時に不安を抱くなどの，いささか収まりが悪い不穏な状態がしばらく残り，タイムラグがありました。

　結局，月日が経っても娘が安定したままで，また周囲のママ友からの適切なノーマライズがあり，徐々に母親の認知は「まあ，娘も私もそんなもんかな」と合理的に再構成され，「フツーの娘とのフツーの未来」を描き直せるに至りました。

　でもまあ，古びた洋館の二階に巣食う私設開業カウンセラーなんて，実際問題胡散くささの極みです。それを察知したお母さんの感性や，そう思っても口に出さない節度，そして一応話だけでも聞いてやるかという理性，そして胡散くさいセラピストでも何でも使えるものは使ってみようという行動力。どこをとっても，客観的には完全にまともです。

　そんなわけで，発達障害という概念も，セラピーというおしゃべりも，セラピストという存在も，使えそうなところだけお母さんに上手に使われて，意味ないなと判断されたら上手にお払い箱にされるという，そういったナラティヴ・ストーリーなのではないかと思うのです。

　ちなみに私は学会ではアロハとか着てますが，カウンセリング時は，どれだけ暑くても寒くても，きっちりスーツにネクタイでビシっと仕事する格好です。なのに胡散くさい……。あんまりだ。ヒゲがダメなのかなあ……。

〔引用文献〕

Gray, C.（2000）*The new social story book. illustrated edition.* Arlington, Tex: Future Horizons.（服巻智子監訳（2005）『ソーシャル・ストーリー・ブック』クリエイツかもがわ）

西川公平（2007）「ポジティブデータログについて」http://cbtcenter.jp/blog/?itemid=30

Padesky, C.A.（1994）Schema change processes in cognitive therapy. *Clinical Psychology and Psychotherapy*, 1(5), 267-278.

Ⅲ 事例

4．第一・第二世代CBT 事例へのコメント──好きこそものの上手なれ

中島　央

　たぶんこれはブリーフセラピー（以下ブリーフ，BTとすると行動療法の略なので）ではないでしょう。少なくとも，僕が好むようなミルトン・エリクソンのアプローチをもとにしたようなそれとは，ずいぶん趣が異なっている，というのが僕の偽らざる感想です。かなりの距離感を抱きます。これはまぎれもなく，CBTの「気分」を濃厚にもったセラピーだと思います。どうみても筆者である西川さんは，CBTが大好きなようです。ブリーフとは……明らかに違いますね。あくまで僕の感覚から出た結論です。ちなみに，僕はCBTがとても苦手です。

　基本的に僕は「○○療法」，つまりサイコセラピーのカテゴリー間での効果にさほど大きな差があるとは思っていませんし，それぞれ違った利点があるなどということも信じていません。もっと言うと，後述するように，サイコセラピーを受けるクライアントの側では，カテゴリーによる差などどうでもいい話だと思われます。サイコセラピーのカテゴライズを支えているのは，主にセラピスト側の論理である以上，それは結局，そのセラピストの好みや信条に帰してしまうお話だと思います。また，同じカテゴリーの間でも「第一世代，第二世代」など分ける向きなどは，ほぼどうでもいいと思っているので（以前，僕自身がそういう分け方をされたことがあって少々ムカついた覚えがあります），以下，どちらが良いとか悪いとかではなく，ブリーフを好む僕の感覚的なところから，あくまでもやるほうの論理でコメントを述べさせていただきます。したがって，文献の引用もしませんし，西川さん

の事例へのコメントをお手紙風に，なるべく「僕」を主語にして書いています。理解していただけるでしょうか？

　そういった立場から先述の距離感を考えてみると，僕が，ミルトン・エリクソン系のブリーフは認知や行動の「矯正」は行わないことを基本的な思想としている，と信じていることが，ある種の引っかかりを生んでいるのでしょう。僕がこの事例のセラピーに当たるのなら，たとえば，ピストルの音やポン菓子が嫌いなら，ほっとくかそのまま使うか，だと思います。僕自身はたまにしか考えませんが，嫌いなものがそうでもないシチュエーションを探したりする「例外」なんかの考えもそんなところですよね。具体的には，「僕も急な大きな音は死ぬほどいやだし，耳栓もいやだし，どうしよう」とか，「僕は音楽好きで，大音量のライブハウスはよく行くけどね」とか，「好きな食べ物，何？」「お母さんと仲いいねー」とか話すでしょう。ポン菓子の話も，僕の感覚では可哀想なんてツユほども思わないです。むしろ「この娘がお年頃になった時のダイエットには有利だよ」などと考えてしまうどころか，つい話してしまうタチですね。「不幸なインタラクション」についてもそうで，母が娘を発達障害と決めつけている考えに挑戦する気も予定もないし，その心配にはあんまり興味をもてないかもしれません。僕なんかだと，「発達障害ねえ，マイブーム（死語）なのね」なんて考えちゃうかな。「こんな（発達障害の）子もいますよ」なんてはぐらかすかも……。人の心配の表面的なところにはあまり興味がない，僕の人間性に問題があるだけかもしれませんが。

　西川さんは，僕が無視し避けてしまうようなところを真正面から受けとめています。娘の音恐怖の治療をとっかかりに，母親の「娘の障害は改善不能で受け入れるべきもの」との認知を「それなりに改善可能なもの」に変化させ，「障害をもつ娘とともに歩む人生」から「フツーの娘とのフツーの未来」を描けるような状態への変化を試みておられます。好む手口の違いを横に置いて，全体をみてみると，実に軽やかにその企てを実現しておられ，お世辞抜きでとても優秀な面接だと思います。こんなのができたら僕ももっと信用されるかな，とちらりと思ってしまいますね。「『大きな音が怖い』はどんなセラピーであっても，扱うのがたやすい困りごと」と言い切っておられるのも外連味がないですね。勢いを感じます。CBTに必要であろう見立ても整然としていて，面接の筋もゆるぎないしっかりしたものに感じます。セ

ラピーとしてポジティブな要素だらけです。僕はCBTに関しては，「自動思考」の存在など感知したことのない，無知蒙昧の徒ですので，このようなコメントしか出てきませんが，決して「おしゃべり」でも「胡散臭い」でもありませんぞ，西川さん。

　立派な面接ですが，かなりの距離を感じるし，僕にはできないと思っているのは，やはり自然な発想の部分で西川さんと僕とは違うと感じてしまうことに尽きるでしょう。CBTを好むかブリーフを好むかというのは，そこで分かれるのでしょうか。CBTの基本はやはり，教育であり矯正であって，僕の好むブリーフとはその点で決定的に基盤を異としています。僕のやるブリーフの指向するところは，あくまでもクライエントが自ら起こす「こと」だと僕は考えます。僕という刺激を呈示されたあとのクライエントの行動に関しては，あくまで彼らの「自己決定」になります。クライエントの状況に関しての僕の反応を目の前にして，クライエントがどういう反応をするか，どんな「瓢箪から駒」が飛び出すか，とてもワクワクします。極論すると，僕の存在がそういったプロセスに埋もれていくことを目指しているわけです。もう一つ，刺激が教育的にならない「ブリーフ」な手口が，クライエントの自らへの没入を是とし，自己決定につながるという，ある種の哲学的なこだわりに基づくものかもしれません。

　ここまで書いて思ったのですが，おそらく，西川さんは自分のセラピーをブリーフに近いなどといわれるのを望んではおられないだろうし，よほど飽きてしまうことがない限り，CBT的な考え方に疑問をもつことはないでしょう。実際の臨床では，あんまりそんなことを考えている暇もありませんね。好みやその隔たりに理屈をつけることなんて，野暮だし不毛でしょう。僕はわざわざそんなことをしている気がしてきました。

　ああやだ，そう，不毛。

　セラピーを，ブリーフ，CBTなどとカテゴライズするのは，音楽のジャンル分けととてもよく似ています。音楽には，ロック，ジャズ，クラッシックなど大きな区分から，同じロックでも，ヘビメタ，パンクなど細かい区分までが存在し，ミュージシャンはその出自，思想，用いる手法，スタイルなどから，そのどれか，または複数のグループに「所属している」とされていますし，その「所属」は，そのミュージシャンが活躍した時代背景とムーブメントに左右されることも多くあります。

サイコセラピーのカテゴライズも音楽と同じような要素で，精神分析や行動療法などと分類されています。ただし音楽と違うところは，違うカテゴリーのものでも，こと手法に関しては音楽ほどのバリエーションがないところで，カテゴライズの作業が主に思想の部分でされていることが多いところでしょうか。ということは，カテゴライズは主としてユーザー＝クライエント側ではなく，提供者＝セラピスト側の論理で行われていることになります。
　音楽の場合は，スタイルの違いが表現に明確に表れるため（聴いたらわかるレベルですね），カテゴライズの作業は主としてリスナー側の論理で行われ，聴く音楽のカテゴリーはリスナーの側で選ばれています。たとえば，「僕はロックが好き」「私はクラッシック派」というように。ところがセラピーの場合は，前述したようにセラピスト側の論理でカテゴリーが決められます。「僕はCBTが好き」「私はブリーフ派」というのは，セラピスト側の言葉として発せられます。逆にクライエントにとっては，CBT，ブリーフといったカテゴリーは「どうでもいい」というのが現状でしょう。
　逆に，ムーブメントがある，というところは，音楽との共通点ですか。最近，「発達障害かどうか診てほしい」「CBTをやってほしい」などの言葉は，クライエントの側からも聞かれるようになっています。この事例のお母さんも「発達障害」のムーブメントに乗っかっていた部分も大きいように思えます。意地悪な見方だと，その後CBTブームに乗り換えたのかも。そして「お払い箱にされた」（笑）。
　でも，よく読むとお払い箱にはされていないですよね。「仕組みを教えてもらいながら，いろいろやっていって，それでうまくいった」とお母さんは話します。見事な教育です。僕の場合，この前は「ああしろこうしろと言ってくれなくて，もう全部どうでもいいって思ったら，何となくいい方向に行きました」と言われました。これが普通。僕だってクライエントにいろいろ話しているのに（おまけに話はあんまり聴かない），残す感じがだいぶ違いますね。
　ふう。「違い」を書き連ねるのもいい加減に疲れました。
　というわけで，CBTとブリーフの接点とか僕にはどうでもいい話です。おそらく西川さんはCBTが好きだからCBTを名乗っていますよね。「CBTセンター」だし。僕はブリーフが好きだからブリーフを名乗っている。お互いそれなりに後ろ指さされないくらいには結果も出しています。それがすべ

てだし，大切なところじゃないかな。音楽業界とか下手するとスタイルがリスナーに左右されます。そうじゃないと売れない。セラピー業界は少なくともセラピストの好みでやれているぶん幸せ。クライエントに押されてCBTとブリーフを使い分けなきゃとかミックスしなきゃ，という時代になったら，僕は即セラピストやめますね。そこは商業音楽のような「好き」がないギスギスした世界。だから好きなセラピーにこだわるし，仮に僕が，熱が出たとかの理由でCBTやろうとしても，ブリーフになっちゃうでしょうね。

　そうそう，言い忘れた。事例の母娘は西川さんのことをどう思っていたんでしょう。陸上競技場まで行ってピストル借りるなんて明らかにやりすぎです。実はここにも「好き」があったのではないでしょうか。

Ⅲ 事例

4．第一・第二世代CBT
リコメント

西川公平

　中島先生，丁寧かつわかりやすいコメント，ありがとうございます。先生の見識に感服するとともに，その表現のわかりやすさにも，また私の言わんとしていることをズレることなく理解していただけた読解力にも，敬服します。

　ミュージシャンの奏でる音楽がその人そのものであるように，私の事例はCBTらしく，中島先生のコメントはブリーフらしく感じます。おっしゃるとおり，もうセラピーと言わずに「好み」と言ってしまったほうが楽かもしれませんね。

　本書の企画上，「CBTとブリーフの比較」という，そもそも存在しないもの同士に差をつける羽目になったご苦労を偲びます。とはいえ，CBTも幅広く，ブリーフセラピーもさまざまでしょうから，私も「中島先生の好むセラピー」に対して個人的に応えつつ，セッションしようと思います。

　つまるところ，CBTは主訴に対して愚直なまでに忠実であろうとするセラピーです。主訴に沿うことで，本人の前に立って違うほうにぐいぐい引っ張るような愚を犯さずに，クライアントが進みたい方向へと後押しができるのだと信じています。

　たとえば，この母親が来談した一つの契機として，「来月に差し迫った運動会におけるピストルの恐怖」がありました。娘には会っていませんので，何が主訴かは正確にはわかりません。中島先生がそのような困りごとに興味がもてず……と会話をもっていかれることで，よしんば母親の心配ごとでは

なくなったとしても，運動会はやってきます。子どもにとって運動会を楽しめるかどうかは，ポン菓子にも増して意義深いものですから，そこはスパッと対応してあげるのが，後々お得だと個人的には思っています。

コメントの中に「教育／矯正」という言葉がしばしば出てきており，これはなかなかにアクの強い言葉ですが，実際のところ人は矯正されて変わったりしません。連れてった馬だって水を飲まないぐらいです。変わりたい人が変わりたいように自分を変えていく，そのお手伝いがCBTです。この母娘で言えば，2人はピストルを克服したがっていたので，私はそれを楽しむお手伝いをしたに過ぎません。

まずお母さんが私に投げかけてくる刺激があり，それが私の中でCBTを通じて介入としてお母さんに投げ返され，それをお母さんが受け取って実行しているのです。そうでないような介入は，こちらがどれだけ喚こうが，説得しようが，相手は乗ってきませんし，課題もやってきません。いっそ私は，お母さんの好みに合わせて，お母さんにそれっぽいことを言わされているだけのセラピストなのだと思ってください。

「陸上競技場まで行ってピストル借りるなんて明らかにやりすぎ」と先生がおっしゃっていて，そこに転移的な解釈を付け加えられていたことは少々意外でした。陸上競技場に行くのはそれなりにやりすぎでありますが，音に怯えるわが子に発達障害の影を見出す母はそもそもやりすぎであり，子どもとて音に驚きすぎです。母の過ぎたる感じが私に刺激として与えられた結果，提示された介入の末である陸上競技場は，たしかにやりすぎでありながら，実にこの母娘らしいと納得できます。なんせ3倍の火薬量です。ちょっとやりすぎるのが好きな母娘が，競技場で「次は2倍に挑戦！」とかキャーキャーやっている図は，想像するとなかなかに微笑ましく，それゆえにこの母娘にちょうど合ったやりすぎでよかったと思います。

クライエントの心配は，表面だとか表面でないとかではなく，その人のまさにその人らしさの一つの代表なので，その人らしく乗り越えていくのがいいかなと思っています。CBT的に「症状をそのまま使う」というのは，こんな感じです。

さて，セラピーと称するセラピストの好き嫌いについてでしたね。

中島先生のご推察のとおり，私は小さい頃，ポン菓子の好きな子どもでした。ゆえに「この子がポン菓子が食べられないのはもったいなかろう」とい

うのは，嘘偽りなく私の主観的な感想です。

　CBTのみならず，多くのセラピストには主観的な「このほうがよいだろう（たとえば，頭痛はあるよりないほうがよい，無発語より発語があったほうがよい，学校は行かないより行ったほうがよい，肴は炙った烏賊がよい）」があります。実のところ，これは"私心"です。もちろんクライエント側にも同じものがありますし，お互いの私心がぶつかることもあるでしょう。

　そこでは炙った烏賊をぐいぐい押しつけるような生臭いお節介になる危険性を常にはらんでいます。たとえば，お母さんに「子どもが発達障害だと思う根拠と，それに反する根拠を列挙してもらう表を作る」などという臭さは，私にはとうてい無理ですが，そういったアプローチが好きな人もいるでしょう。

　セラピーが教育／矯正的か否かという認知は，この烏賊臭さの程度のようなもので，いずれにせよクライエントにとってはどうでもいいことですね。

　面接の中で主訴に対してそんなに興味を示されないままに話していくと，いつの間にか悩みが悩みでなくなっていたとなるのは，たいへんに素晴らしいセラピーかと思います。ざっくり言えば，私も強化よりは消去のほうが断然好きです。

　中島先生のされていることは，相手の意図を違わずにキャッチしつつも，相手の主訴には乗らず，自分自身をただ素でとらえて返すという一風変わった刺激体としている，そうやって純粋に反応をとらえて返しながら，クライエントがほぐれていくそばに在る，みたいな在り方かと愚考します。「僕の存在がそういったプロセスに埋もれていくことを目指している」とか，すごくカッコいいですね。なんと言えばいいのか，ある種"無私"のセラピーとでもいえるのでしょうか。ただ無私にクライエントを刺激し，クライエントの反応を無私に受けとめ，また無私に返していくやりとりの中で，クライエント側の私心がほどけてゆき……というプロセス。そのあたりはマスターセラピストの"不在足りうる力量"ということで，精進したいと思います。

　ただ「刺激が教育的にならないブリーフな手口が，クライエントの自らへの没入を是とし，自己決定につながる」かは，ちょっとわからないですね。中島先生にはぐらかされつつ状況を素で返されることで，クライエントはなじみのやり方で自らへ没入することがとってもしづらいと思います。特に症

状が他者との随伴関係に基づいていればいるほど。それはまさしく消去過程にみえます。もちろんいい感じに没入するように何らかの手口があるのでしょうが，だとすればそこに私心を感じなくもないです。CBTのようにあからさまではないですが……。

　まあ，でも結局，中島先生はそのようなプロセスでクライエントがほどけていくのを見るのが好きで，この仕事をされているんですよね。そんなプロセスもとても楽しそうなので，ぜひ一回陪席させてください。

　ふと思ったのですが，そういう意味では，最後のセッションが偶然母親をどうこうもっていこうという私心のない面接になったこと，その後，このお母さんが，セラピーの中などではなく，ママ友とのおしゃべりを通じて悩みが悩みでなくなったということにこそ，先生のおっしゃる矯正なき回復の片鱗があるのかもしれないと思い至りました。そういう回復はCBTじゃないですね，たしかに。

　コメントありがとうございました。

Ⅲ　事例

5. 第三世代CBT
　　事例

高橋　史

はじめに

　本章のタイトルには「第三世代CBT」という言葉があり,「世代」という言葉には時の流れを感じさせるものがあります。「世代」という言葉を使うことの是非はさておき,こうした呼び名が生まれているということは,CBTが今でも発展し,進化し続けているということです。

　CBTという同じ骨格をもちながらも姿形が違う各世代のCBTには,クライエント(以下,Cl)の生活とセルフコントロールを支えるという共通する目標があります。表面的な技法やカタチにとらわれず,実際に成していることに目を向けてみると,本質的な部分に変わりはないという結論になるかもしれません。

　しかし,そうは言っても,やはり各世代には明確な違いがあります。それは,Clの状態や支援のあり方を表現する言葉や用語です。実際の事例では,一気になだれこんでくる大量の情報を整理して,Clとセラピスト(以下,Th)がともに理解を深めていきます。すべての情報を生のまま受け取っていては情報の洪水に飲み込まれてしまいますので,情報を整理しなければなりません。第一世代の言葉や用語でスポットライトを浴びて見えやすくなる情報もありますし,第二世代の用語でスポットライトを浴びる情報もあります。それでは,スポットライトが当たらなかった情報は,各世代では無

215

視されてきたのでしょうか？　そうではありません。他の心理療法との差別化などの事情もあってか，実際の支援では大切にされながらも，CBTを紹介する教科書の中ではスポットライトを当てることができなかった部分があります。そうやって，先代が断腸の思いでスポットライトをはずしてきた部分に改めて光を当てようというのが，第三世代のCBTです。

　本稿では，第三世代CBTの一つに挙げられるACTの適用事例の経過をご紹介します。第一世代や第二世代のCBTの説明からは見えにくい，しかし，CBTがとても大切にしているポイントについて，ACTの事例の経過を追いながらみていきましょう。

事例の概要

　【年齢・性別・職業】 Ｉさん，29歳，男性，無職。
　【主訴】 何事にもやる気が出ない。強迫性障害といわれて10年が経つが，治療してもまたもとに戻ってしまう。
　【来室の経緯】
　幼少期に特筆すべき問題はありません。クラスの人気者というほどでなくとも交友関係は良好で，仲のよい友だち数人とよく遊んでいました。小学６年生の時に強迫症状と思われる特徴が出現し始め，高校２年生の頃には手洗い以外にもさまざまなかたちでの儀式行為を行うようになり，自分は他の人と違うと感じるようになりました。高校卒業後すぐに大学に入学しましたが，症状が徐々に強くなり，周囲に症状を隠しておくことができないほど手洗いや確認を繰り返すようになりました。大学１年生の夏に初めて近隣の精神科病院を受診し，強迫性障害の診断を受けて，薬による治療とカウンセリングが約３年間行われました。しかし，症状や生活に変化はありませんでした。大学でも出席が不足したりレポート提出に支障が出たりして，４年間で卒業することはできませんでした。

　ＩさんがCBTに取り組み始めたのは，大学５年生の時です。Ｉさんの症状を知っていた友人から強迫性障害のCBTの自助本（Foa & Wilson, 1991）を受け取ったＩさんは，当時受けていた病院での治療に疑問を感じていたこともあって，当時付き合っていた彼女と一緒に本の内容を実践しました。その結果，約２週間で症状が改善して生活が楽になり，就職活動でも内定をもらう

ことができました。しかし，内定をもらってから1ヵ月ほど経ったある日，パソコンのキーボードに汚れがたまっているといわれたのをきっかけに，症状が再燃します。それ以来，症状の緩和と，数日から1ヵ月ほどでの再燃を繰り返していました。大学卒業後に就職した運送会社でも，症状の緩和と再燃は繰り返され，就職から約7ヵ月で退職しました。また，退職と同時に彼女との関係が悪化し，別れることとなりました。それ以降，何事にもやる気が出なくなり，就職やアルバイトなどせず，自宅療養をしてきました。退職から約5年後，母が知り合いから「県内でCBTを受けられるところがある」と聞いたことをきっかけに，Ｉさん本人が当相談室でのカウンセリングを希望して来談し，治療開始となりました。

初診時は，父（59歳，会社員），母（56歳，専業主婦），姉（34歳，会社員）との4人暮らしでした。家族に精神科通院歴等はありません。

面接経過

#1〜3　現状把握と目標設定（X年8月〜9月）

#1では，これまでの経緯と現状について聴き取りました。強迫症状の強さを測るY-BOCS（Goodman et al., 1989a, 1989b；中嶋ほか，1993）を実施したところ，強迫行為14点，強迫観念14点，合計28点でした。Y-BOCS得点による強迫症状の重症度評価では，8〜15点で軽症，16〜23点で中等症，24〜31点で重症，32〜40点できわめて重症であるとされています（Goodman et al., 1989a, 1989b）。この基準に従うと，Ｉさんは重症の強迫症状を経験していると判断できます。また，抑うつ症状の強さを測る日本語版BDI-IIの重症度評定では，0〜13点で極軽症，14〜19点で軽症，20〜28点で中等症，29点以上で重症であると判別されます（Kojima et al., 2002）。Ｉさんの初回面接時点でのBDI-IIの得点は31点で重症に該当し，主症状としては抑うつ気分よりも興味の減退が強く表れていました。この時点で，カウンセリング終結時にどうなっていたいかを尋ねると，「自分がどうなりたいとかは，よくわかりません。とにかくつらいので，病気の症状がなくなってほしいです」という回答でした。#1には，強迫性障害の心理教育を効率化して以後の支援をスムーズに進めるため，強迫性障害に関する本（原井・岡嶋，2012）の購入をホームワークとして提案しました。

♯2には，強迫性障害の心理教育を行いながら，Ｉさんの現在の症状について聴き取りました。また，本にあるイラストなどを参照しながら，「こんな人生を送りたい」というＩさんの考えや希望と「手を洗いたい，確認したい」という強迫観念の違いを確認し，Ｉさんの希望や生活に根ざした具体的な目標について尋ねました。しかし，この時点では，具体的な希望や目標を言葉にすることはまだできませんでした。そこで，現在の生活状況を具体的に把握するため，♯3までのホームワークとして，1時間ごとに行動を記録する日常生活記録表への記入を求めました。

　♯3では，「カウンセリング終結時にどんな自分でありたいか」というＩさんの希望を再度聴き取りながら，現在の生活状況と治療目標の共有を図りました。この時点でのＩさんの生活状況は，起床が朝7～10時，朝食はとらず，昼食は午前11～12時，夕食は午後7～8時，就寝は午後11時以降でした。起床時刻に幅があるのは，「朝起きて目を開ける瞬間に人の顔を思い浮かべたら，その人の中にいる細菌やウイルスが自分に感染する」という強迫観念が出てきた日には，ベッドで寝ている姿勢から目を開けるという動作を1～2時間かけて何度もやり直しているためです。一方，強迫観念が出ても朝起きてすぐに1日をスタートできる日もありました。それは，他人との約束がある時です。以下は，強迫観念が出ても朝起きられた時について聴き取った際の会話です。

Ｉ：朝の目覚めの時に失敗しちゃっても，誰かと約束があったら，さすがにまずいと思って起きますよ。
Ｔｈ：「約束をすっぽかすのはさすがにまずい！」って。
Ｉ：そうなんです。あ，でも，それは自分の力でそうしているっていうよりも，そうしなきゃいけませんよね。
Ｔｈ：そうしなきゃいけない状況があったということでしょうか。
Ｉ：そうです。だから自分の意志で何とかできたわけじゃなくて。自分だけだと強迫にはやっぱり負けちゃうんですよね。
Ｔｈ：ちょっと確認させていただいてよろしいですか？　友だちとの約束がある日の朝に，強迫が出てきて目覚めに失敗する。それで，いつもなら何度も目を開け直すところ，Ｉさんは起きあがる。なぜなら，そうしなきゃいけない状況だから。こんなふうに理解しましたけど，どうで

しょう，合っていますか？
I：はい，そのとおりです。
Th：その時，（Iさんの頭上を手で示しながら）強迫はなんと言っていましたか？「起きなきゃいけない状況だぞ！」という感じでしょうか。
I：いやいや，強迫はそんなこと言いません。「即刻やり直せ」とか，「約束よりもこっちが大事だ」とか，そんな感じです。
Th：そうですか。今，その強迫が言っていたことを思い出して，（Iさんを手で示しながら）Iさんはどんなふうに感じますか？
I：（強迫は）ひどいやつですよね。ほんと，いなくなってほしい。
Th：それくらい，Iさんの生活にいろいろ茶々を入れてくるというか。
I：指示というか，命令してきます。
Th：もう一度確認しますけど，「起きなきゃいけない状況だぞ！」は強迫の言葉じゃないんですよね？
I：はい。
Th：では，朝起きる時にご家族がそう声をかけてくれるのでしょうか？
I：いや，うちの家族からは朝は放っておかれてますので，それもないです。
Th：そうですか。じゃあ，友だちとの約束がある日の朝に，強迫は「やり直せ。約束よりもこっちが大事だ」と言ってきて，それで……「起きなきゃいけない状況だ」と言っているのは，誰でしょう？
I：うーん……僕，ですかね。……うん，そう，僕ですね。他にいないですもんね。
Th：たしかに，他にいないですね。じゃ，強迫は「確認しなければ」と思っていて，Iさんは「友だちとの約束に間に合うように起きなければ」と思うわけですね。
I：そりゃそうですよ。それが普通じゃないですか？
Th：どうなんでしょうね。少なくとも，強迫はIさんの友人関係よりも確認を優先させようとして，Iさんは確認よりも友人関係を優先した。その時はそうだったんですよね。
I：そうですね。まあ，その時は。
Th：友人関係を優先して出かけたあと，調子はいかがでしたか？
I：いつものことなんですけど，1回起きて外に出ちゃえば，もうなんか

気にならないんですよね。
Th：強迫が言っていたことは気にならなくなる。
　Ｉ：そうなんです。
Th：気にならなくなって，その日は友だちとどんなことをしましたか？
　Ｉ：ボウリングに行ったり，CD見たりとか。
Th：そうしてる時って，どんな感じがしますか？
　Ｉ：いやまあ，楽しいですよ。不思議と，友だちといる時は強迫もあんまり出てこないんですよ。あ，でも，出てくる時もあって，そういう時は大変ですけど。
Th：Iさんが「僕は今はこれをやるんだ」と言って，Iさんが大切にしていることをやり始めると，フラれた強迫はどっかに行っちゃったり，未練がましくついてきたりするんですね。
　Ｉ：ほんと，ストーカーですよね。

　ここまでの情報から，友人との交流が，強迫行為に代わる行動の候補として挙げられました。一方，面接中にいくら会話をしていても「状態がよくなったら，こんなことをしたい」という具体的な希望がそれ以外に出てこないというパターンは繰り返されていました。そこで，「カウンセリング終結時にどんな自分でありたいか」を明確にするためには，面接で会話をしながら頭で考えるという方法に限らず，その他の方法を取り入れる必要があると考えられました。

♯4～26　コミットメントの導入（X年9月～X＋1年9月）

　今後の治療を進めていくにあたって，現時点でIさんがもっているサポートやスキルを再確認しました。その結果，①家族は病状を理解してくれている，②曝露反応妨害法（以下，ERP）に自ら取り組んで症状を緩和した経験がある，③治療に前向きである，といった点が挙がりました。一方，治療を進めていくうえで障壁となる可能性があるのは，(1)ERPの実行を具体的にサポートしてくれる人が今はいない，(2)抑うつ症状が強く，活動水準が低い，(3)症状緩和後にやりたいことが思いつかない，の3つでした。
　そこで，(1)については，ご家族にも強迫性障害に関する本を読んでいただき，ERP導入前にご家族との面接を行うことで合意しました。(2)は，ERP

を導入する前にある程度解消する必要があります。また，Ｉさんの抑うつ症状は興味の減退が主ですので，(3)は抑うつ症状によって生じている可能性も考えられました。そこで，これら(2)と(3)の状態を解消するための手段として，今の生活でやっていないことを少しずつ試してみることとしました。Ｉさんが日々の生活で実行する具体的な行動については，ブレインストーミングや意思決定，計画立案といった一連の問題解決プロセスに沿って，Ｉさんの自己決定をサポートしました。問題解決プロセスに基づく治療法である問題解決療法（Nezu et al., 1989）は，うつ病の改善効果が繰り返し報告されており，(2)の解消に有効であると考えられます。また，さまざまな行動を試すことで，「やってみたら意外とよかった。もっとやりたい」という行動を再発見するという狙いもありました。

　♯４〜14では，自宅内での活動と一人でできる活動に主に焦点を当てました。Ｉさんは運動が好きということもあって，毎日のジョギングから実行することを選びました。その他，自宅でのギター練習やDVD鑑賞，ウィンドウショッピングなどを実行する中で，「やってみたら意外とよかった」「それでも，強迫のせいで思いどおりにはできなかった」という２点に焦点を当てて振り返りを行いました。これは，症状緩和後にやりたいことを見つけると同時に，治療への動機づけを高めるのが狙いです。

　♯15〜26は，アルバイトを始めるというテーマでの相談となりました。その理由は，Ｉさんから提案があったこと，これまでのホームワークも安定して実行できていたこと，アルバイト自体が今までの生活でやっていなかった行動であること，お金を得ることで実行可能な行動がさらに増えること，の４つです。♯20に採用の報告があり，自宅近くの電気店にて週３〜４日の勤務となりました。この時点ではERPが導入されていなかったため，勤務前または勤務中に強迫観念が生じた際には，強迫行為をアルバイト後に先送りすることで休まず勤務するという方針で合意しました。これ以降の面接で，お金が銀行口座に振り込まれたことや仕事を休まずにできていること等をＩさんは口数多く報告しており，日常の生活体験の中で十分に強化されていると考えられました。そのため，Thからの褒め言葉は最小限にとどめて，Ｉさんの生活の中での体験の振り返りを主に行いました。さらに，この時点で「状態がよくなったら，こんなことをしたい」という希望を尋ねたところ，「子どもがいるところで働きたいです。人と接するのはちょっと苦手だけ

ど，子どもを見守っている時って，『ああ，こういうのっていいなあ』って感じです」と語り，1年ほど今のアルバイトを続けてから近くの大型玩具店でも働いてみたいという希望が聞かれました。

#27～36　アクセプタンスの導入とコミットメントの継続（X＋1年10月～X＋2年6月）

アルバイトを欠勤なく3ヵ月続けることができたため，これまでの体験を踏まえて，カウンセリングの目標について改めて話し合いをすることにしました。この時点で，勤務日のアルバイト以外の時間には1日0～5回程度の確認行為がありましたが，いずれも数分で終えることができており，日常生活への支障はありませんでした。一方，勤務のない日には丸1日かけて行う儀式行為が2日に1回程度あることと，友人との交流の機会が増えていないことが，終結までにカウンセリングで話し合いたい点として挙げられました。

そこで，上記2点に関連する強迫観念および不安のアクセプタンスを導入しました。儀式行為発生直前に経験する強迫観念の再アセスメントを行い，強迫観念とそれに付随する不安に対するERPをカウンセリング中およびホームワークにて実施しました。友人との交流については，友人を誘う直前および誘われた直後に強迫観念が発生して交流を断っていることが判明したため，上記と同様のERPに加えて，友人を自ら誘うというホームワークを行いました。また，「強迫観念や不安が自然と強くなったり弱くなったりするのをジタバタせずに見守れるようになる」ことをERP実施時のポイントとして共有しました。

これらの介入の結果，#33までに，友人から誘われた場合には特別な予定が入っている場合を除いて誘いを受けることができるようになり，友人からの誘いがない週にはIさん自ら友人を誘えるようになりました。2週に1回程度の割合で友人と外出するようになったことに伴って，丸1日かけて行う儀式行為は月に1回程度に減少しました。強迫症状の強さを測るY-BOCSでは強迫行為7点，強迫観念8点，合計15点でした。また，抑うつ症状の強さを測るBDI-IIの得点は14点と減少しており，いずれも改善していました。そこで，#34～35は約1ヵ月の期間を空けて面接を行い，症状や生活の現状とIさんなりの対処等を確認するにとどめました。大きな問題や生活の変化

は確認されなかったため,最終回となる#36は3ヵ月後としました。

#36の時点でも,友人との交流やアルバイトは続けており,家庭内での汚染に対する不快感や強迫行為はむしろ減少していました。Y-BOCSは強迫行為6点,強迫観念8点,合計14点で軽症と判別される水準まで減少していました(Goodman et al., 1989a, 1989b)。また,BDI-IIの得点は16点と軽症レベルであり(Kojima et al., 2002),検査得点上も改善は維持されていました。強迫観念は顕著に減ったというほどではなく,Ⅰさんからは「相変わらず出てきますし,ほんと,ストーカーです」という報告がありましたが,生活に支障が出るほどではないと笑顔で報告していました。最後に,Ⅰさんが学んできたことと今後の過ごし方について振り返り,カウンセリングは終結となりました。

考　察

本事例では,第三世代CBTの一つであるACTによる支援を行った結果,強迫性障害のⅠさんの生活改善に至りました。ACTでの支援の概念図をもとに,本事例の経過を考察します。

ACTは,不快な感情や認知をなくそうとする試みからの脱却(アクセプタンス)と,自分自身がこうしたいと望む行動を増やそうとする試み(コミットメント)を二本柱としています。CBTでは,ある行動によって得られる効果・成果を「機能」と呼んでおり,アクセプタンスは何かをなくす機能をもつ行動(逃避行動・回避行動)の消去,コミットメントは何かを獲得する機能をもつ行動(接近行動)の強化と言い換えられます。これら2つの柱をもう少し細かく分けると,合計6つの介入要素になります(図1)。そのうち,本事例で重点的に介入を行ったのは,「ウィリングネス・アクセプタンス」「脱フュージョン」「価値の明確化」,そして「コミットされた行為」の4つです。

現状把握と目標設定の段階でⅠさんから語られた「自分がどうなりたいとかは,よくわかりません」という言葉から,強迫行為の代わりにⅠさんを強化し充実感を与える行動が明確でないことが,強迫症状の再発に影響している可能性が考えられました。ACTではこうした行動を再発見することを「価値の明確化」と総称して,さまざまな視点や手法を提案しています。ま

```
            アクセプタンス
      (不快な感情や認知をなくそうとする
            試みからの脱却)
```

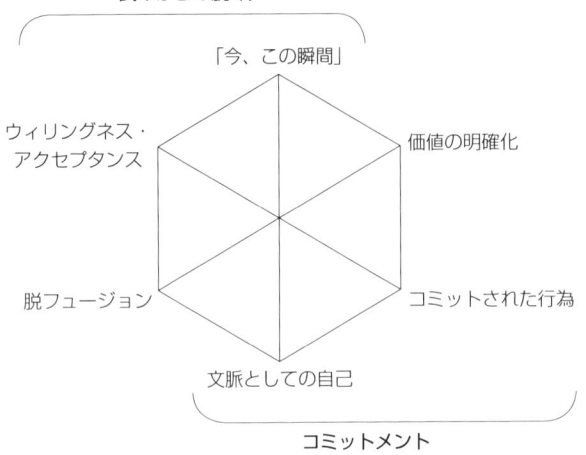

                    「今、この瞬間」
    ウィリングネス・   価値の明確化
    アクセプタンス

       脱フュージョン   コミットされた行為

                   文脈としての自己

            コミットメント
      (自分自身がこうしたいと望む行動
         を増やそうとする試み)

図1　ACTによる支援の概念図

た，明確化した価値に沿って具体的な行動を計画したり実行したりすることを，「コミットされた行為」と位置づけています。本事例では，問題解決プロセスのサポートと行動計画遂行のホームワークが，価値の明確化とコミットされた行為，すなわちコミットメントへの介入として一貫して実施されました。

　一方，「とにかくつらいので，病気の症状がなくなってほしいです」という言葉からは，強迫観念やそれに伴う苦痛をなくそうとしてもがいているIさんの様子がうかがわれます。ここに，Iさんが強迫行為をやめたくてもやめられなかった理由があります。つまり，強迫行為を行うことで強迫観念やつらさを一時的に忘れることができており，強迫行為はIさんの要望を（少なくとも短期的には）満たしていたのです。もしここでThがIさんの要望をそのまま受け取って「強迫観念とつらさをなくす」という目標を立てると，カウンセリングは回避の機能をもった場になり，新しい強迫行為を増やす場になってしまいます。そこで，つらさをなくすことにとらわれている状態からいったん抜け出すため，ERPを通して「強迫観念や不安が生じて

も，それらに左右されずに，価値に沿って行動する自分」を練習しました。その際，不安の減少という嫌子消失による強化よりも，充実感の経験という好子出現による強化が生じるよう，「何ができたか。それができている自分をどう思うか」という点に焦点を当ててホームワークの振り返りをしました。

　不快感情をなくそうとすればするほどさらに不快感情が強まってしまう悪循環から抜け出すためのアクセプタンス。そして，自分自身がこうしたい・こうありたいと望む行動を積極的にサポートするコミットメント。ACTが思い出させてくれるこれら2つのポイントは，CBTを実際にやってみるととても大切だとわかる，しかし，従来のCBTの"教科書的な説明"からは読み取ることが難しかったポイントではないかと思います。

〔引用文献〕

Foa, E.B., & Wilson, R.（1991）*Stop obsessing!: how to overcome your obsessions and compulsions.* New York: Bantam.（片山奈緒美訳（2002）『強迫性障害を自宅で治そう！：行動療法専門医がすすめる，自分で治せる「3週間集中プログラム」。』ヴォイス）

Goodman, W.K., Price, L.H., Rasmussen, S.A. et al.（1989a）The Yale-Brown Obsessive Compulsive Scale: I. Development, use, and reliability. *Archives of General Psychiatry*, 46(11), 1006-1011.

Goodman, W.K., Price, L.H., Rasmussen, S.A. et al.（1989b）The Yale-Brown Obsessive Compulsive Scale: II. Validity. *Archives of General Psychiatry*, 46(11), 1012-1016.

原井宏明・岡嶋美代（2012）『図解やさしくわかる強迫性障害：上手に理解し治療する』ナツメ社

Kojima, M., Furukawa, T.A., Takahashi, H. et al.（2003）Cross-cultural validation of the Beck Depression Inventory-II in Japan. *Psychiatry Research*, 110(3), 291-299.

中嶋照夫・中村道彦・多賀千明ほか（1993）「Yale-Brown Obsessive Compulsive Scale 日本語版（JY-BOCS）とその信頼性・妥当性の検討」『臨床評価』21(3), 491-498.

Nezu, A.M., Nezu, C.M., & Perri, M.G.（1989）*Problem-solving therapy for depression: theory, research, and clinical guidelines.* New York: Wiley.（高山巖監訳（1995）『うつ病の問題解決療法』岩崎学術出版社）

Ⅲ　事例

5．第三世代CBT
事例へのコメント――事例に対するブリーフ的考察

市橋香代

　アクセプタンスとコミットメントの2つの柱をもとにした介入によって強迫症状の軽減と社会参加が促された見事なご報告だと思います。私はブリーフセラピーを少々かじったもののCBTには造詣の深くない一精神科臨床医です。強迫症状には行動療法的アプローチが有効であるという話は聞いたことがありますが，日常の臨床場面で行動療法を使いこなすほどの力量もなく，細々と強迫症状にお付き合いをしています。今回はCBTに関しては素人の視点で恐縮ながら，若干のコメントを差し挟ませていただきます。
　事例のIさんは「強迫性障害」と診断されて10年間治療を続けてきました。幼少期に対人関係の問題も特に目立たなかったのですが，小学6年生の時から「強迫症状」と思われる「特徴」が出現し，高校2年生頃に他の「儀式行為」を行うようになって「自分は他の人と違う」と感じるようになったとのことです。それでも高校卒業と同時に大学に入学できたということでした。しかし，入学後に症状が強くなり，近医精神科で上記診断を受けて，3年間薬物療法とカウンセリングに取り組みました。
　大学5年生の時に友人からCBTの自助本を受け取って，彼女と一緒に本の内容（以後の記載から類推するとおそらく曝露反応妨害法，以下ERP）を実践し，2週間で症状が改善し，就職の内定まで得たとのことです。ここの記載からは，彼は1年しか留年しておらず，自分の症状を相談できる友人や一緒に症状への対処に取り組んでくれる彼女などの人間関係に恵まれていたことがわかります。さらに，2週間で症状を改善することができたという

のは驚きに値します。いったい彼はどうやってそんなことをやってのけたのでしょうか。

7ヵ月の就労経験のあと，彼は退職します。同時に彼女とも別れました。以後，意欲低下が続き自宅療養していましたが，母が知人から「県内でCBTを受けられるところがある」との情報を得たことから，報告者のもとにやってきました。お母さんもまた，ご子息のことを相談できる知り合いがいらしたようです。

Iさんの治療目標は症状の消失，まず強迫性障害の心理教育が始まりました。当初，具体的な希望や目標が言葉になることはなかったとのことです。症状の消失はIさんからすれば十分な目標のようにも思いますが，症状がなくなった時に今と違うどんな生活をしているかに関して，具体的な希望を述べるところに以後も治療者がかなりの力を注いでおられます。ACTというやり方では，ここにこだわる必要があることがのちの考察で明らかになります。そして，ここで日常生活記録表のホームワークが出ます。生活状況を具体的に把握する中で，症状があるにもかかわらず行動できている時が拾えるのではないかという見通しが，治療者側にあったのでしょうか。

♯3で，生活状況の聴き取りから「友だちとの約束があると，症状があっても朝起きられ，いったん外に出たら気にならない」というエピソードが語られます。この過程で治療者が「強迫」を擬人化して扱い，本人自身が「確認より友人関係を優先した」ということが明らかとなります。このプロセスは解決志向ブリーフセラピー（SFBT）で言うところの例外探しにも共通していますし，ナラティヴセラピーにおける問題の外在化や問題の影響下であっても行為に出る能力，すなわちエイジェンシー（行為体）という解釈もできるように思いました（Morgan, 2000）。

その後はコミットメントの導入として1年かけて行動への焦点化がされています。ジョギング，ギター練習やDVD鑑賞，ウィンドウショッピングを経て，アルバイトが開始となりました。休まず仕事に出て収入を得ていることが報告されたことなどから，本人の中で強化されていると判断して治療者側からの褒め言葉を最小限にとどめた，というくだりは，コンプリメントを多用するSFBTと対照的でとても印象に残りました。CBTの「生活とセルフコントロールを支える」といった目標に基づいた介入と考えられます。この時点で「子どものいるところで働きたい」という希望がようやく語られま

した。

　続いてアクセプタンスの導入が図られます。この段階でアルバイトは３ヵ月続いており，勤務日には日常生活への支障はありませんでした。一方で，勤務のない日には丸１日かけて行う強迫行為があることと，友人との交流の機会が増えていないことが，終結までに話し合いたいこととして挙げられています。強迫観念に対するERPを通して友人との外出が増えて，強迫症状が改善していきました。徐々に面接間隔を広げて，計２年弱で終結に至っています。

　考察では，アクセプタンス（逃避行動・回避行動の消去）とコミットメント（接近行動の強化）の２本柱を６つの介入要素に分けて説明がなされています。現状把握と目標設定の段階で「自分がどうなりたいかがよくわからない」と，代わりとなる行動が明確化されていないことが強迫症状の再発に影響しているとの仮説から，「価値の明確化」の中で再発見し，「コミットされた行為」すなわち具体的な行動を計画したり実行したりすることを一貫して行っています。また，ERPを通してアクセプタンスが進められ，ここが「ウィリングネス・アクセプタンス」と「脱フュージョン」とのことでしたが，不勉強な私にはどの部分がこの２つに該当するのかの弁別まではできませんでした。

　目標設定の段階で「強迫観念とつらさをなくす」というゴールでは満足せずに「代わりとなる具体的行動」を見つけ出すという作業はSFBTなどでも行われます。強迫観念（不安）を強迫行為で解消しようとする解決努力を同定して180度逆の行動（Ｉさんの場合では自分から友だちを誘う，など）を指示するというように考えれば，MRIブリーフセラピーにおける介入とも共通すると思います。古典的には特殊介入法の「恐怖を感ずる事柄を先に延ばすことで，その恐怖を克服しようとする解決策」です（Fisch et al., 1982）。このように表面上の作業には共通点があるのですが，ベースとなる考え方や作戦の練り方にはやはり根本的な違いがあるように思います。それをブリーフセラピーの核となる２つの原則で示すと，次のとおりです（Fisch et al., 2010）。

　①非病理的（non-pathological）：精神病理的な思考をあえて排除するブリーフセラピーでは，診断名や病態水準，そして特定の問題に関する一般的解釈がアプローチを規定することがありません。つまり「強迫性障害」という

診断名はアプローチにはまったく影響しません。心理教育を活用することはありますが，それはあくまで情報提供から本人なりの対処を引き出すことを目的としており，疾患分類に基づいた模範的な対応を身につけることは狙いません。本事例では，個別性を前提としながらも「強迫性障害」の病理を想定したアプローチがとられており，その部分に関しては，ブリーフセラピーとの違いはあるのではないかと思います。

　②非規範的（non-normative）：①ともやや関連するのですが，コンテンツ（意味内容）よりコンテクスト（文脈）を重視するブリーフセラピーでは，基本的に「ある人に有効であった」からと言って，「同じやり方」を別の人に当てはめることはありません。すなわち，実証されたエビデンスも一つの仮説として扱われます。もちろんこれは臨床判断上のことであり，だからこそ研究レベルではよりいっそう，ブリーフセラピーの治療結果を客観的に提示して有効性を示す必要があるのだと思います。一方，本事例では，アクセプタンスとコミットメントが重要な柱であるとの前提で治療が進められています。この点もブリーフセラピーとは異なるといえるのではないかと思います。

　ところで，ブリーフセラピーの狙うところは「効果・効率的な変化」です。上記ブリーフセラピーの原則を遵守することが重要なのか，それよりも治療効果が出ることが大切なのか……答えは言うまでもありません。治療を求めてこられた方に満足していただける結果を出すというのが援助職の役目なのであり，教義への忠誠心が問われる場面ではないのですから。

〔引用文献〕

Fisch, R., Weakland, J.H., & Segal, L. (1982) *The tactics of change: doing therapy briefly.* San Francisco: Jossey-Bass.（鈴木浩二・鈴木和子監訳（1986）『変化の技法：MRI短期集中療法』金剛出版）

Fisch, R., Ray, W.A., & Schlanger, K. (2010) *Focused problem resolution: selected papers of the MRI brief therapy center.* Zeig: Tucker & Theisen.（小森康永監訳（2011）『解決が問題である：MRIブリーフセラピー・センターセレクション』金剛出版）

Morgan, A. (2000) *What is narrative therapy? An easy-to-read introduction.* Adelade: Dulwich Centre Publications.（小森康永・上田牧子訳（2003）『ナラティヴ・セラピーって何？』金剛出版）

Ⅲ 事例

5．第三世代CBT
リコメント——ACT for Therapist

高橋　史

　ACTのポイントをおおまかに整理すると，不快な感情，認知や言語から距離を置いて（アクセプタンス），自分自身が望む姿を体現して行動に移していく（コミットメント），となります。ここでいう「認知や言語」には，○○療法ではここを大切にするべしといった「教義」も含まれます。
　言い換えると，教義に振り回されず，援助職としてすべきことをまっとうするのが，一人の治療者としてのACTのあり方です。「治療を求めてこられた方に満足していただける結果を出すというのが援助職の役目なのであり，教義への忠誠心が問われる場面ではないのですから」という市橋先生のコメントは，まさにACTそのものだと思います。教義はクライエントにフィットする時にこそ使われる道具であって，クライエントを教義にフィットさせるのでは本末転倒です。治療が始まる前からACTがあるのではなく，治療を進めていくうちにACTになっていく，というイメージです。
　これを踏まえると，「一方，本事例では，アクセプタンスとコミットメントが重要な柱であるとの前提で治療が進められています」とご指摘いただいた点については，補足説明が必要かもしれません。たとえば，ブリーフセラピーで展開した事例があったとして，例外探しがクライエントにとてもフィットしたので，例外探しを中心に治療を進めて終結に至ったとします。これに対して，「本事例では，例外探しが重要な柱であるとの前提で治療が進められています」という指摘は，的をはずしているように感じられます。クライエントに出会う前から例外探しで治療を進めようなどと考えることはない

でしょうし,「この事例には例外探しが有効に違いない」と断定することもないと思います。今までに経験してきたことや面接の場での話の流れ等の文脈から,例外探しがフィットするかもという目星がついて,試してみてうまくいったら続けるし,うまくいかなかったら方法を変える。おそらくブリーフセラピーとは,このようなクライエントを中心とした仮説検証を通して効果的・効率的な変化を狙う治療法なのではないかと思います。もちろん,本事例も同じです。本事例では,結果的にアクセプタンスとコミットメントという2つの用語をもとにして治療経過を説明しました。しかし,はじめからこの2つの用語ありきで治療を始めて展開していったのではなく,相談を進めていくうちにACTの用語がフィットしてきたというのが実際のところです。

　そう考えると,本事例の記述で特に不足していたのは,私がACTの用語で状況を整理し始めたのがどの時点からかという点です。この点が書かれていないために,あたかも強迫性障害というラベルを聞いた瞬間に私が「疾患分類に基づいた模範的対応を教えてアクセプタンスとコミットメントをすれば治るに違いない」という判断をして,その判断に固執してしまったかのような文章になったのかもしれません。

　特に誤解を招きやすかったのは,強迫性障害の本の購入をホームワークとしたり強迫性障害の心理教育を進めたりしている私の初期対応がすでに,pathologicalでnormativeな対応だからだと推測します。この初期対応の背景にある考え方は,「模範的対応で効率的に改善するならそれでよし。とりあえず模範的対応を本で学んでもらって,個別対応も同時に進めておこう」というものでした。洋服の仕立てにたとえると,クライエントが寒そうにしているので,とりあえず大量生産の既製品スーツを着てもらって,その間に採寸を進めてオーダーメイドのスーツを仕立てていく,というイメージです。もちろん,大量生産既製品の段階で満足していただければ,それはそれで喜ばしいことです。既製品は売りませんというのは治療者側の好みの問題であって,ブリーフセラピー同様,クライエントに満足していただくために使えるものは順次使っていくという方針です。その中で,pathologicalな思考やnormativeな対応がおおいに活用されています。

　これは,ブリーフセラピーの核となる2つの原則に反するでしょうか。個人的には,pathologicalだnormativeだというコンテンツ(意味内容)では

なくコンテクスト（文脈）を重視するブリーフセラピーとACTは，どちらの原則にも反することなく折衷できるものだと感じています。しかし，もしブリーフセラピーの核となる2つの原則に反するということであれば，「治療を求めてこられた方に満足していただける結果を出すというのが援助職の役目なのであり，教義への忠誠心が問われる場面ではないのですから」という市橋先生の原則に従って仕事をしていきたいと思います。それこそが，教義を有効活用しつつも一定の距離を置いて（アクセプタンス），クライエントの回復のために力を注ぎ続ける（コミットメント），一人の治療者としてのACTです。

おわりに

大野裕史

　お帰りなさい。旅はいかがでしたか。
　本企画の個人的端緒は「ブリーフセラピーは何か怪しいけれど，やっていることはCBTに近いのかも」との感想でしたが，みなさんはどのように感じられたでしょうか。執筆者の方々は類似点を感じていらしたようです。たとえば，第Ⅲ部第1章（伊藤氏と黒沢氏のやりとり）では「クライエント自身のもつ回復力，問題解決力に対して全幅の信頼を置くこと」「セラピストはそのようなクライエントに内在する力を引き出す役割を担う」という基本姿勢についての一致が語られていました。第Ⅲ部第2章で嶋田氏も「利用という治療姿勢，リソースの利用，未来への志向性，行動の変化の志向性」を共通点として挙げています。
　ブリーフセラピーはこのような主張をするとしても，CBTもそのようなものだったでしょうか。実はそうだったようです。ですからクライエントとセラピストとの協同作業が可能になり，面接でも質問を多用します。だから「上から目線（第Ⅱ部第1章）」のかかわりが増えつつあることが懸念されます。
　興味深いのは，CBTは，
　　・マニュアルどおり，プログラムどおりにやらなければならない，というわけではない
　　・アセスメントと心理教育の順番は分けられない。心理教育が進んだからこそ得られる情報がある
　　・「認知の歪み」を歪みがないように修正する，という誤解
など否定形での誤解を解くCBT側からの発言です。これらはCBTからブリ

ーフセラピストへ向けたものでもありますし，CBTセラピストへ向けられたものでもあるでしょう．

一方，ブリーフセラピー側からは，そのような発言は表明されませんでした．ブリーフセラピーは誤解なく受け入れられているからかもしれませんし，「誤解」は正解の存在を前提にしているので，ブリーフセラピーには無縁だからかもしれません．

両者についてはCBTのほうが類似性を感じているようです．この関係は，1997年から変わっていません．『解決志向ブリーフセラピーの実際』（宮田編，1997）の中の小関哲郎・児島達美による事例報告へのコメントで坂野雄二は両者の近さを指摘していますが，小関・児島のリコメントは両者の差異についてでした．ブリーフセラピー側からすれば，CBTに説明の過剰や，理論的枠組みの固さを感じているのではないでしょうか．

説明は，すでに生じた出来事を事後的に従来の枠組みに収める作業だけではありません．それ以上に，どこかに到達する技術を人に与え，そこへの道を示す意義（Malcolm, 1958）があります．

津川氏（第Ⅲ部第2章）が「（三項随伴性で考えると，介入法を）気軽に発想できない」と言っているように，たしかにCBTの枠組みのほうが拘束力が強いように私も思います．ブリーフセラピストに，思わず「教義」（第Ⅲ部第5章）と言わせてしまうほどに．

自由な発想ができる人には拘束力が弱いほうが便利でしょう．一方，何をしたらいいのかわからない人には細かい手順を示したほうが，とりあえずの一歩は踏み出しやすいかもしれません．拘束力が強いぶん，集団療法や自助本にも転用できます．

CBTのメガネ／ブリーフセラピーのメガネ

セラピーの背景となるこのような枠組みについて，津川（2003）はメガネのメタファーで論じています．CBTの枠組みも，ブリーフセラピーの各モデルも，いわばメガネです．それをかけると，混沌としていた世界がスッキリと見えてきます．見えがよくなれば，行き先の見当もつきやすくなります．

スッキリ見えるのは，ある部分を見えなくしているからです．メガネによ

って見える部分と見えない部分があります。かけていることで見えている世界，それは別の見えもありうる世界ですが，それが世界の姿と思い込んでしまうかもしれません。思い込んでいる，とも考えないほどに。

メガネをかけていることに時々は気づき，時にはメガネを取り替えてみると，今まで見えなかったものが見えてくるでしょう。同時に，見えなくなる部分も出てくるかもしれません。

ブリーフセラピストによる総括

私の感想だけではバランスに欠けるので，共同編集者の津川にも尋ねてみました。

大野：各執筆者の原稿を読んでみて，どのような感想をもちましたか？

津川：原稿を拝読してみると，CBTにも幅があり，想像したよりも自由度が高い印象をもちました。典型的な，とブリーフセラピストが思うものから，ブリーフセラピーとの境界が見出せないようなものまでありました。時代精神が両者を似させているのかもしれません。これまでは「深さ」「親密性」などがセラピーのキーワードになっていましたが，現在は「効果」「効率」「エビデンス」となり，このキーワードに沿うようなかたちで，ブリーフセラピーやCBTが発展してきた側面もあるのでしょう。

大野：私はブリーフセラピーからいろいろと刺激を受けたのですが，ブリーフセラピーがCBTから刺激を受ける点があるとすれば何でしょう？

津川：定点観測でしょうか。ブリーフセラピーの効果判定は，症状・行動の変化自体というよりはクライエントの満足度に重きを置いていたと思います。症状が軽減してもクライエントが満足していなければ十分な効果とはいえません。一方，症状には大きな変化がなくても，クライエントの生活が回るようになれば，それでよしとしていたところもあります。ただ，時代が症状・行動の変化を示すことを要請するのであれば，それに応え，CBTのようにエビデンスを示すことも顧客サービスの一環となるでしょう。繰り返しますが，行動の変化だけを問題にし，本人の満足度を考慮しないとなれば，サービス業としては問題があると思います。

大野：両者の接点，というテーマはそれぞれが存在するという前提ですが，実践においては，それぞれの中でもずいぶんと幅がありましたね。両者の区別をしようとt検定にかけてはみたものの，分散が大きくて有意差が出なかった，みたいな。

津川：たしかに，有意差は出ないかもしれませんね。そもそも，それぞれ正規分布していたのでしょうか？

呪(しゅ)としての「CBT」「ブリーフセラピー」

　本書では，CBTとブリーフセラピーを対比しています。このような比較が役に立つのか，という論議もあるでしょう。しかし本企画の前から，CBT，ブリーフセラピーと名づけられた介入群が存在していました。森氏（第Ⅱ部第5章）は，「CBT」「ブリーフセラピー」は屋号であると言っています。

　この世で一番短い呪(しゅ)は名である，と夢枕（1999）は安倍晴明に言わせています。「呪」の代わりに「言語による拘束」とか「フュージョン」といえるかもしれません。

　たとえば，「2，7，13，−4，−9，−16」を仲間分けすると，どのように分けられるでしょうか。正の数と負の数，偶数と奇数，1桁と2桁，素数とそれ以外，と名づけて区分けすることができますし，整数のラベルを貼り対立を回避することもできるでしょう。

　別々のラベルが貼られ，そのラベルにより別々のものと扱われていたものをラベルの隙間から覗くと，違いをもちつつも共通性ももちえていました。

　ラベルはラベルとして残しておきましょう。それぞれのラベルには歴史的伝統や愛着もあるでしょうし，ラベルにより販売戦略も違ってくるでしょう。という前に，ラベルがなければ販売もできませんし，本屋さんが分類に困ります。なにしろ，検索するうえではラベルがあったほうが便利です。

　「科学的」というラベルも「経験的」に貼り替えることができます。予想を立てて，やってみて，予想どおりであれば次もそのようにし，違っていればやり方を変える。仮説検証ともいえますし，Do More, Do Something Differentともラベルできます。

　エビデンスも逸話の一種として読むことができます。原井（2010）は，エビデンスは遵守するものではなく，介入行動選択の情報提供であると指摘し

ています。あるケースでうまくいったことが他のケースにも適用できるとは限りません。同時に，適用できないとも言い切れません。ある技法についてのランダム化比較試験（Randomized Controlled Trial）やメタアナリシスの結果があれば，そのやり方でうまくいく確率は高くなるでしょう。一方，一事例の報告でも，「今度，それをやってみよう」と思わせることがあります。どちらも先人の教えです。

　CBTにマスターセラピストは，いないことになっています。いたとしてもセラピーの効果は人ではなく，その人が用いた手続きに帰属させます。エビデンスはマスターセラピストの替わりです。

　さて，本書はCBTとブリーフセラピーとを比較し，その異同を探るのが主目的ではありません。接点を探す作業の過程として，類似点や相違点が語られました。しかし，問いの立て方が間違っていたのかもしれません。2012年の日本ブリーフサイコセラピー学会と日本行動療法学会でのシンポジウム，そして本書がすでに接点でした。本書のタイトルは接点を探す作業ではなく，すでに存在した場につけられたラベルです。

　読者のみなさんは，この場にもう少しとどまることもできますし，新たな旅に出ることもできます。それはCBTの国でしょうか，ブリーフセラピーの国でしょうか。それとも，まったく違うところでしょうか。いずれにせよ，Bon Voyage，よい旅を。

〔引用文献〕
宮田敬一編（1997）『解決志向ブリーフセラピーの実際』金剛出版
津川秀夫（2003）「エリクソンのメガネ」『ブリーフサイコセラピー研究』12, 67-71.
夢枕獏原作・岡野玲子絵（1999）『陰陽師1』白泉社
原井宏明（2010）『対人援助職のための認知・行動療法：マニュアルから抜け出したい臨床家の道具箱』金剛出版
Malcolm, N.; with a biographical sketch by Georg Henrik von Wright. (1958) *Ludwig Wittgenstein: a memoir.* Oxford: Oxford University Press. (板坂元訳（1974）『ウィトゲンシュタイン：天才哲学者の思い出』講談社現代新書)

●執筆者一覧

鈴木伸一（すずき・しんいち）
早稲田大学人間科学学術院

鈴木俊太郎（すずき・しゅんたろう）
信州大学教育学部附属教育実践総合センター

神村栄一（かみむら・えいいち）
新潟大学人文社会・教育科学系

岡嶋美代（おかじま・みよ）
なごやメンタルクリニック

菊池安希子（きくち・あきこ）
国立精神・神経医療研究センター精神保健研究所

森　俊夫（もり・としお）
東京大学大学院医学系研究科

黒沢幸子（くろさわ・さちこ）
目白大学人間学部

伊藤絵美（いとう・えみ）
洗足ストレスコーピング・サポートオフィス

嶋田洋徳（しまだ・ひろのり）
早稲田大学人間科学学術院

坂本真佐哉（さかもと・まさや）
神戸松蔭女子学院大学人間科学部

西川公平（にしかわ・こうへい）
CBTセンター

中島　央（なかしま・ひさし）
向陽台病院

高橋　史（たかはし・ふみと）
信州大学教育学部

市橋香代（いちはし・かよ）
東京大学医学部附属病院

● 編著者略歴──

津川秀夫（つがわ・ひでお）
吉備国際大学心理学部心理学科准教授。臨床心理士。日本ブリーフサイコセラピー学会常任理事。東京都生まれ。慶應義塾大学大学院後期博士課程単位取得退学。著書に『軽度発達障害へのブリーフセラピー』（金剛出版／分担執筆）、『心理臨床を見直す"介在"療法』（明石書店／分担執筆）など。

大野裕史（おおの・ひろし）
兵庫教育大学大学院学校教育研究科人間発達教育専攻臨床心理学コース教授。臨床心理士。専門行動療法士。日本行動療法学会常任編集委員。秋田県生まれ。筑波大学大学院博士課程単位取得退学。著書に『総説 臨床心理学』（コレール社／分担執筆）、訳書に『はじめての応用行動分析』（二瓶社）など。

認知行動療法とブリーフセラピーの接点

2014年4月10日　第1版第1刷発行

編著者────津川秀夫・大野裕史
発行者────串崎　浩
発行所────株式会社 日本評論社
　　　　　〒170-8474　東京都豊島区南大塚3-12-4
　　　　　電話 03-3987-8621（販売）-8598（編集）　振替 00100-3-16
印刷所────港北出版印刷株式会社
製本所────株式会社難波製本
装　幀────図工ファイブ

検印省略　© 2014 Tsugawa, H., & Ono, H.
ISBN 978-4-535-98392-2　Printed in Japan

JCOPY 〈(社)出版者著作権管理機構　委託出版物〉
本書の無断複写は著作権法上での例外を除き禁じられています。複写される場合は、そのつど事前に、(社)出版者著作権管理機構（電話 03-3513-6969、FAX 03-3513-6979、e-mail: info@jcopy.or.jp）の許諾を得てください。
また、本書を代行業者等の第三者に依頼してスキャニング等の行為によりデジタル化することは、個人の家庭内の利用であっても、一切認められておりません。

新世代の認知行動療法

熊野宏昭[著]

マインドフルネス、メタ認知療法、行動活性化、弁証法的行動療法、ACTを俯瞰的かつ丁寧に解説する画期的な入門書。　◆本体2,200円+税

目次
- 第1章　認知行動療法の多様性とその変遷
- 第2章　新世代の認知行動療法に共通するもの
- 第3章　本来のマインドフルネスとはどのようなものか
- 第4章　マインドフルネスはどのようにして実践するか
- 第5章　マインドフルネスストレス低減法・マインドフルネス認知療法――構造化されたグループ療法でのマインドフルネスの活用
- 第6章　メタ認知療法①――メタ認知の内容を変えることで認知の機能を変える
- 第7章　メタ認知療法②――自己注目に対抗する注意訓練とディタッチト・マインドフルネス
- 第8章　臨床行動分析入門――認知行動療法のもう一つのウィング
- 第9章　行動活性化療法――機能と文脈の評価には行動することが必要
- 第10章　弁証法的行動療法①――治療原理主導という力のもとに
- 第11章　弁証法的行動療法②――臨床行動分析の発展における位置づけ
- 第12章　関係フレーム理論入門――2つの言語行動の定義からみえてくるもの
- 第13章　アクセプタンス＆コミットメント・セラピー――機能的文脈主義の中で認知と行動をシームレスに扱う

タイムマシン心理療法
未来・解決志向のブリーフセラピー

黒沢幸子[著]

タイムマシンに乗って未来の自分を見に行ったとしたら……驚くほどの効果を示すブリーフセラピーのコツを事例豊富に解き明かす。　◆本体1,900円+税

目次
- 姉御肌のリカ
- ミイラのサトシ
- ロングヘアのユウコ
- ツッパリギャルのルミ
- 夫婦の大事件
- 他力本願のジュンコ
- サボテンのミキコ
- ヤヨイのミラクル
- 未来時間ピクチャー二題
- 摂食障害のヒデヨ
- 仮面うつ病のトミオ
- リョウタ愛羅武勇
- ミナコの家庭内暴力
- 質問の前提
- あなたはそのままで素晴らしい

日本評論社
http://www.nippyo.co.jp/

※表示価格は本体価格です。別途消費税がかかります。